U0633110

田国秀　尹弘飚　主编

田国秀　康晓伟　著

Emotional Narrative
and the Professional Development of Class Headteacher

情感叙事
与班主任教师专业发展

北京出版集团
北京出版社

图书在版编目（CIP）数据

情感叙事与班主任教师专业发展 ／ 田国秀，尹弘飚
主编；田国秀，康晓伟著. — 北京：北京出版社，
2022.12

（教师情感研究书系. 第一辑）

ISBN 978 - 7 - 200 - 16958 - 4

Ⅰ. ①情… Ⅱ. ①田… ②尹… ③康… Ⅲ. ①中小学
—班主任工作—研究 Ⅳ. ①G635.16

中国版本图书馆 CIP 数据核字（2021）第 280626 号

教师情感研究书系　第一辑

情感叙事与班主任教师专业发展

QINGGAN XUSHI YU BANZHUREN JIAOSHI ZHUANYE FAZHAN

田国秀　尹弘飚　主编

田国秀　康晓伟　著

＊

北 京 出 版 集 团
　　　　　　　　　　　　出版
北 京 出 版 社

（北京北三环中路 6 号）

邮政编码：100120

网　　　　址：www . bph . com . cn

北 京 出 版 集 团 总 发 行

新 华 书 店 经 销

固安兰星球彩色印刷有限公司印刷

＊

710 毫米×1000 毫米　　16 开本　　16.25 印张　　175 千字

2022 年 12 月第 1 版　　2022 年 12 月第 1 次印刷

ISBN 978 - 7 - 200 - 16958 - 4

定价：78.00 元

如有印装质量问题，由本社负责调换

质量监督电话：010 - 58572393

本书编写委员会

康晓伟　李爱霞　李明强　李明玉　李　文
刘　芳　刘忠晖　田国秀　汪　明　王　曦
辛春华　辛计伏　徐新燕　杨启华　朱小爽

序　言

首都师范大学教师教育学院　田国秀教授

叙事是人类的基本活动之一，只要有人类的地方就有叙事活动。叙事主义者认为，人类经验基本上是故事经验。人类不仅依赖故事而生，而且是故事的组织者。人与人之间因为有事情、有思想要表述，并想要传达给其他人，就需要寻找叙述的方法、表达的媒介。叙事的本质是为了信息的传递，是交流过程中一个单方面的发射过程，叙事文本是一个被发射的信息集。叙事是发生在一定时间和空间内的交流活动，是有关系性和互动性的叙事，也可以是虚构意义上的叙事。

真实意义上的叙事出现在广泛的日常生活中，比如教师的日常教学实践活动就属于真实意义上的叙事活动。加拿大学者康内利和柯兰迪宁认为，对于教育来说，叙事是呈现和理解经验最好的方法，经验就是我们所研究的东西。对于教师而言，教师的专业实践活动是一种人与人之间（主要是师生之间）的信息传递过程，是发生在特定时间和空间中的人与人关系性实践活动，所以教师的专业实践活动就是一种叙事实践，而且是经验性的叙事实践。为了研究班主任的专业实践活动，我们带领班主任撰写自己的教育故事，记述班主任在班级教育与班级管理过程中的经典案例。为了帮助班主任们从教育故事中觉察自己、反思自己、重新认识自己、提升自己，我们提出了撰写教育故事的具体要求：真实、典型、亲历、具有教育意义，正面与负面教育故事均可；教育故事应是完整的，发生在一定时空中，包括时间、地点、人物、情节等；撰写风格倾向于文学叙事性的随笔，朴实、可读性强。

可以说撰写这样的教育故事对中小学班主任来说不是一件容易的事情。

教师们先撰写了3000字左右的教育故事，之后项目组的专家导师进行了三轮严格、认真、规范的指导，一对一、手把手地对他们的教育故事进行修改与完善。帮助老师们修改文章的导师主要是来自首都师范大学教师教育学院及北京教育学院石景山分院的教授、副教授、项目组的年轻博士，和资深教研员，他们具有较高的学术功底。经过三轮评述、修改之后，我们从中挑选出质量比较高的教育故事，即符合我们对教育故事提出的要求，具有真实性、完整性、可读性和教育意义。我们对这些教育故事进行一对一的点评，运用相关理论阐释、分析教育故事背后的教育价值，为班主任及学科教师开展教育教学工作提供启示。最后，我们将挑选出来的教育故事分为"棘手学生""班级管理""师生关系""教育机智"四个主题，以满足班主任工作中常见且典型的教育需求。

　　班主任专业发展是教师教育领域的一个重要研究话题和实践方向，目前的班主任研究主要分为两种风格或类型：一种是一线班主任撰写的班级教育或者班级管理经验，另一种是教材性质的班主任理论书籍。我们认为这两种风格或类型对班主任专业发展而言都是有意义的探索，对推动班主任专业发展具有重要的实践价值。但是如何更好地打通理论与实践，架起理论与实践的桥梁，我们认为本书在这方面进行了有益的探索和尝试。这一研究成果不仅是一线中小学班主任、大学教师、教育者与区域教育培训机构教研员携手合作的成果，更包含着三方专业人员教育智慧的结晶。我认为这是构建"大学教师—教育者—中小学教师—教研员"专业学习共同体的一种有益的探索。

　　本项研究的开展是北京市教育委员会委托项目"向基础教育倾斜——北京市中小学班主任专业发展培训"的研究成果。具体分工如下：导言由田国秀教授撰写；教育故事部分由来自北京市延庆区、石景山区一些学校和北京交通大学附属中学的优秀班主任撰写。首都师范大学教师教育学院和北京教育学院石景山分院的专家导师们参与了对教育故事的评述与修改。他们分别是：首都师范大学教师教育学院田国秀教授、杨启华副教授、康晓伟副教授、刘忠晖博士、汪明博士、朱小爽博士、李明玉博士，北京教育学院石景山分院教科研中心王曦主任和李爱霞博士生。特别感谢王曦主任、李爱霞博士生、北京市延庆区教育研究中心的辛计伏老师、辛春华老师及北京交通大学附属中学副校长徐新燕老师在项目推进过程中付出的努力。在成书过程中，首都师范大学教师教育学院康晓伟副教授承担了统稿、校对与完善的主要工作，研究生杨亚楠和赵会霞同学在项目协调和统稿方面也付出了很多心血。

由于教育故事的撰写者与点评者的研究能力有限，本研究可能还存在很多不足，希望业界同仁批评指正。

目　录

棘手学生

班级管理

师生关系

教育机智

棘手学生

导　读

杨启华副教授

　　"棘手学生"这一板块共收录了14位班主任撰写的关于他们所遭遇的各种各样的"棘手学生"的故事。在老师们的案例中，"棘手学生"似乎问题重重，比如，有因不良行为而"闻名全校"的学生，有被贴上"无能"标签的学生，有不管被表扬还是被批评都声嘶力竭哭泣的学生，有不会数字"6"的发音的学生，有不讲诚信的学生，有搞恶作剧的学生，有患有注意力缺陷综合征的学生等。这些案例集中反映了学生的行为问题、心理问题、学习问题、品德问题、青春期成长问题等。如何面对和解决这些问题，是班主任工作中的重点和难点。

　　然而，学生的问题真的是问题吗？从班主任们在案例中的表述可以看出，班主任们给某些关键词语添加了双引号，如"棘手学生""无能""麻烦"。此外，班主任们也会用积极的词汇来描绘学生，如"独一无二""大鹏展翅""开心果"等。可见，班主任们并不认为学生的"问题"真的是不可解决的大问题，也能从积极的角度看待学生在成长中遇到的困难及各种问题，并通过各种方法寻找解决这些困难与问题的路径。

　　在班主任们帮助学生成长的过程中，我们首先看到了班主任们积极的发展观，其次看到了他们的不懈努力，从学生行为问题的产生原因、学生心理发展的特点、家校之间如何良好沟通、如何与学生有效谈话、如何引导班级同伴群体的帮助等方面，班主任们运用了自己的教育机智，积极探索解决方案，相信学生有正向的能量和发展的潜能。

班主任们寻找方法的努力，显然是颇有成效的，一个个"棘手学生"的问题得到阶段性的、部分的或全面的解决。然而我们也看到，问题的解决过程并不是一帆风顺的，而是一波未平一波又起。有的问题并没有得到很好的解决，班主任们心中也会留有很多遗憾。教育的现实正是如此，教育的理想、付出的努力，有时候能有丰硕的成果，教师的教育成就感也油然而生；有时候并不一定立竿见影，或者也会有教育的遗憾在其中，但只要班主任们以积极的价值观去引导学生发展，对学生成长的正向引导会在学生心中埋下种子，在合适的时机便会生根发芽。真实的付出是教育永恒的希望。

　　在这些案例中，我们也看到了班主任自身在教育过程中的力量和作用，同时，他们也需要获得帮助，追求发展。班主任面对一个个千差万别的学生，要解决和应对各种问题，承担学生学习、品德、人际交往等各方面发展的责任，并要努力做到公平公正地对待每一名学生。在这个过程中，班主任也会有压力、困惑、委屈。因此，在面对学生成长中的问题时，班主任需要获得同事、学生、家长的支持，还需要获得专业的帮助。

　　因此，本书对班主任所撰写的"棘手学生"的案例介绍之后，配上了本领域研究学者的点评。这些点评正是促进班主任专业发展的专业支持。我们看到了研究学者结合班主任的生动案例，深刻剖析其中蕴含的专业理论，比如，"如何认识学生的敏感期""如何通过无条件积极关注帮助学生重塑自我价值""学困问题的根源何在""班主任领导力如何发挥""如何从需要层次理论看学生成长的需要""如何用积极的视角看待青少年的发展""师生之间如何建立良好适度的亲密关系"等。这些理论的剖析深入浅出，不仅回应了案例中的现实问题，并延伸了对这一问题的理论思考，将个别案例拓展到对教育情境中相关问题的理论思考路径和解决路径上。

　　班主任的教育案例更多的是对实践经验的总结和感悟，其中蕴含着教育理念和需要深入探索的教育专业的问题。针对这一情况，研究学者从教育学、心理学等视角，挖掘出其中蕴含的学术理念，既是对班主任工作的点评和肯定，更是对班主任专业发展的提点和引领，为班主任在处理相似教育问题时提供理论依据，促进班主任的教育实践从无意识走向自觉、有意识的行为。我们期待这些案例能给班主任的具体工作带来启发，指引他们在专业成长道路上不断迈进。

我和京京的"血泪史"

北京市延庆区第三小学 于 淼

刚开学我就听说，我接手的这个班是个比较"麻烦"的班，在全校是出了名的乱，之前的班主任已经被气得去支教了，这个班之所以会这样，据说是因为班里一个叫京京的男孩子。

初步了解情况之后，我特别想见见京京，见他之前，我在心里猜想着他的样子：又高又壮、神情冷漠……总之，与我开学第一天见到的他绝画不上等号！我见到的他，竟让人莫名地有些喜欢。我对他十分好奇，想尽快了解他。

开学第一天晚上，我就接到了京京奶奶的电话，是为了新学期学校小饭桌招生的事，京京奶奶想让京京在学校吃午餐，但是因为去年京京不遵守纪律，已经被学校小饭桌开除了。京京奶奶希望新学期学校能重新考虑让京京在学校吃午餐，因为中午家里只有京京奶奶一个大人，她还要照看京京不到一岁的妹妹，再给京京做午饭实在困难。同时，我了解了京京家里的情况：京京由奶奶一手带大，爸爸妈妈在他一岁左右时就离婚了，爸爸再婚生了现在的妹妹，京京一直和奶奶生活在一起。又是一个父母离异导致家庭教育出了问题的例子。了解到这些情况后，我决定和学校领导沟通，让京京在学校小饭桌吃午餐。经过沟通，学校领导最后决定再给京京一次机会，可以让他在学校小饭桌先试吃一个月，如果一个月内再出现扰乱纪律、不尊重老师的情况，就要立刻开除出小饭桌。之后，我把沟通结果告诉了京京奶奶，她非常感激，并表示一定会好好教育京京，我也由此和京京进行了第一次"交锋"，我提出了就餐要求，京京欣然答应了。

我心里觉得这个学生也不像大家说的那样难管！但随着新学期逐渐步入正轨，我渐渐发现京京在课堂上不听讲、不学习；下课后在学校不写作业，回家更是不写；课间操时间不想做操，不想跑步。但这些都是个人问题，他为什么会使整个班级都乱作一团呢？我逐渐发现，造成这个班级混乱的主要原因是男女生比例失调，男生29人，女生14人，而且男生整体行为习惯不好，影响了整个班风，并不是京京一个人的问题。但是，为什么老师们都只反映京京难管呢？我通过几次暗中观察，终于找到了原因，那就是他在"接受批评"的态度上出了问题。比如，课堂纪律较乱时，老师就会批评大家，其他同学听到老师的批评，就马上停止自己的不当行为。可是京京不是，老师批评得越是严厉，他越是和老师对着干，表现出一副"顽固不化"的样子，这让老师特别生气，于是老师便会更加严厉地批评他，他也就更加表现出让老师特别生气的那种"无所谓"。如此恶性循环，让事情越发严重。有时，甚至在上课的过程中，其他老师会被气得拉着他到办公室里来找我。在我试图通过聊天来和他沟通时，我发现他不懂得该如何和别人沟通，比如，我和他说话时，他的眼睛不是注视我，而是上下左右飘忽不定地看，回答问题也只会用"啊""嗯"等词语。于是，我跟他说："你看，我和你说话时，眼睛是看着你的，你也应该看着我，这是人与人在交流时给予对方的最基本的尊重。以后跟别人说话时，眼睛要看着对方，好吗？"通过在之后的沟通中多次强调这件事，我成功让他改掉了这个毛病。

同时，我也和其他老师沟通，希望他们对京京多一点耐心，换一种委婉幽默的方式教育他，因为他对老师的批评教育已经产生了"抗体"，我们的批评教育不但没有产生任何效果，还会影响我们自己的情绪！京京缺的是老师对他的爱，我们要尝试着去发现他的优点，用爱慢慢地引导他，可能效果就会好一些。

除此之外，隔三差五还是会有家长打电话向我告状，反映京京欺负他家孩子，有的家长甚至还会从一年级开始历数京京的"恶行"，说他家孩子都被欺负好几年了。每次听到这样的告状，我总是会追问一句："最近，他欺负您家孩子了吗？您把具体情况说一说。"当听到我这样问，有的家长就会说："老师，最近没有，但是这个孩子以前经常欺负别的同学，班里好多孩子都被他打过。"其实，从开学到现在，无论是我自己留心观察，还是暗访同学，都没有发现京京主动动手打过人，我在班里安插的"小耳目"也没有跟我反映过京京打架。那为什么总有家长反映情况呢？

终于在一次"眼镜事件"中，我发现了端倪。那天早上我收到了一位家长的短信："于老师，对于昨天孩子们发生矛盾一事，您能给予解决我很感谢！孩子能碰到您这样的老师我们也感到荣幸，孩子喜欢听您的课，对您的评价很高……孩子不希望我再提昨天的事，说老师已经解决好了，但我还是想见他的家长，他从一年级起就一直欺负班里的孩子……"这位家长的措辞虽然委婉但仍难掩激动的心情，之所以会激动，是因为京京扇了他儿子耳光。可是我在调查这件事的过程中，听班里的"目击者"说，京京跟同学玩的时候，只是用手碰了同学的脸，京京也说自己用手碰同学脸是跟同学玩呢。"碰"和"扇"是两个性质截然不同的字，我相信京京肯定不会恶意伤害对方，但是由于家长们长期以来对京京的成见，导致同学家长言辞上过于激烈，也使"恶劣"和"坏学生"成为了京京的标签，只要他有一点点不好的行为，就会掩盖掉他所有的进步，同时也掩盖了我和四年级（3）班的同学们为帮助他改变所做的所有努力！尽管他在努力变好，但在家长看来他永远是那个"坏学生"。

在家长会上，我表达了自己的观点："孩子在成长过程中都会犯错，我们要给他们提供改正的机会，要用发展的眼光看待孩子……"我很努力地为京京辩护，但是收效甚微，班里任何事情只要和京京沾上了边儿，大家就会觉得是京京的问题。这也是这个班级混乱的主要原因。我想要扭转这个混乱的局面，在解决事情上力求公平公正，对事不对人。但是在家长们心中，京京就像这个班级里的"不定时炸弹"，很多家长都嘱咐自己的孩子离京京远点，少跟他玩。朋友少，缺少关心和关爱，可能也是导致京京希望通过和老师对着干来吸引老师和同学们关注的原因吧！

学生缺什么，我们的教育就给什么。我经常和京京聊天，耐心指出他的错误并告诉他怎样做才是对的。通过聊天我们的关系变得很亲近融洽，他在我的课上从来不捣乱，我还让他当我的助手，帮我做展板，帮我收发作业。我发现他特别心灵手巧，能用剪刀流畅地剪展板标题，学习新知识的速度也很快，还特别讲卫生，他的座位周围从来都是干干净净的。这么爱干净的京京却主动承担了每天为班里倒垃圾的工作。在我们的交往中，我教给了他一些与人相处时应注意的问题：和别人玩时，不要用手碰别人的脸，这样很不礼貌；接受老师批评时，眼睛要看着老师，认为老师说的有道理就要接受，有意见可以表达出来，但要注意说话的语气；多为同学和班级做点好事，比如帮同学捡起掉在地上的学习用品，主动捡起教室里的废纸等。在我的影响下，他真的变了很多，班里的同学们都说京京像变了一个人。

本以为这一学年就在这样的平稳祥和中度过了，但是期末发生的一件事又让我对自己的教育方式产生了质疑。那天，刚刚上完第四节课，在送京京回家的路上，我的手机响了，电话里传来一位同学家长的告状声，说京京扇他家孩子耳光了。我安抚完家长后，控制不住地生气了，我一边领着他过马路，一边跟他说："你怎么又犯同样的错误了，于老师不是跟你讲过不许再碰别人的脸了吗？你怎么不听？于老师也管不了你了，以后我也不管你了，你不听我的话，下午就把你调到别的班里去，我也不想教你了……"京京默默地被我牵着手走，一句话也没说。当时我只顾着自己生气，也没注意他的情绪变化。到了我们每天分开的地方，我还没松开他的手，他就含着眼泪从我手里挣脱开，像发狂的狮子一样转眼就跑不见了。我急忙给京京家长打电话说明情况，让家长在京京到家后告诉我一声。可是我还是不放心，担心他在路上情绪不稳定，过路口时发生危险，于是我就沿着京京跑掉的方向一路寻找。不一会儿京京爸爸打来电话，如我担心的那样，京京没有回家。

此时，担忧蔓延了我的全身，6月的中午，太阳火辣辣的，没顾得上吃午饭的我，踩着刚刚上完展示课还没来得及换的高跟鞋，把他家附近所有我觉得他可能去的地方都找了一遍，依然没有找到他。在这漫长的两个多小时里，我经历了难以描述的心路历程，那种担忧，那种后悔，那种挫败感……真是无以言表。最终，京京被家人找到了，他就躲在我们曾经去过的一个公园里。可见，京京一定看见我在找他，只是故意躲着不让我找到他。这两个多小时，毁掉了我辛苦建立的让京京不断进步的信心之墙，毁掉了我对自己教育能力的自信，毁掉了我想把京京连同四年级（3）班一直带到小学毕业的勇气。

随后的几天，京京奶奶和爸爸不断打来抱歉的电话，京京也乖巧地和我说对不起，追着跟我说："老师，五年级您还教我们吧！"班里同学们不断地央求："于老师，您跟班吧！"其他家长也打来或发来希望我跟班的电话和短信，京京在期末考试中也有特别认真的表现……但是，我依然在犹豫跟不跟班。难道真的要放弃自己已经"改造"了一半的四年级（3）班吗？

最终，我还是放弃了，我和京京"捉迷藏"的那两个多小时，让我胆怯了。

现在新的学年已经过半，京京和四年级（3）班的学生每次见到我都会热情地打招呼，有时候还会和我聊几句。说实话，我很舍不得他们，因为在他们身上我投入了太多的情感。但是，一想到京京，我的心情又是复杂的：有对他的不舍和期待，又有对他行为不可控的害怕，甚至还有对自己教育能力的怀疑。这所有的矛盾和纠结，以及不断的反思让我明白了：无论发生什么事，无论自己有多疲惫，都不要将自己的不良情绪带到处理学生问题的过程中，带着情绪处理学生问题，可能会伤害到学生，更可能会产生严重的后果！老师不是圣人，一样有普通人的喜怒哀乐，但是因为我们职业的特殊性，需要我们能控制、管理好自己的不良情绪。这既是对职业的敬畏，也是对自己的保护。

我和京京的"血泪史"，是我职业生涯中一段难忘的经历，它让我在经历"毁灭"后，更客观地认识到自己的教育能力，认识到想要改变一名"棘手学生"，除了班主任自身的努力之外，还可以寻求更多的支持和帮助，例如，建议学校在年级范围内针对"棘手学生"制订有效的教育计划，所有任课教师按照制定好的教育策略实施教育，定期反馈调整，这样可能对这些学生的教育效果更明显。

教育的过程很多时候都不是一帆风顺的，这段经历让我刻骨铭心，相信随着时间的沉淀，它会引发我对教育更多的思考，帮助我成为更优秀的班主任！

基于教育故事的理论分析

　　教育从来不会一帆风顺和一蹴而就。我们曾经听过许多优秀班主任的成功案例分享，其中的教育哲学让许多人受益，就像于老师对京京的保护、对不良行为的引导、对闪光点的关注、对班级文化的建立……这些让京京发生了可喜的变化。最后的转折看似让这个案例有了一个失败的结局，却让我们看到了教育的真实性和复杂性。在笔者看来，于老师对京京的教育是成功的，她的接纳与爱获得了京京的信任，在京京心里埋下了一粒爱的种子，让他拥有了爱自己和爱别人的能力。我们常常说教育是"静待花开"，老师要意识到学生是成长在一个复杂的生态系统中的，一个"棘手学生"的改变之路出现反复，甚至短期内看不到显著成效都是正常的。著名的心理学家布朗芬布伦纳认为：个体的自身特质与他所处的环境交互作用，影响学生的发展。而环境因素可分为四个层级：层级一，家庭、学校中的老师、同学等直接作用因素的微观系统；层级二，微观系统中元素的相互关系，如家校关系，这是中间系统；层级三，儿童并未直接参与但却对他们的发展产生影响的外层系统，如父母的工作环境、媒体；层级四，包括社会制度与文化等的宏观系统[1]。这个复杂系统中的任何环节都会对学生的发展产生或大或小的影响，京京的问题也绝非作为班主任的于老师一人就能彻底改变的。比如，对于京京来说，家庭中父母关爱的缺失、学校内老师们对他的坏印象、同学和其他家长对他的不接纳都是不利的环境因素。要想改变京京，整个生态系统都要改变，这绝非短时间内就能够做到的，于老师在这方面做出了许多的努力，但若由班主任承担所有压力，最终班主任可能会不堪重负。

　　于老师最终选择了在五年级不继续带班，很多人会为此感到遗憾，但这其实也是一种对自身职业生涯的保护。人都有七情六欲，要想爱人必然要先爱己。亚里士多德说："人人都爱自己，而自爱出于天赋，并不是偶发的冲动。自私固然应该受到谴责，但所谴责的不是自爱的本性，而是那超过限度

---

　　① 谢夫：《发展心理学：儿童与青少年（第九版）》，邹泓等译，中国轻工业出版社，2016。

的私意。"[①]弗洛姆认为：对他人的爱与对自身的爱并非只能二者择一，恰恰相反，在所有具有爱他人能力的人中我们都将发现一种爱他们自己的态度。[②]于老师的故事让我们关注教师自爱。教师自爱不是自私，而是教师保护职业生命、促进专业发展的基础。

教师如何自爱呢？首先，是对自己生命状态的觉察，觉察自身情绪。于老师觉察到了自己的信心与勇气正在被摧毁，她出于本能地选择了行为上的暂停。其次，接纳自己的状态，意识到挫败感其实也是一种信号，告诉自己已有的教育经验已经不足以应对现在的挑战，需要学习与成长。最后，教师自爱不是逃避，而是要继续内心的反思。在这种反思中，于老师意识到了自己的问题，决定改进教育方式，重新出发，重建自己的信心与勇气，获得专业上的成长。

教师不是蜡烛，燃烧自己，照亮他人；教师更像电灯，获取能量，照亮世界。而教师能量的重要来源即教师的自我关爱与反思。自我关爱让教师能够时刻体察自我生命状态、保证心理健康、追求生命价值，从而唤醒教师进行自我反思。自我反思让教师发现教育过程中的问题、改进教育方式、寻求资源支持、实现职业发展。于老师是一位好老师，她有丰富的教育经验，有浓厚的教育热情，对学生能做到无条件接纳，但即使是这样的老师也会出现职业信心上的动摇，可见教师需要不断进行自我关爱与反思来获取永不枯竭的教师能量。

（点评人：朱小爽博士）

---

① 亚里士多德：《政治学》，吴寿彭译，商务印书馆，1965。
② 弗洛姆：《爱的艺术》，刘福堂译，上海译文出版社，2018。

用肯定撕掉"无能"标签

北京市石景山区人大附中石景山学校　李晓玲

小妍，15岁，身高1.6米左右，长相清秀，扎着马尾辫，是个很精神的小女孩。在为期一周的高一军训期间，她积极认真，教官的每一个口令她都严格执行，动作非常标准，同时又喜欢帮助同学。由于表现突出，小妍被评为"军训优秀学员"。

军训结束，正式入学的那天，小妍妈妈打来电话，焦急而无奈地说："李老师，我和孩子现在在校门口，小妍死活不肯进学校，我也不知道该怎么办。"挂了电话，我赶紧往学校门口走，心中充满疑惑，军训期间表现优异的学生，怎么会不肯进学校呢?

我来到校门口，看到小妍正坐在车里，一副沉默失落的样子。我关心地问："小妍，你都来到学校门口了，怎么不进来呢?"小妍不吱声，我继续问："你在军训期间表现那么优秀，一定非常热爱学校生活。是不是有什么不开心的事情，还是与同学有矛盾?"这时小妍"哇"的一声哭了："我不配上学，我是个无能的人，我什么都不是，我不该活着!"这样激烈的语言着实让我大吃一惊，眼前的小妍与军训期间表现优秀的小妍简直判若两人。

这是我第一次当班主任，遇到这样棘手的情况，说实话我当时心里挺没底的，我赶紧掩饰自己的惊讶和不安，拍拍小妍的肩膀，安慰她："你别激动，慢慢说，怎么回事儿?"她哭得更加厉害："我的人生都被我爸毁了，在他眼里，我不该活着，我什么都不是!"

小妍妈妈在旁边说："李老师，昨天孩子和她爸爸一起吃饭聊天，她爸爸说了孩子几句，刺激到她的自尊心了，她就死活不想上学了。"我问："小妍，爸爸说了什么让你伤心的话?"小妍没有回答,只是不断重复:"我的世界一片黑暗,在他眼里,我不该活着,我的人生被他毁了!"我急忙安抚她:"小妍,咱们班的同学都很喜欢你,在军训期间,老师就看到了你非常优秀的表现,也相信你是个很有能力的学生。相信你对高一的新生活期待已久了,大家特别欢迎你来到温暖的班集体,我们可以一起分享快乐,倾诉烦恼。"经过反复劝说,小妍擦干眼泪,终于同意进校。

我原以为对小妍的安慰起了作用,谁知道她的不稳定情绪和不正常行为才刚刚开始。在接下来的日子中,小妍频频请假不来学校上课,理由是身体乏力,情绪波动,并几次要求她妈妈带她到医院精神病科看病,医院诊断小妍有中度抑郁倾向。就算来上学,小妍也总是迟到、不交作业。老师问她为什么不写作业,小妍低着头说:"我能力差,写作业慢,我已经尽力写了,我写到半夜还是写不完。"所有的事情,小妍都会说自己能力和精力不够,感到无力,甚至怀疑人生。

一个外表阳光的女孩,内心却充满了对自己的否定和对生活的无望,小妍的情况引起了我的高度关注。为了弄清小妍这种状态背后的原因,我决定约谈小妍的父母,了解小妍的家庭情况。

小妍妈妈说:"孩子的爸爸说话做事比较简单粗暴,经常否定孩子的能力,打击孩子的自信心,让孩子的情绪崩溃,所以小妍现在非常敏感脆弱,一句否定、批评的话就会让她觉得全世界都是灰暗的。"小妍妈妈一边诉说一边红了眼眶,"在小妍上初三的时候,我和她爸爸离婚了,我都不敢让孩子和她爸爸见面,害怕孩子心里会受刺激。"听完小妍妈妈的诉说,我很心疼小妍的家庭遭遇,劝小妍妈妈:"我理解您的无奈,虽然你们的婚姻关系解除了,但你们依然是小妍教育上的'合伙人'。您作为母亲,除了给予孩子更多的母爱,也要帮助父亲维护好他的正面形象,做小妍和她爸爸之间的桥梁,让小妍感受到父亲对她的爱,驱散她心中对父亲的厌恶感,让她感受到生活中的美好。"

解铃还须系铃人,关键的人物是小妍爸爸,所以我与小妍爸爸也进行了一次谈话。小妍爸爸说:"老师,我是一个很传统的家长,我的父亲是小学校长，从小对我要求就很严格，所以我也一直坚信对孩子严格要求是为了孩子好。我批评小妍，是为了让她意识到自己的错误，认清自己的能力。小妍心中有理想和目标，却没有计划，更没有自制力，有时我拿优秀的名人给她做榜样，她很反感；小妍不能接受任何批评，我一说她，她就会和我激烈地争吵。我小时候是从来不敢和父亲顶嘴的，父亲骂我一顿、揍我一顿，我也是不敢反抗的。我不明白，我以前所接受的教育方式用到小妍身上怎么就不行了呢？我知道孩子现在恨我，我也很无奈，很无助，不知道该怎么跟她交流。"

听完小妍爸爸的话，看着他那无助、痛苦的表情，我明白小妍爸爸内心是关爱小妍的，他对小妍的教育方式受他小时候所接受的教育方式影响很深，虽然内心深处希望孩子优秀，但忽略了孩子的内心感受和情绪，对孩子肯定少，否定多。

我坦诚地和小妍爸爸说："我知道您内心深处希望孩子各方面都优秀，但只有让孩子接受的教育才是好的教育。如果孩子内心深处是排斥的，甚至是抗拒的，我们就要好好考虑一下教育方式是不是合适。"

在沟通中，我了解到小妍爸爸的学历较高，自身文化水平较高，在事业单位工作，并没有我预想的那样倔强和铁面。我就小妍的教育方式问题与小妍爸爸进行了交流："孩子所处的时代背景与您小时候完全不同了，您对她的教育方式也需要改变，不能简单地把您以前所接受的教育方式套用在孩子身上。太多负面和否定的语言会对孩子的心理造成极大的伤害，让孩子感觉被贴上了'无能'的标签。我们在严格要求孩子的同时，也要肯定孩子的优点，关注孩子的内心感受。孩子感受到父母的肯定，才会重新找回自信。另外，父母离婚会对孩子心灵造成一定的伤害，她希望获得更多的爱，感受到存在的意义。"我建议小妍爸爸尝试改变教育方式，给予孩子更多的肯定和爱，小妍的敏感、脆弱、自卑、消极的情绪就会慢慢好起来。

小妍爸爸静静地听完，若有所思地说："李老师，谢谢您，我以前确实没有意识到我过于简单粗暴的教育方式，太多否定和冷漠的语言会给孩子的心灵带来这么大伤害，我回去好好反思，努力改进。"小妍爸爸的保证，让我感到甚是欣慰。

做通了小妍父母的教育思想工作，接下来就是找机会帮助小妍打开心扉，解开心结，撕掉"无能"的标签，让她重新找回自信。

这一天，小妍又迟到了，作业也没完成。我把小妍叫到办公室，我还没说话，小妍就说："老师，我知道我没写完作业，但我真的能力有限，不是我不想写作业。"我温和地说："小妍，我知道你是个优秀的学生，我听说你以前还是班级的学习委员呢。"小妍的表情显得有些不自在，解释说："老师，其实在小学和初中的时候，我非常热爱学习。这学期我的表现确实非常不好，我知道迟到、写不完作业不对，我希望老师们不要因为我现在的状况就认为我不是一名好学生。我希望老师们能给我一些能量，不要放弃我。"

听了小妍的话我很感动，我坚定地说："小妍，老师相信你是个优秀的学生，不管你是否完成作业，我都依然相信你。"小妍有些不好意思地说："老师，我爸爸一直说我能力低下，他总拿我跟其他人比较，在他心里不管我怎样做都不如别人好。我感觉不到任何肯定，只能感受到伤害、束缚、焦虑，所以我一直没信心，觉得很自卑，甚至怀疑自己得了精神病。"小妍慢慢敞开心扉，诉说着自己的苦恼。

我安慰小妍："你的情况我都了解，你爸爸确实忽略了你的感受，但是你要相信你的爸爸妈妈在内心深处都是很爱你的。你爸爸也意识到了自己的教育方式过于简单粗暴，他以后会改变的。同时，你也要多感受爸爸妈妈对你的爱和付出，学会感恩和理解他们。何况，你还有温暖的班级、珍贵的友情和师生情作为后盾。"

小妍点了点头，眼中闪着泪光说："老师，谢谢您的信任和鼓励，我会努力去改变的。"在接下来的日子中，小妍的表现时好时坏，每隔两个星期就要请假几天。请假最频繁的时间是星期一，因为周末写不完作业。但是再找小妍进行谈话时，小妍的态度逐渐有了转变，不再像以前那样说自己能力不够、精力不够了，而是主动说："老师，我知道不对，我下次一定完成作业，请您相信我。"每当这时，我也总是回答："嗯，老师相信你，你已经有很大进步了，请假的次数越来越少，继续努力。"

在学校里我不断发现小妍的优点，并找机会在班里表扬小妍。比如，高一下学期小妍积极参加市里的征文比赛，获得了三等奖，我在班会上隆重地为她颁奖，在肯定她写作能力的同时，鼓励她坚持写作；平日看到小妍主动帮助其他同学打扫班级卫生，我会在班里当众表扬小妍有集体意识；高二上学期小妍积极参加学校运动会接力赛项目，虽然她跑得比较慢，但我知道她尽力了，表扬她很棒，有拼搏精神……总之，我在寻找小妍身上的每一个闪光点，并给予她充分的肯定和鼓励。同时我把这些闪光点跟她的父母进行交流，尤其是她爸爸，让她爸爸也多鼓励她、肯定她。

根据记录和统计，高一上学期小妍请假50多天，差不多为一个学期总时间的1/3；高一下学期小妍请假减少到30多天；高二上学期小妍只请假了10多天。另外，她的学习劲头儿也有了很大的变化，经常向老师和同学请教问题。现在，小妍的高中生活已经过去了一半，她脸上的笑容越来越多了，请假、迟到的次数越来越少了，作业质量也越来越高……看着小妍的进步和变化，我心里默默地为她感到高兴。

小妍在周记中写道：我觉得自己重新拥有了自信和力量，重新感受到了生活的美好。小妍的妈妈也反馈："老师，看到孩子的变化我们太高兴了，她正朝着积极阳光、自信开朗的方向转变，我和她爸爸现在经常鼓励她、表扬她，相信她会越来越好。"

见证了小妍的种种变化，从表面的阳光精神，到内心的绝望挣扎，再到重新找回自信，我深刻体会到肯定的力量。肯定，犹如旱地里的甘霖，给予学生心灵的滋润；肯定，犹如冬日里的暖阳，给予学生情感的温暖；肯定，犹如战场上的号角，给予学生行动的力量。用肯定撕掉学生身上的"无能"标签，让学生变得更加自信开朗。

基于教育故事的理论分析

"老师，我知道我没写完作业，但我真的能力有限，不是我不想写作业。"面对学生这样自暴自弃的一句话，你会认为学生生性堕落，不堪造就，还是能看到她内心的需要，相信她身上同样有力量？这个案例中的李老师选择了相信，这也是一种人性观与学生观的选择。

小妍是患有抑郁症的特殊学生，但她身上也反映出了这个年龄段学生所面临的共同需求与困境，正是因为小妍没有在生活中获得肯定，突破困境，所以她变成了一个抑郁的、否定自我的女孩。青春期的学生们正是建立自我概念的关键时期，班杜拉曾经提出了一个重要的心理学概念"自我效能感"①。自我效能感指的是人们对自己实现特定领域行为目标所需能力的信心或信念②，这种信念会决定个体付出多大努力及感到困难时能够坚持多久。自我效能感较低的人会回避自己认为做不到的任务，逃避挑战，惧怕失败，将过多的注意力放在可能的失败上面。自我评价较低的学生通常会具有下面的特点：第一，他们不爱自己，认为自己不值得被爱；第二，他们在情绪上会表现得很消极，经常会觉得很悲伤；第三，他们也认为没人爱自己，有强烈的缺爱感，不安感；第四，他们的心理承受力较弱，过分在意他人对自己的评价。文中的小妍就表现出了这些特征，可见她是一个自我效能感、自我评价都非常低的女孩。而自我效能感从何而来呢？除了自身的、榜样的成功或失败经历对她的影响以外，身边重要他人的评价也起着很大的作用。所以小妍的问题主要来自于父亲对她长期的贬低性评价，让她无法建立起积极的自我概念。她的父亲给她贴上了"无能"的标签，而这个标签也把小妍压垮了。所以李老师在小妍的父亲身上找到突破口，找到了"系铃人"。小妍一次次的崩溃，对自己能力的否定，其实都是在呐喊："我需要被认可，我也想成为有价值的人。"李老师看到了小妍对被爱和被肯定的渴望，并帮助她在家庭中获得爱与肯定。但是看到与理解仅仅是第一步，如何帮助小妍改变，李老师的身体力行给了我们最好的答案。

以人为中心疗法的创始者卡尔·罗杰斯认为在咨询关系中，改变来访者

① Bandura A., "Self -efficacy: Toward a unifying theory of behavioral change," *Psychological Review*, 1977, 84（3）.

② 张鼎昆、方俐洛、凌文辁:《自我效能感的理论及研究现状》,《心理学动态》1997年第7卷第1期。

自我概念、重塑自我价值的重要条件是咨询师的无条件积极关注①，也就是李老师在做的"肯定"。正是这种"肯定"让小妍意识到"无能"只是她身上一个暂时的标签，并不是她本身，她可以把它撕下去。无条件积极关注指的是以积极的态度看待学生，对学生的言语和行为的积极面、光明面给予有选择的关注，利用其自身的积极因素促使个体发生积极变化。无条件积极关注并不是虚假的、为了让学生改变去表扬，不是肯定学生身上的一切行为，而是真切地相信学生身上一定具有向上的、自我实现的潜能，这也是人本主义的人性观与学生观的基本假设。人本主义的代表者马斯洛认为，"人都需要发挥自己的潜力，表现自己的才能，只有人的潜力充分发挥出来，人才会感到最大的满足"。只有老师对学生具有这样的信心，才能真正"无条件"地关注学生，无论学生是怎样的人、是否招人喜欢，教师都相信学生的身上一定具有自己的积极资源，并且能够看到和肯定这些积极资源。做到无条件积极关注，最重要的不是形式化的表扬，而是首先让学生感到自己是作为一个有价值的人在被重视、被接纳，老师永远珍视并信任自己。小妍愿意向李老师敞开心扉，也正是由于感受到了自己是被接纳的。只有"无条件关注"了，才能看到她真正的"积极"。就像李老师在征文比赛、打扫卫生、体育比赛等事情中看到的小妍的"闪光点"。这些"闪光点"点亮了小妍对自我的评价，重塑了她的人格，提高了她的自我效能感，才最终能看到她"请假、迟到的次数越来越少了，作业质量也越来越高"的改变。需要注意的是，本故事中的小妍还有一个特殊的地方，即她确实患有抑郁症，那么作为班主任教师也需要意识到仅仅靠教育手段是不足的，要同时配合临床心理治疗，这也必然不可能一蹴而就。但就像李老师与小妍一样，要相信静待终有花开时。

（点评人：朱小爽博士）

---

① 大卫·凯恩：《以人为中心心理治疗》，高剑婷、郭本禹译，安徽人民出版社，2012。

哭声中的成长

北京市石景山区金顶街第二小学　白潭影

在教学工作中，我始终把热爱学生放在第一位，对性格孤僻的学生，我经常鼓励他们，帮助他们，让他们扬起自信的风帆。当班主任的十几年中，总会遇到一些性格或者习惯上有问题的学生，班主任的做法往往会给学生的成长带来深刻的影响。

小燕，女，一年级，性格内向，眉清目秀，身材又瘦又小。入学之前开家长会的时候小燕妈妈就告诉我，小燕脸皮很薄，性格非常内向，无论老师是表扬还是批评她都会哭。

果然，开学第一天，小燕就在楼道里声嘶力竭地哭，谁劝都不行，而且越劝哭得越厉害。之后每一天，小燕都是哭着来上学的，还经常站在校门口迟迟不肯进学校，好不容易到教室门口了也是站在那里哭着不进来。上课时有一点不顺心她就开始抽泣，教室里的同学都看她，影响了正常的课堂秩序。她上课从来不发言，下课也不愿意和同学交流、做游戏，只要一哭就书也不读，作业也不写，甚至午饭都不吃。

通过与家长的交流，我了解到，由于家庭矛盾，小燕妈妈怀孕的时候情绪就一直不好，甚至有一些轻微的抑郁。因为小燕妈妈的情绪不好，又加上工作原因，小燕在上幼儿园之前没在父母身边，而是由姥姥姥爷看护，老人看到小燕很瘦小，对她过分宠爱，百依百顺。小燕到上幼儿园的年纪才回到父母身边，她妈妈对她又过于严格，经常大声训斥她，有时还动手打她；父母双方的教育观念也不够统一，妈妈过于严厉，爸爸又过于温和，总是护着小燕，所以小燕的胆子越来越小，不愿意与他人交流，只会用哭来解决问题。

通过与家长沟通，我决定采取以下措施：

1.关心学生。我在平时会特别耐心地对待小燕。每天都耐心地和她聊天，询问她哭的原因，发现问题及时和家长进行沟通；每天拉着她的手送她去上其他老师的课，陪她去上厕所，帮她打饭，提醒她喝水……慢慢地，小燕对我有了信任和依赖，虽然上课还是不愿意发言，但是我能通过她上课时的神情看出她开始注意听讲了。

终于有一天，上课读生字的时候，我发现她举手了，我马上抓住这个绝好的机会，让她来读，并且让全班为她鼓掌，对她的进步及时给予鼓励。一天午饭后，她拿着药来找我。我一下子明白了，她病了，更需要关心，我接过药瓶，小心地帮她打开，并关心地说："慢点喝，别着急！喝了药，再喝点热水。"还有一天，她举着一朵小红花，说："这是我自己做的，送给您！"……每一次她主动和我说话我都特别激动，每一次她取得一点点进步我都非常高兴，每一次看到班里的同学们愿意主动帮助她我都十分感动。虽然小燕还是经常出现情绪波动的情况，但是已经能够控制自己的一些情绪了。遇到她不高兴的时候，我也能找到方法帮助她调整情绪。尽管她的进步是缓慢的，和别的学生还有一些差距，但是我相信通过我的不断努力她一定会越变越好的。就在我似乎已经在她身上看到一丝"曙光"的时候，期末考试时我们班被安排了一个她不认识的老师监考，小燕看到陌生的老师很不习惯，立刻在考场上大哭起来，使得老师和同学们都无法正常考试，我只好把她带离考场，等她情绪好转之后再让她回去考试。

2.同伴帮助。小燕在学校的时间肯定是要与同学相处的，我鼓励同学们多和小燕接触；要求班干部主动帮助小燕记作业、拿东西；提倡同学们，特别是曾和她在一个幼儿园的小伙伴多和她聊天、做游戏，并告诉她如果她有需要也可以通过小伙伴告诉我。

3.各科协同。上学一段时间之后，我发现小燕在我的课上情绪还好，就算哭也可以很快平静下来，但是在上其他老师的课时，她就会控制不住情绪，有时候其他老师也向我反映小燕上课哭闹严重影响教学。我又和各科老师们进行沟通，一起想办法多鼓励小燕，让她和关系好的同学坐在一起，消除她的恐惧感。

4.家校互动。假期里，我经常与小燕家长联系，了解小燕的情况，并且利用休息时间去她家里进行家访，和家长一起带小燕出去玩，鼓励她参加班里的亲子郊游活动。在活动中，我鼓励小燕和其他小朋友一起做游戏，并让小燕妈妈多和别的家长交流，学习其他家长的教育经验。我还给小燕家长推荐了与儿童心理有关的书籍，和小燕家长共同咨询儿童心理专家，帮助小燕敞开心扉，融入集体。

二年级开学的第一天，我看到小燕笑着举着一串用贝壳穿成的手链，大声地告诉我："白老师，这是我假期出去玩时自己穿的，送给您!"我激动地接过手链，立刻戴在了手上。这不仅仅是一串手链，它更标志着学生的进步。这一个学期，小燕变得勇敢、开朗了，基本上没再哭过。期中考试，小燕数学和语文都考了不错的成绩。小燕还交了好几个好朋友，下课的时候经常和他们一起做游戏。在一次公开课上，小燕更是主动举手，大声地回答了问题，我当时眼泪差点流下来。看到她的进步，我和小燕家长都高兴得不得了。

六年的小学时光，我和小燕家长一起看着她一点一滴的变化，从一刻不停地哭到日渐开朗，甚至还会在课下和同学开玩笑；从一哭起来就什么都干不了到学会控制自己的情绪，掉几滴眼泪就能很快恢复正常；从上课默默无言到可以主动举手回答问题……

现在，小燕已经是个初中三年级的大姑娘了，听其他同学说，小燕现在和同学们相处得十分融洽，交到了几个好朋友，上学、放学都和朋友们一起走，是个活泼开朗的女孩了。

今年，是我当班主任的第17个年头了，从执教的第一天起，我一直争取让每个学生都能得到不同程度的发展。我要对我自己负责，更要对学生们负责。

如果说教师的人格力量是一种无穷的榜样力量，那么教师的爱心就是成功教育的原动力。作为班主任更需要用爱心去开启学生的心灵，让他们喜欢我、接纳我，乐意把他们的喜怒与我分享。陶行知先生说得好："捧着一颗心来，不带半根草去。"这正是教师无私奉献爱心的写照。学生无论智商是高是低，无论家庭条件是好是坏，无论是安静听话还是调皮捣蛋，都十分需要老师的爱。老师的爱与尊重是照亮学生心灵的烛光。著名瑞士教育家裴斯泰洛奇说过这样一段话，我至今想起仍颇为感动，他说："从早到晚我一直生活在他们中间，我的手牵着他们的手，我的眼睛注视着他们的眼睛。我随着他们流泪而流泪，我随着他们微笑而微笑。"

在教学工作中，我始终把爱学生放在第一位，正是由于这样的工作态度，使得我在处理师生之间、同学之间的关系时，可以做到游刃有余。热爱学生就是要尊重信任学生、关心爱护学生。我想，对于一名小学生，培养他们建立一个健康向上的人生观和价值观才是最为重要的。

基于教育故事的理论分析

小学阶段是儿童个性和社会性形成的关键时期。有研究认为，小学一、二年级孩子自我意识发展的速度最快，是儿童自我意识上升期中的主要发展时期。自我体验是自我意识中的情感体验，学前期开始出现，在小学阶段会有较大发展。自我体验的一个表现形式是儿童的自尊心，自尊心强的儿童往往对自己的评价比较积极，相反，自尊心较弱的儿童往往容易自暴自弃。

白老师的教育故事给我们呈现了一个特殊的小学生，她的这些问题如果教师处理不当，会加重其性格问题，甚至将来不能适应社会。但是，白老师有耐心、有方法，她不仅帮助小燕逐渐克服了"老哭"的问题行为，而且帮助她逐渐适应了学校生活，与同学建立了良好的关系，最后热爱上学校生活，后来顺利成为良好的初中生。

白老师的教育故事给我们以下启发：

1.小学教师可以弥补部分家庭教育问题。几乎每一名刚跨进校门的小学生都对教师充满了崇拜和敬畏，教师的要求往往比家长的话更管用。低年级儿童的这种对老师的信服心理有助于他们遵守学校纪律。小学生最喜欢耐心、公正、讲课有趣的老师，会对自己喜欢的老师予以积极的回应。

白老师的教育故事进一步证实了"罗森塔尔效应"，即教师的期待对学生的思想观念具有一定的影响和暗示的作用，教师能够以积极的态度对待学生会使学生表现得更好。

正是由于白老师对小燕采取了接纳、耐心指导、积极鼓励等措施，改善了小燕家庭教育的问题，从而减少了小燕的问题行为。

2.多方协助，帮助小燕适应学校生活。在白老师的教育故事中，白老师还注意调动同学、家长和其他老师，来共同帮助小燕适应学校生活。

真正的学校适应，不仅需要学生与班主任之间建立起良好的关系，还需要学生与同伴、与其他老师能够建立起良好的关系。为此，白老师"鼓励同学们多和小燕接触；要求班干部主动帮助小燕记作业、拿东西；提倡同学们，特别是曾和她在一个幼儿园的小伙伴多和她聊天、做游戏"，"又和各科老师们进行沟通，一起想办法多鼓励小燕，让她和关系好的同学坐在一起，消除她的恐惧感"。

白老师还注意纠正家长不当的教育方法，真正实现家校合作。"经常与小燕家长联系，了解小燕的情况，并且利用休息时间去她家里进行家访，和家长一起带小燕出去玩，鼓励她参加班里的亲子郊游活动……让小燕妈妈多和别的家长交流，学习其他家长的教育经验……还给小燕家长推荐了与儿童心理有关的书籍，和小燕家长共同咨询儿童心理专家，帮助小燕敞开心扉，融入集体。"

小燕变了，从哭起来没完到学会控制自己的情绪；从上课默默无言到可以主动举手回答问题；从孤独一人到交了几个好朋友。小燕克服了自己的情绪问题。可见，小学教师的正确引导是可以帮助学生塑造健康的人格的。

（点评人：王曦主任）

那个让人"烦恼"的学生

北京市石景山区五里坨小学　　王　霞

在我任教的20年里，迎接和送走了一届又一届学生，有的已步入大学，有的已走上了工作岗位。有的学生的容貌在我的记忆中已模糊不清了，但那些有特点、有个性的学生，尤其是让我经历各种烦恼、需要克服重重困难的学生，总是让我印象深刻，康康便是其中的一员。

不会听课

康康是一个特殊的孩子，他出生不久，父母便离异，他从小就只跟着妈妈生活，两岁时才开始说话。经医生诊断，他的大脑发育滞后，自理能力、专注力和理解能力明显低于同龄的孩子。家庭的负担再加上康康的"落后"，经常使得他的妈妈心烦意乱，当康康不听话或是反应迟钝时，他妈妈就冲他发脾气。先天的不足和后天成长环境的不良，是康康成长较为缓慢的重要原因。

第一次接触康康，是他步入小学校门的那一天。他高高的个子、圆圆的脸庞、腼腆的笑容，像一只憨态可掬的"小企鹅"，让人一看就心生喜爱。

入学后，康康给我的第一感觉是上课不专心听讲。由于康康个子高，按照惯例我把他安排到了班里的最后一排。当同学们都一个个把双手放到课桌上，挺直腰板，跟着老师的节奏听课时，只有康康一个人伸着脖子、探着身子，笑眯眯地东看看、西看看，一副不知道该干什么的样子。

"看来，这是个有点管不住自己的学生，我要在他身上花点力气了。"我心里一边想着一边走到康康的跟前，轻轻地拍了拍他的肩膀，和颜悦色地对他说："康康，你看其他同学都坐好了，你是不是也要像他们那样坐好啊？"康康立刻把手放到了桌子上，挺直了腰杆坐好，并笑眯眯地看着我。但当我走回讲台，准备继续授课时，康康便又恢复了原状。此后的每次课上我都得提醒他好几次，但收效甚微，一堂课下来，经常让自己口干舌燥，身心俱疲。

心急吃不了热豆腐，看来要想教育好康康还真不是一朝一夕的事。如何改变这种状况，如何不让康康"掉队"，成了我的心病。

为了尽快让康康养成认真听课的习惯，在征得康康妈妈同意后，我把康康调到了我的眼皮子底下——第一排。我想，这下我就方便管理他了。每当发现康康上课走神，我便第一时间送上眼神，眼神不管用时就送上手势，手势再不管用时就用语言来提示，渐渐地，一堂课里康康能专注听课的时长从两分钟增加到五分钟，再从五分钟增加到十分钟，这让我很是欣慰。

有人说，表扬是鼓励学生前进的良方，我也毫不吝啬地将其用在了康康身上。

在课堂上我努力寻找他的闪光点，帮助他树立自信心。通过观察我发现，康康的字写得清楚工整，只要不涉及理解的作业，比如简单的口算、汉字听写、英语单词听记，他都能完成得很好。于是我就抓住他的优点，每当他取得进步时，就当着全班同学的面表扬他，康康也很受用，学习的兴致明显高了起来，学习状况也就自然有所好转。但康康的各学科成绩很不平衡，语文、英语学习进步比较快，数学方面却改观不大。后来，我便给康康开起了"小灶"，找到小棍、绳子等教具，单独补教康康计算方法。一年级结束的时候，康康的语文、英语成绩能够达到良好程度，数学成绩也能及格了。

不被接纳

当一个学生太特殊、太有个性的时候，往往不容易被同学们接纳，甚至会被孤立。在与同学们交往方面，刚开始康康也很困难。

记得有一天中午，正当我在办公室批改作业时，康康被两名同学扭拽着来到办公室找我评理。这个时候，康康依然是一副笑眯眯满不在乎的样子。经过询问我了解到，是因为康康在课间玩要时，抢了其他同学的沙包才被这两名同学送到办公室来的。

我故作震惊地问："康康，你为什么要抢同学的沙包？"

"想玩！"康康的回答十分简短，用两三个字回答是康康的表达习惯。

"那你可以把想法告诉同学，和他们一起玩，干吗要抢沙包呢？"我借机劝导康康。

此时，康康笑眯眯的表情消失了，他鼻涕一把眼泪一把地哭着说："他们不想和我玩。"

此时我猛然意识到，康康还没有被同学们接纳。他的语言及思维发展较慢，时常不能够正确表达出自己的想法。其他同学自然不愿意和他玩。如果我能够帮助他融入班集体，岂不是对康康最大的帮助？

在接下来的日子里，我利用一切机会拉近康康与同学们之间的距离。

课堂小组学习时，我单独给他们组的组员做思想工作，让他们理解康康，给他表现的机会。课下师友互助组活动时，我特意给他安排了两名能力强又有耐心的小老师。班队会时，我刻意设计他擅长的一个小环节，比如"爱国古诗我会背"等，让他展示自己，让同学们能看到康康的优点。外出实践活动时，我总是主动牵着他的手，拉着他和同学们一起聊天。渐渐地我发现，同学们开始接纳他了，课间也能看见他开心地和同学们一起玩了。

脾气来了

正当我信心满满地计划着如何牵引康康继续"往前走"的时候，康康突然对我发了一次脾气，这给了我当头一棒。那是大课间跑操时，由于他比较胖，又不愿意运动，所以没有跟上班级队伍。掉队后，他不仅不追赶队伍，反而自顾自地玩起来。

"康康，你怎么不跑反倒玩上了？"我发现后立即提醒他。

他歪着头，语气重重地"哼"了一声，俨然是跟我较上劲了。

"你看其他同学虽然也很累，可是都在坚持，你也要坚持，不能掉队啊！快追上去！"我也加重了一些语气。

此时的康康紧紧地攥着小拳头，眼睛使劲地瞪着我，大声地对我说："讨厌！"

亲耳听到自己所教的学生说自己讨厌，这不是老师的悲哀吗？说实在的，我从教十几年，还是第一次被学生说讨厌，心中很不是滋味。看着康康那愤怒的眼神，仿佛什么话也不能平复他此时的心情。依据以往的经验，我知道和这样的学生不能硬碰硬，需要给他一点时间自己去平复情绪。于是，我深吸一口气，转身离开了，假装没听见他刚才说的话。大概过了10多分钟，看到康康的情绪平复下来后，我便走到他跟前，默默地拉上他的手，牵着他跑步追赶队伍。此时，他终于乖乖地跟着我跑了起来。

还有一次，我在班里收口算作业时，发现只有康康没写完。此时，同学们已陆续离开教室到操场活动了。我便把康康叫住了："康康，你的作业写完了吗？""没！"他笑眯眯地回答，一点知错的意思都没有。

"那你就先在教室里把作业补完再出去玩吧！"我板着脸对他说。

见同学们都去操场活动了，康康也急了。他一边哭一边用力撕碎口算题卡，嘴里还不停地说："讨厌！我要撕碎它，要砸电脑！"这突如其来的状况，着实让我有些措手不及。我还是采取了老办法，等他发泄得差不多了，便拿来了垃圾桶，和他一起收拾了垃圾，之后补上了作业。

在之后的一段日子里，这种情形还会时有发生。为了帮助康康改掉乱发脾气的坏毛病，我给康康讲故事、讲道理，告诉他怎样控制自己的情绪。可能是因为我的坚持吧，在接下来的三年中，虽然康康也时常会和我发发小脾气，但再也没说过"我讨厌你"这样的话。每次犯错他也能接受批评并改正。

我和康康一起度过了四年的小学时光，我又从一年级开始了新一轮的任教。虽然我不再是康康的班主任了，但我也经常向他的新班主任和同学打听他的情况，每每听到大家的表扬，我心里总感到美滋滋的，我的辛苦没有白费，我为他的成长进步感到欣慰。

今年九月，康康已经升入初一了。开学不久，他还特意回学校看望我，他也是今年毕业的学生中第一个来看我的。当他那胖嘟嘟的脸庞再次出现在我面前，当他笑眯眯地说出"王老师，我来看你了"这句话时，我有些控制不住自己的情绪。我知道他没办法像其他同学那样表达对我的感谢和想念，但我知道，这个曾经指着我说"讨厌"的小男孩已经渐渐长大了，在他的心中升腾出了一种情愫，那就是喜欢！我知道我的努力没有白费。

基于教育故事的理论分析

读罢本文，一个刻苦认真、坚持隐忍，又有智慧的教师形象浮现于我的眼前，平凡质朴却又甚为感人。文中的王老师为康康这个特殊的学生付出了多少艰辛，恐怕王老师自己也说不清，但文末的描述中却透露出王老师淡淡的喜悦和欣慰，我想这就是教师的价值与幸福吧。此为总体感受，以下再具体阐述两点：

第一，真实的付出是教育永恒的希望。本文中王老师使我印象最深刻的是，教师日常工作中对于学生平凡而持久的努力和付出。为了让康康能够坐得住、认真听课，王老师想了各种办法，安排他坐在离自己最近的地方，课上多次提醒他；为了让他能够融入大家，被大家所接纳，王老师反复沟通交流、日常示范；为了让他的学习成绩能够赶上去，王老师又额外给他辅导……这些日复一日、长久的坚持都是王老师真实的付出，也正是这些构筑了一位平凡教师的伟大灵魂，构筑了我们教育事业永恒的希望。在日常教育生活中，学生们总是有着这样那样的问题，成长中会出现各种烦恼，尤其是那些特别的学生，更加需要教师不厌其烦的教导、点点滴滴的帮助，需要教师随时随地打起精神应对各种突发状况，采取行动引导学生向着更好的方向成长。很多问题是如此琐碎、烦扰，却又那么重要，每一个小小的问题都可能会影响到学生现在与未来的成长，每一次的努力都会带来学生改变的希望，而这些却都需要教师真实的付出。空谈理论是不行的，简单找学生谈几次话也很难奏效，需要的是教师真实的行动，长久、持续的坚持，这些真实的付出，内在的动力是教师希望学生成长得更好的心理。对于教师的付出，学生虽小却也是感受得到的，所以文末王老师也谈到，曾经那么特别、给自己带来诸多烦恼的康康却是毕业后第一个来看望自己的。我想，王老师曾经的付出深深地印在了康康的心中，成为了康康现在和未来成长的一种支撑和力量。

第二，成为教师也是一场人生"修行"。从王老师的描述中我们看到了作为一位一线教师的艰辛与不易，要面对一个个千差万别的学生，甚至是一些比较特殊的学生，要解决和应对各种问题，还要承受着来自学生的各种负面情绪，承担学生学习、品性、习惯、人际交往等各方面发展的责任，并努力做到最好，不放弃任何一个学生。令我印象深刻的是王老师对于康康出现情绪问题时的冷静与克制，当康康大声喊出"讨厌"这两个字时，我想那一刻王老师的内心一定是崩溃的，此时她生气、愤怒都是正常的，甚至心灰意冷都是可以理解的，但是王老师没有，她所做的是对自我情绪的克制和对康康行为的理解，待康康情绪平复后再对其进行疏导教育。如果说真实付出体现的是教师的诚挚、担当与坚韧，那么对于自我情绪的克制与调整、对学生情绪的抚慰与疏导，则体现了教师的修为。成为教师是一场人生的"修行"，是一个对于自我品性、学识、情感情绪等不断历练和完善的过程。教师面对的是未成年人，他们尚不成熟，会有各种问题、困扰，会产生各种纠葛、矛盾，而教师不仅要在其中把握方向，同时又要处理各种大事小事，关注每一位学生的身心健康，不得不说这需要教师巨大的付出，更需要教师有着坚强的意志力和坚定的信念。教师需要不断地学习、修心、修行，让自己从更为广阔的视角理解人生、理解人性，用更为长远的眼光看待每一位学生的发展，并静下心来脚踏实地真实付出、随时随地采取教育行动，让每一件日常小事成为教育学生成长的契机，发现学生缺点时坚持不懈地去改变，紧紧抓住每一个学生的手不放松，这些都需要教师内心的坚守和切实的行动，同时也只有这样的教师才能承担起教书育人的重要职责。

在此，我向每一位心里装着学生、默默奉献的一线教师致敬。

（点评人：李爱霞博士生）

"肉"变"6"，他笑了

北京市延庆区第三小学　韩慧琴

2017年，我从城区小学到农村的一所小学去支教。开学第一天，我就被那群无拘无束的小学生给惊住了。他们在楼道里乱窜，吃瓜子乱啐皮，我的讲桌上还会出现各种美食：大榛子、山桃子、李子、甜杏核……有时还会出现一张饼、一个熟鸡蛋或鸽子蛋。这群可爱的学生，他们是那么的朴实，那么的真诚。

在我来到这里上课的第四天，校长领来了一个孩子，他的妈妈跟在校长身后。校长说："韩老师，这名同学放你班里吧。"我拉过这个虎头虎脑的小男孩，蹲下来问他："小朋友，你叫什么？"他翻着眼睛看着我，一点也不畏惧："我叫小赫。""你今年几岁啦？"只见他瞥了妈妈一眼，他妈妈立刻回应他："看我干什么，老师问你话呢！""五岁。"小赫赶忙回答。"哦，才五岁呀，还没到上学年龄呢。"他妈妈听我这么一说，满面愁容地走过来。我打量了她一下，她光脚穿着一双白色塑料凉鞋，鞋底还沾着些混合着青草的泥土。她走近我时，我分明闻到了刚割下来的青草的味道。"老师，您甭听他胡咧咧，他今年满六岁了。"他妈妈边说边举起手要打他。但是，从她看孩子的眼神，我知道其实她是舍不得打的，也就是抬手吓唬吓唬他罢了。动作倒是很夸张，我赶紧用手挡了一下，怕她真打到孩子。小赫很机灵，见妈妈抬手，刺溜一下钻到桌子底下，两只手抱着头，露出两条肉嘟嘟的手臂。我拉他出来，又问道："小赫，你告诉老师，今年几岁啦？"他眼睛滴溜一转，告诉我"七岁"。小赫妈妈趁我没注意，一脚端在他屁股上，小赫也没防住，一个趔趄扑到我怀里，我抱住了他。小赫妈妈说："老师，你不用扶他，他就该挨揍。"然后，一把把他薅过来，强行让他站直，并严厉地说："好好告诉老师，几岁？"谁知，小赫趁他妈妈不注意，扭头跑了。我急了："还不快追！"说着，我抬腿要去追，小赫妈妈一把拉住我说："老师，不用去，他不敢跑远，肯定是去喂马了。"

"哦，哪里有马？"

"学校门口系着哩。"

我惊呆了，怎么还骑马上学呀？出于好奇，我借着追小赫的由头跑出来，到了校门口，看到马儿静静地站着，嘴里还咀嚼着青草；小赫一手揽着马头一手轻抚着马儿的鬃毛，和马儿说着："还是马儿好，你不骂我，也不打我，还让我骑在你背上。你多吃些草，好有力气驮着我。"看到这幅和谐画面我停下了脚步。小赫妈妈紧随其后说："我说什么来着，跑不远吧？老师，这孩子您得多费费心。有一回他和村里的几个孩子玩数数游戏，那几个孩子比他稍大点，小赫说'6'说不清楚，老说成'肉'，他们几个就笑话他。回到家里小赫因此跟我哭闹，咋哄也不行。后来，他再也不说'6'了。数数也是，数到'6'就跳过去数'7'。听说您是从城里来的老师，俺们也是遇到了好老师，您就好好管管他。"

了解到小赫的情况后，我对他格外关注起来。数学课上，学习认识数字"6、7、8"。我让同桌之间互相说说"给5添上1是6，给6去掉1是5"。一会儿，小赫的同桌就告状："老师，小赫他总是乱说，他说给5添上1是7。"看来，这孩子还是过不去"肉"这个坎儿。于是，我摸摸他的头说："小赫，你能从1数到10吗？"小赫先是把身子蜷缩起来，然后又用力点点头，一副想要这个机会又害怕数错的样子。但是，最后他还是站起来，大声地数："1、2、3、4、5……"他停顿了一下，咬了咬嘴唇，接着小声嘟囔着，"7、8、9、10。"他刚说完，同学们就哄堂大笑。"老师，小赫少说了一个'6'。""老师，小赫不会说'6'。""老师……"同学们就像麻雀一样聒噪起来。小赫吸溜一下鼻子，低下了头。孩子窘迫的样子令我扎心。不能让小赫在大家面前永远低着头，要让他挺起胸脯，抬头走路。一下课，我就把小赫叫到办公室里问他："你喜欢做游戏吗？"小赫的眼睛立马亮了起来："喜欢呀！""那以后在课间玩游戏的时候，咱俩一组，而且咱俩还有暗号，就是做四个鬼脸。"我让小赫做鬼脸的目的是要让他把口腔打开，大胆表达。就这样，我一边说一边做着动作。"第一个，口形成'V'字形，就是微笑着，嘴角上翘，露出8颗牙来。第二个，张大嘴，瞪大眼。第三个，想象嘴里竖着一根牙签数十个数。第四个，想象嘴里含着冰块数十个数。记住了吗？""记住了。"于是，每到课间，我都会和孩子们玩一会儿丢沙包。每一次，我都和小赫一组，小赫和我做着同样的鬼脸。当然，这只是我和小赫之间的约定。

半个月后，我们开始学习汉语拼音（我们低年级老师包班教学，语文、数学都是我教）。当教到汉语拼音ɑo、ou、iu时，我认真地讲解发音方法，小赫听得格外认真。"iu想和声母做朋友，请同学们来帮忙，请谁来和iu做朋友？"同学们七嘴八舌地说起来，我顺势把他们说的音节写在黑板上：diū、qiú、niú、liū。"同学们帮助iu找到了这么多的声母朋友，谁来当小老师，领着大家读一读？"为了锻炼小赫的胆量，我走到他身边说："小赫当小老师领读，其他同学跟读。"当他走上讲台，拿起教鞭时，我内心十分忐忑，怕他读不好，又引来同学们的哄笑。但是，又想让他得到锻炼。他到底能不能读好liū这个音节呢？我的心里打着鼓。当他大声地、准确地读出来时，我欣喜若狂，并及时地表扬他声音洪亮、字音准确。看着他自信地走回座位，我知道，他将走出那个没"6"的世界了。

小赫上学快一个月了，一次课堂上，小赫认真地写作业，认真地朗读课文。我看着他，恰巧他也抬头看我。"小赫，你写完了吗？""嗯，老师，我写完了。"他仰着头说。"那好，请你来帮忙，把今天的作业本发给同学们。""好。"他答应着，很快地跑过来，站在讲台上，学着我的样子一个一个地念起来："王斌、李江、方念、刘国利、刘玉洋……"他能把"刘"念得那么清晰，说出"6"应该是没问题了吧。我虽然这样想着，但还是没敢问他，怕自己预计得不准确，让他缩回去，那他重新走出来就会更困难了，还是再等等吧。

每天下午，同学们来得都比较早，于是，我也会早早进班，让他们学一首古诗。小赫每天比其他同学还要早几分钟，于是，我就让他每天多背一首古诗，第二天中午再教同学们背。第一天，我让他背诵《悯农》；第二天，背诵《春晓》；第三天，背诵《咏柳》。"柳"字是三声，他能读好吗？为了不在课堂上出现状况，我让小赫先来办公室背一遍。"《咏柳》，唐，贺知章……"他背得字正腔圆，没问题。看来，这个没"6"学生的春天就要来临了。

复习课上，我把一些音节写在黑板上（见下图），请同学们拼出它们的四个声调。同桌之间先互相练习一下。我走到小赫身边，听到他拼读liù时非常准确。我心里有数了，再让同学领读时，我大胆叫起小赫，让他领读。他站起来的同时，看了我一眼，我就给他一个肯定的眼神。他便大声地读起来：liū liú liǔ liù，最后的liù读得那么响亮，那么有力。我心头悬着的一块巨石落了下来。成功！

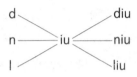

小赫从此不再惧怕数数了。自此，那个没"6"的孩子的笑容再也没有消失过。每天他都能自信地带领大家朗读，积极地帮助老师发放作业……再也不是那个低头含胸没有自信的小男孩了。我想，这也会是十年、二十年后小赫的工作状态吧！自信是力量的源泉，自信的孩子都充满勇气、阳光、正能量。一个人有了充足的自信，并不意味着他什么烦恼都没有了，而是意味着他有足够的力量来处理生活中的烦恼。即使最坏的情况出现，也会抱着面对、接受、放下的态度，从容应对。自信的人，其人生必然是积极进取，同时又是知足常乐的，正如我的小赫。

基于教育故事的理论分析

这是一篇有关学困问题的故事，从故事中可以看出学困并非问题的根源，也不是问题的终点。它往往与原生家庭、学生自身性格特质、学校及社区教育环境等多重因素相关。因此，解决此类问题需从各个层面全面考虑，并聚焦于学生的终身发展。终身发展的前提是生命教育，尊敬生命要做到以人为本，以人为本意味着不仅需要关注人的生理健康，同时也要关注心理健康。教师是人类灵魂的工程师，尤其是班主任使命在肩，如何更好地协同各方力量努力完成育人的任务，此过程中班主任的作用不容忽视。班主任领导力是指在班级特定场域中，班主任引领、影响学校、班级学生、任课教师及家长，共谋班级发展，共同实现育人目标的一种能力。研究表明，班主任领导力主要体现在建班理想、以人为本、善谋共识、激励人心、持之以恒等几个关键方面。①

而建班理想、以人为本、持之以恒这几方面在本案例中均有迹可循，得到了关注和运用。让我们结合具体内容加以诠释、探讨。建班理想是班主任领导力发挥的前提，心系班级每名学生发展的班主任，有着较高的职业追求与认同。在面对困难时，他们会开启自身的内驱力，努力想办法去应对、解决问题，以引领学生发展。因此这样的教师眼中是有人的，心中是有学生的。②他们会用双眼去观察、用心去理解、用行动去呵护每一名需要培育的学生，尤其是学困生。本文虽不是很长，却可在文中多处体会到这一点。如班主任对小赫妈妈的打量，妈妈疼爱小赫却又举手要教训小赫的举止及与此相关的孩子的情况分析。从这些细节看得出班主任是目中有人的。不仅如此，虽然知道小赫妈妈不舍得下手打孩子，但班主任还是拦住了她；在妈妈踢了小赫后，班主任赶快将小赫抱住；小赫跑去喂马，班主任担心他追了上去等，充分体现了教师对学生的呵护和爱。这说明案例中的韩老师是一位有着较高建班理想的班主任。这种建班理想驱动着班主任对自身教师生涯的关注与好奇，她才会看到小赫与马儿的"和谐画面"，她才会细致地与小赫妈妈谈话沟通，进一步地了解小赫、理解小赫，并以此为基点，明确了从教会小赫说"6"这个发音的"小事"来切入，点燃小赫的自信的教育目标。

在此，需注意到班主任是一个"双肩挑"的岗位。一边是学科教师，一

① Somnath Sinha, Deborah L. Hanuscin, "Development of teacher leadership identity: A multiple case study," *Teaching and Teacher Education*, 2017（63）.

② 李镇西：《花开的声音》，四川少年儿童出版社，2000。

边是班级管理者。虽然由此可能造成班主任工作繁重，但事实证明，两者可以有效结合，贯通融合提升学生素养。本故事中，班主任首先以人为本，基于小赫的实际情况走进小赫的学习生活，通过约定的"扮鬼脸"活动，从生理角度帮助小赫锻炼面部肌肉，打开口腔，以这种轻松的方式促进其表达能力的提升。在学科教学中，她将育人目标与语文拼音课堂学习内容巧妙结合，抓住了一系列转变学生能力、心态的关键时机，一步步地引导小赫发言表达，同时兼顾到了信心培养中的欲速则不达，通过领读音节、古诗词诵读等教学环节，逐步巩固已得到的育人效果。这一过程中，班主任积极关注，如果过急，可能会导致更加难以塑造小赫自信的情况，于是通过反复确认、观察，最后才帮助学生突破了重重心理障碍，成功发出了"6"的读音。这除了体现出以人为本，更加体现出了班主任领导力的持之以恒。同时，需要认识到，这种持之以恒还在于持有对儿童问题的发展性视角和理性看待学生发展中的反复性问题等，以多角度理解、运用班主任领导力，提升育人成效。①

（点评人：李明玉博士）

---

①　周海燕：《高中班主任领导力的探究》，江苏师范大学，2016。

独一无二的作业

北京交通大学附属中学　李喆玥

转眼又是一届高一新生来报到。作为班主任的我早早地来到了教室，放下手中已翻读过数遍的学生名单，开始准备新生报到的各项事宜。

"哎，我昨天在咱们学校高一新生群里看到小明了，没想到他也考到了这儿，可千万别和咱们分到一个班里！"

"啊？初三（7）班的小明吗？和他一个班的学生就没有不烦他的……"从楼道中传来几名学生的交谈声。

小明？这个名字有点熟悉，我在学生名单上看到过这个名字，他是我班里的学生。但是刚才那几名学生为什么会那样议论他？怀着些许疑问和忧虑，我决定等会儿新生报到时多关注一下这个叫小明的新生。

不一会儿，教室门口突然出现了一名男生："老师好！请问这儿是高一（13）班吗？我叫小明，来报到的。"

他就是小明？人和名字对上了号，我不禁抬头打量起这名学生，他的脸上洋溢着格外灿烂的笑容，完全是一个阳光大男孩的模样。"没错，是13班，我是班主任，现在还没到报到时间，你先在教室里坐下休息一会儿。"

接着，小明直接撂下书包，主动走到我旁边说："老师，这些教材是不是要发的？我放在每位同学的课桌上。军训服装是一人一套吧？我也发了，还有学生信和家长信……"随着报到时间的临近，同学们也都陆陆续续地进入了教室，看着他为同学们服务的忙碌身影，我不禁觉得小明真是一个乐于助人、活泼开朗的孩子，和其他同学相处应该也会很融洽，没什么可担心的。

新生报到后的班级破冰活动欢乐圆满地结束了，而我也似乎忘却了楼道中那几名学生的议论，期待着正式开学的日子。

然而随着常规教学活动和班级活动的开展，班里却因为小明掀起了多次风波，开学才不到一个月的时间，就没有同学愿意和他坐同桌了。而这一切都是因为小明的学习习惯：他善于交际，乐于助人，但对于每天老师布置的学科作业，他总要偷偷地找附近的同学抄答案。刚开始同学们因为小明乐于助人，会将作业借给他抄。但久而久之同学们发现小明越来越变本加厉，不仅平时抄作业，课堂测验或者考试中也总是偷瞄其他同学的答案。

"老师，今天课堂小测验，小明他一直瞄我的卷子，我没给他看，他课间就踹我的桌子，说我不讲哥们儿义气。"

"老师，昨天小明让我借他作业抄，我没理他，他就在班里指桑骂槐。"

"老师，我总觉得小明平时帮我们就是为了找我们借作业抄。"

……

为了制止小明这种不好的行为，我首先在班级里开展了围绕诚实守信和文明礼仪为主题的班会，希望能够潜移默化地影响所有学生，营造良好班级氛围。同时为了帮助小明逐步提高学习成绩，独立完成作业，我还联合各科老师一起行动起来，利用每天自习课的时间单独给他辅导。

然而小明与其他同学的关系却始终没有改善，隔三差五就有同学来"举报"，说他胡搅蛮缠地索要作业和试卷答案。了解情况之后，我很是失望，觉得半个月来的努力和心血仿佛都付诸东流了。

我决定好好跟小明谈一谈，于是将他叫到办公室进行沟通。"每天的作业还有平时练习老师们都一道一道给你讲解，你自己也都会做了，为什么放学后还缠着其他同学要答案抄呢？"

在我正颜厉色的质问中，平日里这个活泼乐观的大男孩半晌才憋出一句："老师，我控制不住自己，我自己做出来了，但总想和别人对对答案。"

听到小明的话，我愣住了，"控制不住"去看其他同学的答案，与自己的进行核对。这难道是自我强迫行为？有了这个想法，我便开始了对小明进行一系列的调查。

调查的第一步就是向与小明朝夕相处的父母进一步了解情况。

"我们家小明小时候特聪明，学习成绩在班里总是前几名，但不知为什么到了初中，学习成绩便一落千丈。小明是个不服输的孩子，他就把每天的作业都看成一次考试，总要全对才行，这不，努力了三年，最后中考成绩还可以。"

"总要全对？"小明妈妈的这几个字一直回荡在我的脑海里，也更让我肯定了自己之前的猜测。了解了小明的问题后，我始终坐立不安，该如何科学、有效地在不伤害小明自尊心的情况下帮助他摆脱错误观念的束缚，赢回同学的信任，进而在学习上取得进步呢？

带着这些疑问和个人想法，我去咨询了学校的心理老师。心理老师听了我的来意后，细心地给我普及了关于中学生自我强迫行为的知识。原来中学生进入青春期后会普遍出现自尊心增强、成人感突显的现象。他说，要改善小明现阶段的错误行为，就必须挖掘出小明内心的不合理信念，逐渐扭转其认知习惯，这些做法对减轻其强迫行为具有至关重要的作用。

通过和心理老师的交谈，我清楚地意识到：小明希望自己保持小学阶段的优秀成绩，能引起别人的关注和赞扬，这本是一种健康积极的心理，但这种心理状态一旦过度就会适得其反。看来，小明忍不住去抄同学作业的行为可能是因为对自己能力的不自信，以及把成绩和正确率当作能引起教师、同学、家长关注的唯一途径。这些不合理的认知严重阻碍了他的发展，导致他如今的自我强迫行为。

我思考之后觉得小明出现这样的问题和家庭的教育脱不开关系，于是决定再次拜访小明的父母。我跟小明父母转述了我和心理老师的谈话内容及自己的猜想，小明父母听后觉得很惊讶，也很懊悔不仅没能及时发现小明的问题，还总在家庭教育方面力求小明完美。

"他爸爸是名牌大学毕业的，对小明寄予了很大希望，他坚信虎父无犬子，所以一直以来都对小明很严格。在对孩子的教育上，每逢孩子成绩不理想，他爸更多是急躁的训斥和打骂，少有倾听与开导。"小明妈妈的话让我思绪万千，小明在和父亲的相处过程中受其影响很深，这让小明内心累积了一定的逆反和焦虑情绪。升上初中后，他的成绩不如小学时优秀，于是为了逃避父亲的责怪，不希望看到父母失望的眼神，他无意间养成了忍不住反复确认自己答案正确性的强迫行为。

在和小明父母交流后，我下定决心要帮助小明克服心理障碍。以往的教学经验告诉我，学生的成长离不开家庭和学校的合力教育，家长的积极沟通和与老师的配合对小明的教育是非常重要的。我和小明父母商量，先与小明进行一次交谈，倾听他的心声，用真诚平和的交流方式走进他的内心世界，搭建起沟通的桥梁，在日常生活中渗透对他努力的认可和鼓励。

"老师，说实话，第一次做父母，我们也在不断学习和成长。为了让孩子能够放下心里的负担和压力，我们会学着降低对孩子学习方面的标准，平常也会多和孩子沟通感受和想法，希望能够慢慢引导孩子做自己，建立起自信。"

随后的日子里，我每周三下午都会与小明父母电话沟通小明的情况，从家长的反馈中，我也慢慢感觉到小明在家里的状态越来越放松，偶尔会主动和家长聊学校生活和学习情况，也会倾诉一些负面情绪。

争取到小明父母的支持和帮助，下一步就是引导小明在学校生活中逐渐树立起信心，搭建其和班上其他同学和谐相处的信任的桥梁。为了让小明体会到学习的成就感和集体归属感，我找来了班长和学习委员沟通小明的情况，希望他们能够和小明组成学习小组，在自习课上一起探讨作业中的题目，互相分享解题思路，同时也让小明参与到班级工作中，发挥自己的优势，在同伴影响和集体氛围中逐步改变和成长。

"老师！没问题，其实小明人还挺不错的，平常对班级事务和同学们也都很热心，我们也希望他能够改掉坏习惯，重新回归集体。"听着班委们的承诺和对小明热心肠的一致认可，我感到十分的暖心，也对之后的工作充满信心：小明的好，同学们其实一直都看在眼里，记在心上。

于是，每到课间休息或是自习课上，我总能看到小明所在的学习小组围坐在一起共同学习的场景："小明，你的这个解题思路这么简单，几步就把答案算出来了，这是怎么做的，能不能分享给我们？"

任课老师听到后也会鼓励小明到黑板上分享思路："小明，这道题做完了吗？你代表小组给同学们说说解题办法。"

"啊，好的，其实也没什么，我觉得这道题……"

渐渐地，小明也从刚开始的只当一名听众，到逐渐放开自己，能够大胆分享自己的解题想法，也认识到了作业中出现错误或者不会的题目是正常现象。我无比欣慰，觉得离目标更近了一步。

"小明，学习的意义不仅仅在于得到高分和确定的答案，真正的乐趣发生在你探索答案的过程之中，更在于你能够有并肩探索答案的同伴。这周就轮到你来做学习小组的小组长了，加油！"

"老师，我一定不辜负你的期望，努力当好小组长。"

半个学期以来，小明的精神面貌焕然一新。他不再过度纠结题目的答案，每天也总是第一个就将各科作业交给课代表。后来的一次班级评比中，小明还被选举为最称职的学习小组组长，成为同学们学习的榜样。也正是那天，小明来到我的办公室取走奖状和班级作业。他找出了自己那张有空白题目及红叉批改印记的作业，说道："老师，这是我独一无二的作业。"

是啊，这就是我一直期待的作业，而你也是我们一直期待的小明。多一点坚持和智慧，多一份助力和引导，教育往往就发生在我们耐心期盼的过程之中……

基于教育故事的理论分析

班主任领导力发挥的核心是专家权力的运用，而专家权力的基础为专业知识，班主任一肩挑两担，一边为学科教师，一边为班级管理者。不仅学科教学需要专业知识，班级管理更加需要，两者均归属于教师知识。只是前者属于教师内容知识范畴，而后者偏于默会知识，源自日常教学管理工作中的实践积累，即所谓的教学经验[①]。然而，值得注意的是，班级教育的默会知识不仅有经验部分，其中还有专业知识的存在。

案例中，班主任李老师在处理"小明事件"时，就运用了大量的专业知

---

① 刘清华：《教师知识的模型建构研究》，西南师范大学，2004。

识。正是这些专业知识的积累，才使得班主任发现了小明问题的关键所在。剥去小明抄袭同学作业的外壳，强迫自己、过于追求完美的心理学问题露出了水面。优秀的班主任不仅需要有高水平的学科知识，还要拥有教育学、心理学、管理学、社会学等知识储备。在不断直面问题、育人探索中，班主任不停追问，不停请教，不停学习，才能够处理好班级管理问题。因此不仅教育经验是逐渐积累的，班主任的专业知识也是逐步强化的。

班主任需要有敏锐的洞察力，以及立德树人的职业使命与热忱，去观察学生、了解学生、探寻他们的家庭教育情况、正向地与其沟通，这一切都要从育人使命出发，没有牢记使命的职业追求，便不会有班级问题的探索与解决。不仅如此，班主任还需要认清自身所处的关键地位，充分发挥领导力。班主任领导力不仅在于自身的发挥，与家长、科任教师协同发挥形成育人合力才是关键。案例中，班主任李老师一方面在发现了小明的心理问题后，并没有止于该层面，仅从心理治愈角度着手单一处理，而是积极深挖问题根源，回落到原生家庭的教育环境之中，与小明家长取得联系进行问题溯源，发现了家庭教育的不当之处，并鼓励家长进行心态扭转、为家庭教育提供学校教育支持。另一方面，班主任自身采取了有力的小组合作学习模式，将小明置于同学教育情境中，从"做中学"的角度让小明自己去发现问题，进而明白同学们的答案也不一定完美，并逐渐从小组学习交流中树立自信，使得其他同学对小明的原有不良印象也逐步地发生了转变。与此同时，班主任在学科教师层面也发挥了领导力。沟通、带动学科教师，理解小明、鼓励小明、转化小明。最终消解了小明的非合理信念，从多维层面促进、化解"小明问题"。

青少年是祖国的未来，而研究显示，近年来青少年心理问题呈现出一定的攀升态势[①]。青少年介于儿童与成人之间，处于青春发育期，一方面面临生理上的成人化过渡、转变，另一方面心理上随之迎来社会化的蜕变。身心上的双重夹击使得青少年敏感、脆弱，常常表现为渴望与畏惧双重矛盾的现象，

---

① 栾晓晖：《中小学体质健康教育开展的现状研究》，辽宁师范大学，2015。

正所谓处于"花季雨季"时节。此时，青少年更需要学校、家庭、社会予以更多贴心、耐心、热心的关注与引导，为青少年发展指点迷津，呵护他们的心灵，守卫他们的自尊心、自信心。而班主任处在育人工作的关键节点，是青少年灵魂建筑的使者，及时关心、发现学生的心理问题，需要班主任在日常教学、课余时间多下功夫，储备相关知识，累积相关经验，才能更加敏锐地发现、有力地处理这些问题。

值得注意的是，学校教育并非万能，解决学生问题也不可能一蹴而就。问题形成于日积月累，往往始于原生家庭环境，家长更应该学习、储备相关知识常识，积极配合班级管理工作实施。

学生在学校接受教育，但教育并不局限于校园，非正规教育在以更隐秘的形式深度影响着教育的效果，需要从国家到每一位公民都重视起来，以促进学校、家庭、社会合力育人的建构形成，有效提升育人水平。

（点评人：李明玉博士）

她不再让人"敬而远之"了

北京市石景山区古城第二小学　梅永军

工作中，我努力地把师爱播撒在教室的每一个角落。在我眼里，每位学生都有发展的潜力和上升的空间；在我心中，每一块"顽石"都可以雕琢成值得欣赏的美玉。我认为，学生均有可塑性，在成长的道路上，教师是他们的领路人。

刚接四年级的一个班时，我就注意到了班里11岁的小轩同学，她身材瘦小，性格外向，开朗活泼，表现欲极强。她的我行我素常常会引起其他学生及家长的不愉快。有时，她为了引起别人的注意，经常会大声地喊同学和家长的名字，甚至还要把别人的名字倒着叫才觉得过瘾；随便说一些不文明用语是常事儿；用手指蘸上唾液去摸同学的衣服、手或者学具；同学学习时，她会去捣乱，拿走同桌的尺子，或藏起别人的橡皮……她的这些不良行为，常常影响到同学们的正常学习，大家对此极其反感，同学们与她相处很不融洽。为了发泄、出气，她变本加厉地搞恶作剧，同学们屡次向我告状，于是形成了恶性循环。久而久之，周围同学对她只能"敬而远之"了。

为了帮助小轩改掉不良行为，真正学会与同伴建立友谊，我时刻关注她的一举一动，将看到的问题及时与她沟通，悄悄地走进她的内心世界。

一天，科学课刚刚上课，她的注意力就落到了旁边的小汇身上，她很不礼貌地说出小汇妈妈的名字，还觉得对小汇伤害不够，又继续说："小汇的妈妈是……"小汇听了心里很不舒服，整节课都没有心思听讲。

下课了，大家回到教室，小汇同学默默地走到我身边，向我诉说了科学课上发生的事情。我知道了这件事后，开始关注小轩在课堂上的表现……

午休时，我把小轩叫到了办公室，耐心地说："孩子，老师感觉你今天交上来的语文作业书写得很工整，而且正确率也高，这说明你学习一定很努力。现在很开心吧？但是你回忆一下，你今天在科学课上的表现是否有做得不妥之处？"她小声地说："我……我和小汇又发生不愉快了，主要是他以前老招惹我，我就想用那些话气他……"了解了小轩的想法，我心平气和地告诉她："你在科学课上的举止是不文明的表现，作为同班同学，上课应该专心学习，有了困难大家互相帮助，不能因为想起以前发生的小事儿就耿耿于怀，伺机以此方法来发泄心中的怨气和不满，更不应该用不文明的言语伤害对方，尤其是对待同学的爸爸妈妈，他们是长辈，我们要尊重他们。《小学生日常行为规范》中也提到，要尊老爱幼，平等待人。同学之间友好相处，互相关心，互相帮助。会用礼貌用语。不骂人，不打架……现在，你和老师一起来读读这些规定好不好？"说完，我就和她一起一句一句读了起来……读完后，嘱咐小轩要学会尊重同学和家长，希望她当天晚上能向同学和家长诚恳道歉。下午放学后，我约小轩妈妈来到办公室，首先我表扬了小轩能够虚心学习，接受老师给她提出的建议。表扬她科学课上知错就改的行为态度，希望家长回家后不再批评和指责小轩，但是希望她今后能不再犯这样的错误。当天晚上，小轩在她妈妈的帮助下给小汇妈妈打电话，诚恳道歉，表达她改过的愿望和决心。为了帮助小轩懂得要尊重他人，一有时间我就让她去阅读《小学生日常行为规范》中的细则，使她在内心深处牢记这些行为准绳。我还建议她每天进行自查，看是否符合标准。

在后来的科学课和其他课上，同学们没有再反映小轩有任何不文明行为。看到她的行为举止符合标准了，我毫不吝惜地表扬她，还给她升小红格作为奖励，升三次小红格就能获得一枚小印章，得到三枚小印章就可以登上班级的文明之星光荣榜。在小轩的不懈努力下，上个学期，她获得了两次班级文明之星的光荣称号。同时我还为她寻找传递正能量的榜样例子，鼓励她向班级中的文明之星、身边的优秀学生榜样学习。在这期间，为她创设积极为集体做好事、参加公益性活动的机会，比如，擦黑板、捡拾垃圾、收发作业本等，在小轩为他人服务的同时，我注意引领大家为她喝彩，强化她的责任意识，树立她的自信心，使她在同学心目中的形象越来越美好。

一段时间过去了，小轩的不良行为出现了反复。一天，我看到小汇抱着笔袋去上厕所和接水，感到很奇怪，一问得知，小汇是怕自己的笔袋再次丢失。小汇的笔袋之前已经丢过两次了，都是在老师和同学的帮助下，分别在公用小柜和楼道书柜里找到的……可是现在他心里总担心笔袋会再次丢失，所以才笔袋不离身。我对他说："小汇，没事儿，都已经找到了，不会再丢了，你就放心地把笔袋放在自己的书桌上吧！"于是小汇不再抱着笔袋去上厕所和接水了。可是没过几天，小汇的笔袋又不见了。我问班里同学有谁捡到了或看到了小汇的笔袋，可是没有人回答。于是我带着学生们一起帮忙找，可是，我们找遍了所有的角落都没有找到。我停下来，看着班里的每一名学生，当我的眼神落到小轩脸上时，我感到她有一丝不安，于是，我对同学们说："同学们，我们先休息一下，笔袋的事儿一会儿再说。"说罢，大家陆续离开了教室，只剩下小轩了。我走过去，心平气和地对她说："你是不是知道小汇的笔袋在哪里？"她急切地说："我没有拿他的笔袋！"我又悄悄地对她说："我知道你没拿他的笔袋，但我想你可能会知道他的笔袋在哪里。"果然，话音刚落，她严肃而凝重的表情显得有点不安，但还是迅速转身朝放学具的公共小柜走去，打开柜门拿出笔袋，转过身呆呆地望着我，我示意她把笔袋放回小汇的桌上。之后，同学们陆陆续续地回班了，我告诉大家："刚才在老师和所有同学的共同努力下，小汇的笔袋终于找到了，那么我们可以继续学习了，纪律委员现在可以给大家升小红格了……"我没有向大家描述找到笔袋的过程，而是带领学生们继续读书和学习。

放学后，我悄悄地找到小轩，想知道她为什么要藏小汇的笔袋。通过我的耐心引导，小轩说她现在与小汇还是有一些不愉快，所以才想用此方法来出气。我意识到，学生间有了矛盾，老师和家长要及时安抚，及时纠正他们的错误想法。于是，我劝导道："在学校，要与同学和谐相处，相信这也是你的愿望。但是，同学之间会因为这样那样的事儿发生小摩擦，这时要用正确的方法去解决才行。"我还告诉她出现了问题，首先要正确看待，积极剖析与同学产生矛盾的原因，学会将心比心。我对小轩说："如果他与你之间因为一点小事儿发生了不愉快，他就要把你的笔袋或其他学具藏起来，你会怎么想？心里会舒服吗？"小轩顺着我的思路想着，默默地说："要是那样，我肯定会特别着急，特别不舒服……"看到她这样的反应，我继续引导她与同学要用正确的方法沟通，学会包容，运用合适的方法去解决问题。小轩在我苦口婆心的说教下，诚恳地点点头。

为了帮助小轩，除了讲道理、渗透正确做法外，我还注意积极强化她的强项——跳绳。在上个学期学校组织跳绳比赛活动之前，我鼓励小轩每天利用课间或休息时段积极练习跳绳，不断提高她的跳绳技巧。在我的引导和鼓励下，每天都能听到她兴致勃勃地说跳绳个数增加了，速度提高了，越来越稳当了……在学校运动会上，她不负众望，取得了女子单摇年级第二的优异成绩。另外，在学校的诗词背诵擂台赛活动中，我发现小轩记忆力强，背诵古诗的速度比别人快，就及时鼓励表扬她，并把她背诵古诗词的照片张贴在学校传统文化学习宣传栏中……如今，小轩把更多的时间和精力放到了运动和学习上，不仅增强了上进心和集体荣誉感，还能和同学友好相处了。

小轩妈妈也跟我反馈，小轩经常对她说："妈妈，我们的老师是个特别讲道理的老师，她用心帮助我，我信服她……"看来，老师积极地走进学生的内心世界，运用智慧管理，学生就会服从老师的管理，会用自己的良好行动，努力改善与同学的关系。

基于教育故事的理论分析

小轩变本加厉地搞恶作剧，让周围同学对她"敬而远之"。看起来小轩好像一直在推开其他同学，小轩真的讨厌她的同学吗？她这样一直搞恶作剧，真的会因此而开心吗？

要回答这个问题，就要先了解小轩的心理需要。人本主义的代表人物马斯洛曾提出了著名的需要层次理论来探索人的行为动机[1]。他认为人有五种需

---

[1] 亚伯拉罕·马斯洛：《动机与人格》，许金声等译，中国人民大学出版社，2013。

要（后期又添加了认知需要与审美需要）。第一是生理需要，即最原始、最基本的需要，如对食物、水分、氧气、性、排泄和休息等的需要；第二是安全需要，即要求生命安全、生活稳定；第三是归属与爱的需要，即渴望得到家庭、团体、朋友的关怀和理解，是对友情、亲情、爱情的需要；第四是自尊的需要，成为了团体中的一员，就进一步想要获得他人的较高评价；第五是自我实现的需要，即促使自己的潜能得以开发。

对于小轩来说，生理和安全的需要都已满足，但是归属和尊重的需要却未能满足，所以她制造恶作剧，并不是真的讨厌同学，同学对她"敬而远之"，她也不开心。她其实是很渴望朋友、渴望他人的肯定的，但却用一种错误的方式来吸引他人注意。所以故事中的梅老师注意到要想改变小轩的不良行为，仅仅去针对行为本身说教是不行的，必须让小轩学会用正确的方式满足自己的需要，帮助她学会建立友谊。

渴望归属和尊重的学生，有时候会有比较低的自我评价和自我价值感。他们会认为自己不招人喜欢，没人爱自己，为了保护自己，让自己不过于难受，他们会产生一种自我防御，自己告诉自己不喜欢别人，也不想跟别人交朋友，并将别人越推越远，以预防别人拒绝自己，这会产生一种"反向作用"。所以，我们既要教会小轩正确的与同学相处的方式，同时也要关注小轩自身希望获得肯定的渴望。正如梅老师所做的，对小轩的良好行为积极表扬，"为她创设积极为集体做好事、参加公益性活动的机会"，强化她的强项跳绳，在学习宣传栏张贴她背诵古诗词的照片……让同学们能逐渐看到小轩身上的优点，对她不再排斥。让小轩在实现自我价值的同时，也满足了被老师和同学们尊重的需要。小轩逐渐开始知道什么样的方式才是满足需要的正确方式。

但这种改变必然不会是一蹴而就的，就像小轩会经历反复，出现了偷藏笔袋的行为。对于小学生来说，他们的心智、控制力发展还不成熟，所以一些不良行为不需要过度升级为品德问题，可能只是一种不成熟的表现。如果正确教育和引导，就能帮助他们顺利度过这个发展阶段，不会发展为品德问题。梅老师处理小轩偷藏笔袋这件事，没有采用公开批评的方式，而是私下与小轩进行深入的沟通，了解小轩做这件事的原因，照顾到了小轩正在恢复的自尊心，让小轩感到真正地被接纳、被理解，这可能也是小轩愿意信任梅老师，并最终在梅老师的引导下意识到错误的原因。一位讲道理的老师，一定不光是自己能说出道理，而且是愿意倾听和了解学生的需要，让学生"听进"道理的老师。沟通从倾听开始，而倾听本身就能让学生感受到被尊重，这也会成为良好师生关系的基石。只有学生信任老师，老师的话才会成为"道理"。梅老师在与小轩的交流中，并非一味地说教，而是关注到小轩的想法与需要，让小轩感到了被肯定和理解，这才是最重要的。

同时，这件事情其实涉及了小轩和小汇两个人的关系，小汇作为被恶作剧的对象同样也需要被关怀，这也是需要被关注到的。引起我们思考的是小轩这样的学生容易被关注到，那么其他学生是否会被忽略呢？

我们还需要注意的是学生们的行为容易失控，他们的恶作剧也很有可能演变为校园欺凌，老师也应该对此具有一定的敏感性，对任何一次恶作剧都不要草率地放过，及时让学生知道行为的边界。

（点评人：朱小爽博士）

抓住闪光点塑造学生品格

北京市教育学院石景山分院　宋　雪

　　2016年，由于工作调整，我来到一所新的学校任德育副校长。刚到学校不久，一个名叫小叶的初二年级男生便进入了我的视野。据任课老师反映，这个学生最近经常无故不来上课，即使来了，他也不听讲，更不写作业。我找到班主任了解他的情况。班主任说："这是个既让人生气又让人心疼的孩子。小叶生活在一个再婚的家庭，妈妈把更多的精力放在了新出生的小弟弟身上，小叶和继父的关系很不好。小叶的体育成绩特别好，当年就是以体育特长生的身份进入学校的。但是在前一年的运动会上，小叶参加4×100米接力比赛时，由于求胜心切，抢跑了，导致全队被罚出了赛场。此后，他整日吊儿郎当的，不按时参加田径队训练，后来干脆完全退出了田径队。放学后，他常常在外面游荡到很晚才回家，还在社会上认识了一些不良青年，父母管不了他，干脆就放弃了。"班主任对他非常关心，但是对于他的情况也是无能为力。听了这些，我决定协助这个班的班主任，一起做好班主任工作，要引领这个学生走回正道。

　　在一个阳光明媚的中午，我看到小叶一个人在操场上打球，心想：真是一个好机会，我得把握住，于是快步向他走去。我刚走到篮球场旁，恰巧他来了一个漂亮的三步上篮，球应声入篮。我喊了一声："好球！"他停下来，看看我，嘴角挂着一丝笑意，却刻意收敛住了，继续运球。我对他说："小伙子，能聊聊吗？"他停下来，看着我说："聊什么？"我说："聊聊运动呀。""有什么话，您直接说吧。"他低头看着球说。我走近他，看着他的脸说："来田径队训练吧！备战全区运动会，学校需要你。""学校需要我？"他把目光从地上的篮球转移到我的脸上，疑惑地问。"对！"我斩钉截铁地说，"我听体育老师说了，你的短跑成绩在全校首屈一指，但是从去年比赛之后，你就不来田径队训练了，怎么着？被一次意外打垮了，不敢参加比赛，认怂了吧？"我故意逗他，"还是你家里有什么事，晚上不能参加训练？如果是这样，我可以跟你的父母谈谈。"其实我知道他放学后几乎都是跟一些社会上的人混在一起，却假装毫不知情地问他。他连忙说："不，不用，我才不是认怂呢，我家里也没事儿，就是不乐意参加。""不乐意？现在学校需要你，作为学校的一分子，你责无旁贷。"我坚定地说。"需要我？我没那么大作用。"说着，他又把目光移到了地上的篮球上。"作用的大小不是你说的，今天我就是代表田径队、代表学校邀请你参赛的。"我对他说，"既是为学校赢得荣誉，更是让你为自己而战。"说到这里，他终于抬起头，再次看向我。那天我跟他坐在操场边，聊了整整一个中午。我知道了，当年那次比赛，让他陷入深深的自责和紧张之中，他真的很想再次参加比赛，把输掉的荣誉夺回来。但是只要一站在起跑线前，他便觉得呼吸急促，甚至双腿发抖，觉得自己无法比赛。这些话他从没有跟任何人说过，只是自己选择默默地离开了田径队。那天放学后，我带他去找了学校的心理老师，经过心理老师一段时间的心理疏导和我对他的不断鼓励，有一天他找到我，跟我说他决定回到田径队，每天下午按时训练，半年后代表学校参加全区运动会的200米短跑及4×100米接力比赛。

此后，我时常去看他训练，和他聊天。慢慢地，他与社会上的那些人断了联系，按时到学校来上学，放学后在田径队刻苦训练。他的短跑成绩不断提高，所有人都对他即将要参加的比赛充满了期待。

运动会开始了，在男子4×100米接力比赛前，四个男孩立下誓言：为了学校的荣誉，决战到底！赛场上，我看到小叶站在阳光里，目光是那么坚定。作为第四棒，在接棒成功的那一刻，他使出全身的力气奔跑向终点，每一步都是那么坚定、那么有力。他与另外一名选手不分上下。"加油，加油！"赛场上的人都在呐喊。马上要到终点了！突然小叶的身体闪了一下，但他迅速调整步伐，加速向着终点狂奔而去……但最终还是没能第一个冲过终点。我激动地跑向他，向他祝贺，而他却低下头不肯看我，他哽咽着说："对不起，老师，让您失望了，跟第一名就差一点。我又输了，我彻底输了……"说完一瘸一拐地走了，留下我一个人站在那里不知所措。

后来我才知道，由于小叶过度紧张，奔跑中他用力过猛，跑鞋钉子划伤了自己的大腿。他是咬着牙跑完的后半程。校医检查了伤口，叮嘱他不能再参加后面的比赛了。"什么？不能参加比赛了？"我惊呼。第二天还有男子200米的决赛呢！本来小叶是最有力的冠军争夺者，这下连比赛都参加不了了，他就这样再一次不战而败了。所有人都难过极了。小叶没有说一句话，只有憋在眼角的两滴泪悄悄地滑落下来。

第二天在男子200米决赛的场地上，我们又见到了小叶。他坚决要求上场，谁也拦不住。"老师，求求您了！再给我一次机会吧，我不能就这样认输了呀！"他坚定地恳求。最终，我们拗不过他，他和所有比赛选手一起站在跑线上，压低了身子，两脚前后微分，屈膝低头。"预备……"裁判员一声令下，"啪"的一声枪响过后，小叶率先冲出了起跑线，双臂前后用力摆动，双腿腾空般飞也似的冲向前去。赛场凝固了，所有的视线随着选手的跑动一起移动，队友们为小叶奋力呼喊起来。我把拳头攥得紧紧的，心里默默地为他祈祷加油。所有选手间的差距都不大，快到终点了，只见小叶上身猛地一个前倾，率先冲过了终点线。我高呼："赢啦！赢啦！"赛场上空响彻着激动的欢呼声。阳光中，他微笑着一瘸一拐地从终点向我走来，此时此刻，我早已泪流满面。他战胜了自己，挑战了极限，创造了奇迹，赢得了胜利！我冲上去，给了他一个大大的拥抱！

我回想起在那个阳光明媚的中午，我和小叶坐在操场边，我与他分享了一段名言：只有经历过地狱般的磨砺，才能练就创造天堂的力量；只有流过血的手指，才能弹出世间的绝响。我说："人生难免会有困难和挫折，只有永不言弃，我们才能获得最终的胜利！人生就像是一场竞技，我们的对手不是别人，而是自己！"他默默地记下了我说的话。

运动会结束后，我们在全校召开了"感动校园"颁奖典礼。我将小叶的故事讲给全校师生和田径队员的家长们听，许多人都流下了感动的泪水。小叶在热烈的掌声中，走上领奖台，领取了校长颁发的"永不言弃"奖。典礼结束后，小叶妈妈紧紧握着我的手说："谢谢您，谢谢学校，让我看到了我的儿子是这么优秀。"从此以后，那个整日吊儿郎当不好好上学的小叶不见了，取而代之的是一个积极乐观、锲而不舍的"校园榜样"。

基于教育故事的理论分析

宋老师的教育故事，从对个体的价值发现、挫折教育到社会化责任意识的培养，展现了心理疏导、价值教育、社会存在意义的多元教育模式。故事真实地反映了家庭、亲子关系和同伴交往对于青少年的影响。叙事情节曲折，有很强的带入感。小叶几经挫败，强忍着身体上的疼痛，最终以"不轻言放弃"的毅力赢得了比赛，战胜了自身和环境中的不利因素，重新找回了自己的信心和勇气。小叶转变的关键在于一份对于集体的荣誉感和责任感，而这是他之前没有意识到的，是宋老师及时将这份使命传递给他，让他逐渐有了清晰的意识和领悟。

涂尔干从社会学视角考察道德与教育，发现个体身上一般有两种存在，一种是个体存在，由个人生活事件组成；另一种是社会存在，由个体所参与群体的集体意见组成。教育的目的就是要形成个体的社会存在，即教育年轻一代进行系统的社会化过程。"社会既内在于个人，也超越于个人"[1]，"一切教育都是通过不断的努力，教导儿童学会那些并非随着儿童的成长就能自发掌握的观察、感觉和行事的方式"[2]。

一名学生在学校的社会化教育，最为基本的表达形式之一就是为班集体和学校的荣誉去努力拼搏。在涂尔干看来，这个过程并非儿童成长过程中自发形成的，而是需要教师不断引导，通过观察、感受和行为等方式向学生传授，引导其行为实施的过程。

在任何一个社会里，如果没有教化机构即劝说人们向善的那种机构，比

---

[1] 涂尔干：《社会学与哲学》，梁栋译，上海人民出版社，2002。
[2] 涂尔干：《社会学方法的准则》，狄玉明译，商务印书馆，1995。

如学校，那么在生物学基本方程所假设的模型上，经过几十代人的演化之后，这个社会将完全看不到利他主义行为。①

宋老师了解到小叶因为一次意外的"抢跑失误"而被罚出比赛后，从此退出了田径队。这只是一次行为上的失误，并不等于没有实力。而家庭对他的关注也不够，并没有适时地给他较好的关怀和疏导。所以，在激发小叶集体使命感的同时，为他在校安排心理辅导，化解挫折感，让他正视"失误"，再次找回自己的特质和能力，重拾信心。

存在主义心理学家罗洛·梅谈道：人的存在特征中，首要的就是自我核心，即人以独特的自我为核心。罗洛·梅认为，每个人都是一个与众不同的存在，每个人都是独一无二的，心理健康的首要条件就在于接受自我的独特性。在他看来，神经症，如抑郁症、强迫症、恐惧症等，并非对环境适应不良，而是一种逃避，是人为了保持自己的独特性，企图逃避现实威胁的做法，其目的是保持自我核心性。②罗素指出，参差多态乃是幸福本源。鲁迅先生说，生命就是"以己为中枢，亦以己为终极：即立我性为绝对之自由者也"③。个性被接纳，才能不断完善。培养个性是一个激发生命意识的过程，让生命不断充满活力和热情的过程。

教师需要有一双慧眼，能及时发现学生的个性品质及其价值，宋老师正是发现了小叶的短跑能力，当然也发现了限制这一能力发挥的阻碍因素，所以将教育的目标设定为两个方面：一方面是发展学生的个性品质，另一方面则是激活个体的社会存在意识。宋老师用真实的语言和情感打动了小叶，用爱激活了他久违的存在感，"若没有推动每一件存在着的事物朝向另一件存在着的事物的爱，存在就是不可能的，也是不现实的，在人对于爱的体验中，生命的本性变得明显"④。教师的爱保全了学生的个性，成就了学生追寻"存在"意义的可能性。托克维尔认为，人类社会若不追寻"存在"的意义就不

① 汪丁丁：《制度分析基础讲义》，上海人民出版社，2005。
② 罗洛·梅：《存在之发现》，方红等译，中国人民大学出版社，2008。
③ 鲁迅：《坟·文化偏至论》，《鲁迅全集》第一卷，人民文学出版社，1981。
④ 保罗·蒂里希：《蒂里希选集（上）》，上海三联书店，1999。

会欣欣向荣，甚至"根本就无法存在"[1]。对于个体而言也是如此，一个在集体中没有存在感的人，是没有办法安身立命的。只有安顿好自己的身体和心灵，才能够承担使命，为自己的精神和理想而不懈努力。最后，再回到罗洛·梅的观点：存在的本质就是存在于世，人的存在始终是现实的、个别的和变化的。人存在于世界中，与世界密不可分，共同构成一个整体，在生成和变化中展现自己的丰富面貌。

（点评人：刘忠晖博士）

---

[1] 托克维尔:《论美国的民主》，董果良译，商务印书馆，1988。

这学，还上不上

北京交通大学附属中学　王晓珍

　　这其实是两个案例，然而却是同一个主题——退学。故事得从我的实习生涯说起，2015年我大四，在某县一中支教。这是一个贫困县，县里的孩子大都是留守儿童，父母在外打工，孩子们和年迈的爷爷奶奶相依为命。到了高中，能考出去的大都进了城，而留下的，家长对孩子上学的态度大抵是两类：要么对孩子的成绩无甚期望，既然考上了高中，也就姑且上一上；要么就是家中赤贫，确实负担不起离乡读书的费用，自家孩子即使是块读书的"料"也无能为力。因此孩子们的性格也大都两极分化，有的非常"野"，无心学习，成天跟社会上的"哥们儿"出去玩耍；有的就跟小猫似的，唯唯诺诺不敢出声。学校的学生有上千名，可因编制有限，正式教师只有几十个。在这里，繁重的教学任务已经压得教师们喘不上气，再要求和学生们交心就几乎是奢谈。至于教育的方式，也只能是简单且苍白的。

　　我负责教的是高一年级的生物课，同时也兼着一个班的副班主任，参与班级的管理工作。刚开学一个月，就有部分同学因违纪被劝退、开除。看着班里的同学日渐减少，我开始焦虑，在四年的师范学习生涯中，"不放弃每一名学生"成为了我的教育信条，学生们的离开让我惋惜。班主任看出了我的苦恼，开导我，在这里，有的同学就是"不可救药"，他们原本就不爱学习，学习并不适合他们，与其在学校浪费时间，还不如早做职业规划。随着退学的人数越来越多，班里的学生越来越浮躁，无心学习，也就有更多的学生萌生了退学的念头。我的年龄与他们相近，有什么话，同学们总爱跟我聊聊。就这样，某一周，一名男生和一名女生分别来找我谈心，表达的是同一个主题——我不想上了，想退学。

男生是个机灵鬼，热情，话多，上课比较积极，但是有些浮躁，成绩一般。双亲在外地打工，家里爷爷奶奶老了，并没有精力去管他，父母的原则就是，需要什么，给钱了事，这名男生基本处于被放养状态。他和几名退学的同学十分要好，一放学就去找他们玩。女生心思重，学习较差，家里还有个弟弟，家境赤贫，家里有严重的重男轻女的思想。看着退学的同学再也不用受学校的约束，两个人不约而同地动了退学的心思。

小朋说："老师，我想跟您聊聊。"

我问："怎么啦？"

小朋说："我不想上了。"

我问："为什么呢？"

小朋说："您看那些退学的'哥们儿'过得多潇洒，我知道自己考不上大学，所以不想读了，学习那么累，还不如早点出去赚钱。"

我反问："哦？你看他们过得潇洒，他们现在在干什么呢？"

小朋说："跟爸妈上工地搬砖。"

我沉默了半晌，看着眼前这个阳光大男孩想：不上就算了，工作也挺好的。这句话在我嘴边，却迟迟说不出口，总觉得他就这样放弃读书太可惜了，于是我拿了一把椅子让他坐下，盯着他的眼睛问："你现在已经是一个男子汉了，九年义务教育也已经接受了，关于退学，我并不想怎么劝你，你就告诉我，你决定没？"

小朋愣了愣，嘴里嘟囔着："没拿准，我也不知道，就是学不进去。"

"作为老师，我今天想教你一件事情——责任。男子汉成熟的标志就是能承担自己所做决定带来的后果，你想好未来干什么了吗？"

他低着头，不敢看我的眼睛，低声嘟囔着："就这么过呗，跟我爸一起去城里打工。"

我说："如果你真不想上学了，至少想想未来的五年你要做什么，想过吗？你就想一辈子搬砖？不是说只有上学才叫有出息，只不过在你这个该读书的年龄读书，未来可以让自己有更多选择的权利，更好地规划自己的人生。"

小朋扬起了头，眼睛里写着迷茫。

我接着说："其实道理你都懂，我希望你能再考虑考虑。"

小朋说："我……我再想想吧。"

我又说："你挺聪明的，你说自己考不上大学，不努力一下怎么知道呢？每天给自己定一个目标，半年后我想看到你的成长，如果半年以后你再告诉我，你还是不想读书，那老师绝不拦着你。"

后来，我又说了很多，他也没吭声，我看差不多了，就让他走了。事后想想，其实，他也就是看自己的"哥们儿"过得潇洒，他羡慕罢了，也不需要跟他说太多。回到班里，我看到他在望着天空发呆，大概一分多钟后，他抽出课本开始做起了作业，在后续的课堂上，他更加积极了，不过偶尔还是会管不住自己，学一会儿就开始犯懒。"退学"的风波就这么过去了。

这件事让我想了很多。学生每天的生活两点一线，从早上5点到晚上7点，每天大多数时间在学校和同学们一起度过。回家的时间本就不长，青春的烦恼、学习的苦闷又难与爷爷奶奶倾诉，学校成了学生们心灵的避风港，友谊和情感是他们珍贵的宝物。这里的学生太容易受到身边同学、朋友的影响了。他们缺失了家庭中父母的教育，如果老师也不能给予他们正确的引导，这学能不能上，能不能上好就真的难说了。

我可以给予他们引导，但让我感到无力的是他们刻在骨子里的陈旧观念。一天中午我正在"盯"自习的时候，小红突然偷偷拽了我一下，悄悄地说："老师，我想跟您聊聊。"我觉得很意外，小红是我的课代表，她平时学习刻苦，话不多，自从我教他们以来，她除了跟我汇报工作，很少找我聊天。我看了看班里同学纪律还不错，就把她叫到楼道，还没等我开口，她突然说："老师，我不想上学了。"

我问："为什么呢？"

她突然哭了，说："我爸觉得反正我这样的学习成绩也就考个三本，最后还是要回家嫁人、种地，还不如早点出去看看。"说完，她开始叹气。

"嫁人？种地？你才多大啊？"我惊呆了，声音不由得大了起来，要知道，她才16岁，正值青春年少。

小红说："我身边的姐妹都已经定亲了。"说着哭得更加难过了。

我连忙整理了思绪，想跟她讲些什么，却又说不出，一股无力感好似要把我整个人打垮。我哪里还需要和她讲什么道理，该去找的是她的父母。她不想过上一辈那种一眼望到头的日子，可她没法改变自己的家庭环境。而我，一名支教的实习老师，我又能改变什么？

想了想，我说："怎么说呢，我其实不能理解16岁就被安排嫁人这件事，你还小，何不试着改变一下呢？如果能坚持，老师还是希望你坚持完成学业，也许，你的人生就不只是种地和嫁人，也就三年，到时你还很年轻，也许会不一样。"她听后只是哭。我知道，她父母这种观念我无力改变，我能做到的只是安慰她，并鼓励她再争取一下。我告诉她："有什么困难要及时告诉我，我会尽我所能去帮助你。"她没说什么，回班继续学习了。

两个案例虽然有不同的不想上学的理由，但是其相似之处在于均是家庭的影响而导致的，小朋的问题在于缺乏引导，缺失了家庭的管理，太容易受到身边环境和朋友的影响。这时候要让他知道离开学校后的辛苦，让他明白他要对自己的决定负责；接着让他树立目标，从而帮助他打消退学的想法。真正无力的是小红，家庭中重男轻女的思想让她处于弱势地位，一个16岁的孩子无力改变家庭，她只能去适应，去服从，去改变自我。我只能教她更加坚强，教她抗争，告诉她人一生不只有种地和嫁人，还可以有很多选择。

在后续的观察中，小朋的学习状态有了改善，小红看得出在挣扎，但是也逐渐对于"女生"这个角色有了更深的认识。我的实习期只有半年，没能陪他们参加高考。让我略感欣慰的是，他们都坚持下来了，小朋考上了本省一所不错的二本学校，最终走进了那个他曾经不敢去想的大学校园。而小红，我曾经打听过，但大家都不知道高中毕业后她去了哪里，这个16岁就被安排嫁人的姑娘，不知道现在过得怎么样。

"不放弃每一名学生"，是我的职业信条。每一个学生都是一个独立的个体，都拥有获得知识的权利。当无法改变环境时，不随波逐流，尝试去改变命运，是我希望能传递给他们的信念。

基于教育故事的理论分析

王老师描述了自己在支教期间与两名要"辍学"学生之间的教育故事，背景是贫困县，两名学生都是留守儿童。

男生叫小朋，父母在外地打工，只给钱，在教育上无暇顾及。平时爷爷奶奶照顾他，在学习上基本是被放养，身边的同伴对他影响很大。中国健康营养调查的数据显示，1名儿童辍学最终会引发1.78~2.60名儿童辍学，大龄儿童及男孩更容易受同伴影响。[①]在家庭教育缺席、同伴影响因素较大的情况下，教师对学生的教育就显得十分重要。那么，王老师是如何让小朋放弃辍学想法的呢？很重要的一点就是让小朋感受到"教育"对他的人生会起到至关重要的作用。王老师让小朋明白了在实现了教育进阶的基础上，人能获得更多选择的权利和机会，生活就会因此而有很大不同。对小朋来说，"知识改变命运"不再是空谈，而是有了可能性和可实施性。

中国自古以来都非常重视教育，然而，在今天市场化和工业化的影响下，功利主义和工具理性冲击着人们的意识，很多父母更关注孩子受教育的投入与产出比。很大一部分农村家长认为，只有孩子真是学习的"料"，才值得培养；若是成绩平平，无法考取好的大学，不如早点辍学务工。与传统的"读书有用论"比起来，形成了一种注重短效实用的"读书无用论"[②]，书读得好才有用、读不好就没用；读得好就读，读不好就别读。读得好的标准是能在城里买房、工作，成为真正的"城里人""公家人"，将来能赚大钱，或有大出息，成为"人中龙凤"。另外，打工经济对教育也形成了挤压，看到有些同村打工人衣锦还乡，打工城市环境越来越好，打工薪酬待遇不断提升等种种诱惑，孩子们也难免心驰神往。再有，高等教育大众化以后，很多家长认为只有接受优质的高等教育才有出路，当发现孩子无法进入重点大学时，就会主动放弃教育，这就造成被动的农民工再生产和农民阶层地位的再生产。教育

---

① 李强：《同伴效应对农村义务教育儿童辍学的影响》，《教育与经济》2019年第4期。

② 朱新卓、刘焕然：《农村初中生隐性辍学的文化分析》，《教育科学》2015年第4期。

是阻断贫困和阶级代际传递的根本，需要教师用教育机智之光去点亮每个学生的梦想和心灵。

女生小红的情况让王老师觉得很无力，小红对王老师说："我爸觉得反正我这样的学习成绩也就考个三本，最后还是要回家嫁人、种地，还不如早点出去看看。"这反映了一个赤贫的农村家庭错误的教育理念。好在王老师秉持着"不放弃每一名学生"的教育信念和爱，深深地打动了小红的心，使得她坚持了下来。"多抗争一下，再争取一下"，王老师铿锵有力的声音，坚定执着的信念，不但悄悄地撬动了小红的内心，也叩响了她的心门，一扇朝向更广阔世界的心门。若干年后，相信她一定会遇见更丰富的世界，遇见更不一样的自己。

（点评人：刘忠晖博士）

一个毛线团，幸福开心果

首都师范大学附属苹果园中学分校　武　月

初识，期待的失落与思量

十年前，我第一次当班主任。当我手中拿着一份班级名单和学生照片时，言语中有着难以掩饰的兴奋和激动。在20多张新生照片中，有一位小男孩儿率先映入了我的眼帘：小然，圆圆的脸，戴着一副大大的眼镜，特别像说相声的小演员，喜感十足。当时我就在想：他会不会是我们班的开心果呢？带着对小然的期待，我开始了对他的新生家访。

当我敲开他家的大门时，开门的是一位成熟、知性的女性，她是小然的母亲。随后，一个嘟囔着小嘴、一脸不情愿的小男孩儿从另外一个房间出来了，没错，他就是照片中的小然，但感觉与我想象中的"开心果"不太一样，一副大大的眼镜遮挡了他小小的眼睛，显得特别可爱，但也略显滑稽；体形也确实和他圆圆的脸相匹配。在他妈妈的要求下，小然开始向我讲述暑期生活，这时我才发现，小然和一般的同学有些不同：他的语言表达能力很差，而且声音特别大，说话的同时手还不停地比画着。当说到自己的不足时，他忽然哭了，他的妈妈安抚了一会儿他才平复下来。这种状况确实让我有点措手不及，在与小然妈妈单独沟通时，我了解到小然异常行为背后的原因：小然在小学五年级时被查出患有中度注意力缺陷综合征，也就是多动症。

我头脑中出现了一幅画面：一个"开心果"飞走了，一团乱糟糟的"毛线团"不知从哪里滚了过来。"你们班怎么有一个闲不住的学生啊？""在你们班真是上不了课！""老师，我不想跟小然坐在一起，他影响我上课！"……这些我假想的质疑、问题、抱怨也伴着这个乱糟糟的"毛线团"一股脑儿地从天而降!

　　但理性也在一旁悄悄提醒着我，小然是我班主任生涯中遇到的第一位特殊学生，这对班主任任职年限为零的我来说，的确是管理中的巨大挑战，但也是让我可以快速成长的契机。我想到的第一件事是：我得让小然尽快适应初中生活，最大限度地降低他对教师授课、其他学生学习的影响，也能让他在我的班级中发挥优势，感到幸福。同时要在开学一两个月的关键期内落实，否则教育的效果就会大打折扣。

接纳，管理中的关键力量

　　我必须赶在开学之前做点什么。于是，我认真梳理了所有学生的小学资料，整理了自己的家访记录，初步锁定了八位未来班干部的"潜力股"，并在报到的前一天让这八位学生来学校开会。除了说明班级情况之外，重中之重就是让他们了解到，班里会有这样一位特殊同学，希望他们有心理准备，在初中生活的每一天对小然给予关照，积极影响其他同学。

　　开学后的几天里，通过我的观察及任课老师的反映，小然的问题果然开始显露：在课堂上坐不住，不是玩笔就是叠纸；注意力不集中，班里有什么事都能吸引他的注意力；书写潦草，有时候一张作业纸上他只能写几个字；缺乏自制能力；理解能力较差等。虽然问题一大堆，但抱怨却没有一大片。我想，这可能是因为有了前期的铺垫，班里的一些学生能够理解小然的行为，并没有过多的指责。但对小然的意见依然是存在的，主要集中在"小然上课总是发出声音，打扰周围同学的学习"这一问题上。

　　作为班主任，我真是左右为难。一方面我要照顾特殊儿童的实际需要，另一方面我也要保证大多数学生学习的基本权利。因此面对这一棘手的问题，我只能"摸着石头过河"，不断尝试。小然不在班里的时候，我告诉班里的其他学生："小然就好像是一张白纸，你们教他什么，他就学什么，在他身上我能看到你们的影子。如果有一天我在小然身上看到了热心、开朗、接纳，那么一定是你们为他做了好的榜样。"同时，我也给予了坐在小然周围的同学一定的管理权力，当小然在课堂上做与学习无关的事情或发出不该有的声音时，这些同学可以进行适当提醒。

开学一个月，对初当班主任的我来说，就像是过了小半年，在营造班级氛围接纳小然这件事中，我感觉已经耗尽了自己大学四年的全部功力。所幸，这一个月，班级整体接纳小然的程度要比开学时高了不少，班里面的班干部、课代表、小组长们起到了重要的榜样带头作用。尽管小插曲还是接连不断，但是班级中接纳小然、尊重小然的良好氛围，为小然的健康成长提供了滋养的沃土，让小然在学习之余也开始逐渐展现出他幽默和热情的一面。第一关，基本通过！

展示，优势资源助力成长

在成功营造班级氛围后，小然也该在班级生活中亮亮相了，得让他多多参与班级事务，发挥自己的优势，对班级产生归属感。在这样一个思路下，我与小然父母进行了多次沟通，将小然的特长和优点记录下来，并与班干部们进行确认。比如，小然做不了精细的班级工作，如统计作业数量，但是能做一些简单的，如每天换擦黑板的水；小然擅长朗诵，但仅限于短小的段落，于是我和语文老师沟通，在课上经常让他把课文中最简单的段落朗诵给同学们做示范；小然的父母会经常带他去旅游，因此他的视野也比班里很多学生更宽阔，有时候在班会上就会让他给全班同学讲一讲他在旅途中的所见所闻。一切都在我的设计中稳步前进。"你们班的小然最近不错，上课回答问题的质量比之前高了不少""我发现你们班学生都挺喜欢小然的，没有欺负他"，任课老师们的反馈让我感觉一团乱糟糟的"毛线团"在慢慢解开，心里真是乐开了花儿。但是，一次"班委"的声讨又让我回到了现实。

学校每年都会在11月举办班级合唱展演，为了能够让班级在展演中取得优异成绩，文艺委员和其他班委带着全班同学在课余时间已经练了好几天了。在一次午饭结束后，全体班委一同来到我办公室，着实让我以为班里发生了什么紧急的事情。"老师，小然真的不能参加展演，他唱歌跑调，而且嗓门又大，只要他一开口，咱们班大部分人就都被带跑了。""老师，不是我们不让他上，我们都为他想过好几个办法了，哪个都不行。""老师，您看看怎么办，跟他说，我们怕他伤心，不跟他说，咱班就会倒数第一！"虽然声讨声此起彼伏，但我还是能感觉到班干部们对小然的包容和接纳，这是最让我欣慰的。

不过，这也确实让我很为难。让小然参加展演，想获得好的成绩肯定没戏；不让小然参加，全班就他一个人孤零零地坐在观众席上，这个画面我自己也不能接受。但如果二者必选其一，那我要选择前者，但也得想办法提高成绩。为了发挥小然声音洪亮的特点，我建议在合唱最后增加朗诵环节；为了避免小然和其他同学融合不好的情况，最后一句可以考虑让小然单独说。班委们表示可以试一试。于是，在接下来的一周里，我们开始教小然在唱歌时小一点声音，并告诉他什么时候开始朗诵他自己要说的话。那段时间，小然做起事情来很认真，因为他感觉到，班主任和同学们没有抛弃他，所以，他一直用心练习着自己要说的那句话。展演那一天，一切都按照我们的预想进行着，最后等大家都唱完了，小然用最洪亮的声音说："向祖国母亲敬礼！"全班同学都为他鼓掌。回到班里的时候，小然几乎动用了他所有的面部表情和肢体动作，目的只有一个：求表扬。"我是不是还可以？表扬我一下，表扬我一下！"班里同学被他的各种动作逗得哈哈大笑，"无奈"地说："特别好！"整个班级沉浸在欢乐之中。他成为了那个活泼而富有个人魅力的小然，那个能用自己的努力赢得他人接纳、认可、尊重的小然。第二关，顺利通过！

我头脑中的"毛线团"依旧存在，不过，"开心果"也好像并没有飞得很远，"毛线团"与"开心果"有着一种隐约而密切的联系。

收获，在坚韧中华丽转变

转眼间，我和小然已经相处半年多了，在学校里，小然基本上能够像其他同学一样学习，一样参加集体活动。随着时间的推移，我们年级军训的日子也悄然来临。如果班里没有小然，我不会有任何为难，但小然的存在，让我一直考虑他能不能参加军训，能不能适应军训生活。小然妈妈为此也专门来到学校，表示小然的适应能力参加军训没有问题，之前他有过参加夏令营的经历，同时，小然妈妈也表示，如果学校实在为难，他们可以同意小然不去参加军训。这么有同理心的父母，还有那么努力的小然，我又怎么忍心把小然推到军训大门外呢？

在军训前期的准备中，我尽可能多地为小然做一些事情，让他的军训生活可以更方便一些。比如，把他安排在下铺，找即将担任宿舍长的学生谈话，让班中的同学一起照顾、帮助他等。一切都在紧锣密鼓地进行，就等着军训那一天的到来。

尽管前期做了很多准备工作，但是在军训开始的前十分钟内，经验丰富的教官还是发现了小然的问题。"老师，你们班的那个小男孩儿是不是身体上有问题？协调能力有点……"没办法，我只能和盘托出，但也补充了一句："在他力所能及的情况下，请您尽可能多地让他参加训练。"因为，我真的特别期待，这次军训能够给小然带来点什么。

在军训的那几天，我时刻关注着小然。可以说，不管是训练还是内务，对小然来说都是不小的挑战。训练时，小然因为坚持不住，没少挨教官的罚。同学们在一旁鼓励他，告诉他怎么做；整理内务时，因为小然叠的被子不合格，总是拖宿舍的后腿，宿舍长便利用午休时间教他叠被子，其他同学有指责的，也有表示无奈的。小然也一直想为宿舍、为班级争光，无论谁教他，他都用心学习。有一天晚上，我作为值班老师查房，学生们都已经睡沉了，当我走到小然面前时，却发现他没有盖被子，连军服都没有脱，斜躺在床上，腿还分开着，其中一条腿已经快要掉到床下了。我俯下身轻轻地把小然摇醒，告诉他把衣服脱掉盖好被子睡觉，小然迷迷糊糊地对我说："不了，要不明天我该不会叠被子了！"听到这句话我的眼泪一下子就掉下来了。

小然变了，他再也没有大声地说话，再也没有笑容了。这让我开始怀疑自己的决定是否正确，我能感受到因为训练和内务他所承受的来自教官和同伴的压力。一天中午，我把小然叫到办公室，手把手教他叠被子，并告诉他："小然，老师知道，你很努力，军训快结束了，还能坚持吗？"小然严肃地对我说："武老师，你放心，我会坚持到最后一天的！"我用手拍着他的肩膀，告诉他："小然，老师在你身边。"那一刻，我知道小然可以感受到我对他的支持和陪伴。军训对班里的每一个学生都是一种考验，都是一种收获。我坚信，在这短短的七天中，他的收获一定不比其他人少。

回首，"开心果"的幸福来源

三年的生活，"毛线团"已经不像之前那样凌乱，但我也越来越意识到，梳理"毛线团"的过程，也是我做班主任的意义所在。我庆幸，在我班主任工作的第一天碰到了小然，这个善良又"糟糕"的"毛线团"，让我知道，班主任对一个人的成长所赋予的重要意义，"特殊"也许会是班级的"负担""累赘"，但也可以是班级名片上一道亮丽的彩虹：他可以在班会中给同学们讲一个笑话，他可以在午休时让学科老师开怀一笑，他可以用自己的方式让教过他的老师、共处三年的同学记住他。

工作十年来，每当回忆起自己的班主任经历，我都会想起小然。前不久，在与小然妈妈沟通中得知，现在的小然已经有了一份属于自己的工作，还光荣地参加了庆祝中华人民共和国成立70周年的群众游行。

真好！"毛线团"也许还是毛线团，但同时也是幸福的"开心果"。

基于教育故事的理论分析

这是一篇很特别的文章，一些场景让人读起来甚为感动，几近落泪，又让人觉得亲切自然、非常舒服。我们从中可以真切地感受到教师对于一个特殊学生的温暖、关爱，同时叹服于教师无形之中运用的教育智慧。这篇教育故事中可圈可点的地方很多，在这里我想重点谈两个方面：

第一，有意义的生活。在武老师的讲述中，我们首先看到了特殊学生小然在班级中的有意义的生活。武老师在故事中为我们描述了小然在班中的一个个场景，不仅有学习，更有与同伴交往和师生互动，在这些平凡而又时常伴有矛盾冲突发生的真实生活中，小然坚持着、哭泣着、欢笑着、成长着。尽管他有着这样那样的问题，给同学、老师带来了那么多的困扰，但在武老师智慧的引导下，大家接纳了他，并且愿意帮助他、呵护他，同时也要求他、鼓励他。没有漠然与无视，没有鄙视与排斥，有的是陪伴与协同，这种真正的接纳成就了小然在班级中的健康生活。在武老师的教育引导下，同学们学会了接纳，同时力所能及地帮助小然，让小然在这个班级中努力生活着、成长着，而没有游离于班级之外，同时，逐渐具备了很多品质和能力，有了自信心，体验到了自豪感，这些都让我们看到了小然未来幸福生活的希望。我们的教育是为孩子未来生活做准备的，也是对学生当下生活的引导和塑造，未来由一个个现在构成，二者不可分割、密切关联。我觉得，对于小然的教育，武老师是成功的，武老师努力给予了小然正常而有意义的初中班级生活，小然在这样的生活中努力进步、健康成长着，拥有了属于他自己的精彩世界。

第二，问题与行动。我们还要赞叹武老师的教育机智和改进思维，武老师在教育和引导小然的过程中不退缩、不回避、直面问题，同时又在问题出现时及时采取一个个行动去解决问题、改善状况。在这个教育故事中，武老师遭遇了小然带来的一系列问题，了解到他有多动症，事先便采取了准备行动，但开学后仍面对了接踵而至的各种问题：学习问题、纪律问题、合唱展演问题、军训问题等，但我们看到，在每一个问题出现时，甚至问题还没有开始之前，武老师都会积极地去想各种办法，采取各种行动，例如，沟通探讨促进同学理解和接纳，求助于同学帮助和支持，适时鼓励和支持小然，采取积极策略扬长避短，用一个个实际的行动去改变现状、解决困难，并通过行动结果的反馈调整对小然的教育策略，这种预见性与现场的行动力促使一个个问题最终得到解决，虽然也仍会有一些小的不和谐声音存在及一些发展性的限度，但这些已然是能够给予小然的最好的教育和成长环境。另外，这篇教育故事中，教师在问题预见与解决方面，给了我们非常好的启示，武老师对于小然没有听之任之，也没有指责抱怨，而是带着一颗赤诚之心、教育之爱，积极去尝试各种行动，解决各种问题，这些教育性行动不仅帮助和引导了小然，也影响了班里的其他学生，在最大可能性范围内，实现了教育的积极影响，使小然初中三年在学习、能力、交往等各方面获得成长，拥有了属于自己的美好的初中生活，也让我们感受到了教育的力量。

（点评人：李爱霞博士生）

真诚的教育力量

北京市延庆区第五中学　闫丽杰

"站直了，好好说话！"我强压怒火，非常严厉地对大鹏说……

对于老师来说，最"怕"的就是懂政策，大错不犯，小错不断，说一套，做一套的学生，大鹏就是这样的学生。

高一时，我是大鹏的任课教师。他不爱学习，嗓门特别大，静不下来，走路也总是探着脖子，猫着腰，双手插着兜，弯着腿。上课时，他经常用东北话和我对话（我的东北口音很重），逗得全班同学大笑。每当此时，我就会笑眯眯地说："咱们物理课双语教学，大家好好和我学东北话！"他经常被原来的班主任"请"到办公室，在办公室点头哈腰地和每一位老师打招呼："老师们好，我又来了。"老师和他谈话，他总是东拉西扯。听说，他还因为和任课老师打架差一点被学校开除。

一年后，我成了大鹏的班主任。第一天，他就探着脖子，猫着腰，双手插着兜，抖着腿，用东北话跟我说："闫老师呀！于是就有了开头的一幕。

大鹏原来的班主任也给我支招儿，她说："这个学生事儿特别多，不是这儿疼就是那儿疼，他请假，你就给他妈妈打电话，他妈一说他，他就消停了。"

分班不到一个月，大鹏就以各种理由请假回宿舍，在宿舍一待就是两节课。早读以热爱劳动为由去教室外值日，晚自习以练习体育为由不上。总之，他绞尽脑汁想各种理由不学习。其间，我也接到各位任课老师的"举报"：不交作业，课上各种小动作。老师们批评他，他会说："哎，好的！"催他交作业，他会说："老师，我下课交。""老师，我明天交。""老师，我……"

我终于忍无可忍，一天自习课，我"请"他来办公室谈话。

在去办公室的路上，他跟在我后边，依旧探着脖子，猫着腰，双手插着兜，弯着腿，边走边用东北话说："闫老师啊！我也没犯事呀！您找我干啥呀！他经过的教学楼走廊，响起一片起哄声。

到了办公室，我深吸一口气，不断在心里提醒自己，先处理情绪，再处理问题。我平静地说："你先坐下。"

他一愣，随即坐下来，跷着二郎腿，斜着身子，胳膊搭在椅子扶手上，一只手不断地摆弄着自己的下巴，抖着腿，嬉皮笑脸地看着我。

我又一次深呼吸，抱着双臂坐下来看着他，非常坦诚地问他："你正经跟我说句实话，到底想上学不？"

"不想。说实话，我来五中就是个错误，我一点也学不进去。您也别逼我了，高一的期末考试，七科我就过了两科。老师讲的内容，我一点也听不懂。也就英语，我还能招呼招呼。"

"难怪……坐那儿一天也怪难受的啊，啥也听不懂！"

"可不呗，坐那儿特难受。"

"所以你一天就想着怎么不学习。这些你爸妈知道吗？"

"知道。我爸妈对我都是放弃的态度，我妈现在看见我就头疼！"

"那你对未来有什么打算呢？你就这样混了吗？"

他沉默了一会儿，表情变得很严肃，调整坐姿，坐直了身子，说："老师，我跟您说实话，我有一个梦想，我想去当兵。我爸就当过兵。可是我现在这样很难拿到高中毕业证，没有高中毕业证我也很难去当兵。"

"你父母知道你想当兵吗？"

"我不愿跟他们说，您给我出出主意？"

"我倒是有个想法，你可以试一试，如果你觉得高中课程对你来说确实难度很大，你可以转学到技术学校学习，毕业证和高中毕业证效力等同，这样就可以当兵了，也可以继续考大专。如果你和父母沟通有困难，我可以和他们沟通这件事。"

"谢谢闫老师！"他的眼睛似乎亮了起来。

"如果这事儿成了，你穿上军装那天过来看看我，但是你不能总这样不好好上课啊！"

"好的，闫老师！"

我俩又静静地坐着。他长长地叹了口气，说："唉！闫老师，其实我特别孤独。"他说这话时，脸涨得通红，眼里噙着泪水。我看着他，静静地听着，"我喜欢热闹，喜欢那种前呼后拥的感觉，我害怕一个人，特别是夜深人静的时候，不敢想将来，头疼。"

"我能理解你的现状，但既然你在学校，你就得遵守学校的纪律，我会把你的状况和其他老师沟通一下，在学习上尽量按照你的程度来要求。我也会和你父母沟通，把你的困难跟他们说说，看看他们怎么看。你看这样好不好？"

"行，闫老师，谢谢您！"

"今天就到这儿。"

"好，谢谢闫老师！"

这次谈话后，他本人也收敛了很多，能够遵守学校的纪律和要求了。尽管后来由于他父母的阻拦，他当兵的愿望没有达成，但大鹏却多次跟我说："老师，我特别感谢您。那次跟您谈话后我特别放松，说出心里话感觉特痛快。"

当我不再是高高在上的说教者，而是真诚的沟通者，真心实意地为学生解决问题时，我不再"怕"学生了。

基于教育故事的理论分析

爱历来被视为教育工作的先决条件，作为教师要保有爱心。"现象学教育学"的开创者之一的马克斯·范梅南将爱视为教育的基础条件，我国著名教育学家顾明远先生始终强调"没有爱就没有教育"[1]。爱是教育事业的前提和

---

[1] 顾明远：《教育需要爱与艺术：一名老教师的教育体验》，《中国教师》2003年第1期。

基础，教育工作呼唤教师要保有爱心。面对大鹏这样的学生，因为闫老师保有爱心，才会不嫌弃不放弃他；也因为闫老师保有爱心，才会俯下身来与大鹏进行亦师亦友式的交谈。很多时候，学生所谓的怪异行为、违规举动，其实是为了博取大家，尤其是班主任的注意，他们也渴望得到关注、受到重视，哪怕是训斥。要想融化横亘在学生心门之前的那块寒冰，我们需要的不是锤子，而且一颗温暖的心，用爱心去融化而非用锤子去击打。上述案例中，闫老师用她的爱心感化了大鹏，触及了大鹏的心灵。

在教育工作中，我们说的比较多的是爱心，以及下面将要论及的慧心，我们常说要做一名有爱心的老师，还要不断修炼提升自己的慧心。但是耐心则不怎么受重视甚至有些被忽视，教师的耐心似乎没有必要、不够重要。不过，事物向来如此并不意味着就该如此，未被重视也并不意味着就不重要。事实上，耐心之于教育工作不仅重要而且必要，我们要做一名有耐心的教师。恰如德国著名哲学家、教育思想家O.F.博尔诺夫指出的那样："耐心是教育者的一大美德，没有耐心是一大缺陷。"[1]转化学生的行为是个需要耐心的持续性工作，作为教师要耐得住性子，要遵守教育规律，尊重他们的慢节奏，切忌揠苗助长，要知道在转化学生行为的工作中"慢就是快"。要谨记不是每朵花都开在春天，也不是每朵花都开在白天，对待学生是个需要耐心、静待花开的艺术。

在转化学生行为的过程中，教师除了要保有爱心、保有耐心外，还要富有慧心才行。在爱心、耐心、慧心这"三心"中，爱心和耐心更多表现为意愿性因素，关涉的是"想不想""愿不愿"；而慧心更多表现为能力性因素，关涉的是"会不会""能不能"。没有慧心徒有爱心、耐心难免有心无力，甚至会好心办坏事，慧心之于规范学生行为的工作不可或缺。在实际工作中，慧心主要表现为对学生问题的敏锐捕捉、精准识别，对教育规律的灵活选择、创造应用，以及对教育时机和分寸的机敏把握、恰当拿捏，它是一种实践智慧、艺术境界，是根据实际情况因人而异、因地制宜对教育规律的灵活性把

---

[1] O.F.博尔诺夫：《教育人类学》，李其龙等译，华东师范大学出版社，1999。

握和创造性应用。"慧心需要不断地修炼，而理论学习、案例研讨、经验反思等都是行之有效的修炼途径。"[①]为此，教师在日常工作中要加强相关理论学习，认真研习案例，在学习中反思、在反思中提升。

（点评人：汪明博士）

---

① 王永红、王本陆：《用心做教师》，《教育科学研究》2016年第3期。

魔丸·灵珠·乾坤圈

北京市延庆区第二小学　杨清梅

上午10点10分，我到六年级（4）班教室外巡视科学课的课堂情况。

老师在讲台上声情并茂地讲课，台下却已有学生在蠢蠢欲动了，他就是宸宸。

透过后门玻璃，我清晰地看见他慵懒无比地半躺半倚在椅子上，趁老师不注意，忽然起身，扯了一下前排女同学的头发，前排女同学满脸厌恶地回头瞪他，他也满脸无辜地回瞪对方；不一会儿，他探头探脑地拿走了旁边座位同学的课本藏在自己的屁股下；再一会儿，他又把头埋在课桌里偷偷吃起了薯片……

对此我一点都不惊讶，因为这是我们班宸宸上课的常态。不仅如此，课间操走路时，他永远都是左右晃动，就像是老式挂钟的钟摆，左一下，右一下，无论点名多少次提醒他都没用。

只要说话就带脏字；若是有同学不小心碰到了他，抬手就打人；写字时，墨汁能殃及周围一片；做值日他不是溜号就是偷懒，几乎每一名同学都告过他的状；做眼保健操时总是提前溜出班级；经常不戴红领巾，理由是"不想戴，戴在脖子上不舒服"；作业总是用没带、忘记了、明天交这些雕虫小技蒙混过关……

为此，在开学初我打算重新分组时，班里其他45名同学，40名同学不同意重新分组，大家有一个共识——怕和宸宸分到一组；5名同学乐意重新分组，理由也只有一个——不想再和宸宸一组。

着急吗？怎能不急！生气吗？焉能不气！真想破门而入，抓他个现行，好好地教训教训他。但看老师、同学们视他为"空气人"，为了不惊扰到他们，我按捺住激动的情绪，回到办公室，等下课后再做处理。

不记得多少次怒发冲冠，拍案而起；不记得多少次苦口婆心，语重心长；不记得多少次和他的父母沟通，他的父母都说："老师，我们说他不听，他就听老师的，您打他、骂他、罚他都成，我们绝不怪您。"在和宸宸父母多次接触后，我了解到其实这孩子身上也是有值得肯定的品质的，比如，他很有爱心，在马路上，他看到走路不太方便的老奶奶，会主动上前扶着老人过马路；在街上看到被遗弃的小猫小狗，他会把它们抱回家里或送到救助站。

怎样让宸宸从"魔丸"变"灵珠"呢？

我试着观察他，发现其实他也很在意别人的评价，希望得到肯定和表扬。

在一次体质监测中，我发现宸宸的肺活量是全班最高的，虽然这并非特长，但我决定抓住这难得的良机作为突破口。课下，我把宸宸喊到办公室，对他说："老师今天发现你有一项特长。"他突然抬起头来看了我一眼，眼神里闪出一抹难以察觉的光华，但又很快低下了头。我轻轻地扶着宸宸的肩膀说："老师没有骗你，你的肺活量是咱们班最高的。"他抬起了头，眼里充满了疑惑。我继续说道："这说明，如果由你来吹咱们班的带操口哨，将会是全校最响亮的！""可我不会吹口哨。"他声音很小。我耐心地对他说："老师可以教你，我相信你能做到，你也要相信自己。"他犹豫着点点头。第二天下午放学后，我抽十分钟教他吹口哨，很快，他就吹得有模有样了，在响亮欢快的哨音里，宸宸脸上露出了童真的笑容。

第三天我便鼓励宸宸尝试吹带操哨，当宸宸吹着口哨领跑的时候，全班同学不约而同地踩着哨音跑了起来，队伍整齐，步伐一致，引来带操老师的连连表扬和其他班学生的艳羡！

这让我的大脑里闪过一个念头：既然批评和惩罚不管用，那就试试欣赏加表扬吧，他本就是一颗"灵珠"也说不定呢！

在一个下着小雨的早上，我决定在班级内策划一个行动。我先让宸宸去倒垃圾，然后神秘地说："同学们，老师是故意把宸宸支走的。咱们一起做个实验好不好？"同学们都觉得很好奇。我继续说："咱们把宸宸当成一粒种子，咱们六年级（4）班是土壤，咱们看看每人每天表扬他一句话，他会有什么变化，好不好？"有的同学说好，有的同学置疑："老师，夸他他就能变好吗？""老师也不知道，但是宸宸经常受到批评，效果也并不好，咱们何不试试表扬呢？""可是找他的优点那也太难了。"大家闻言都笑了，我也笑了，说："那就拿放大镜找。"同学们又笑了。我接着说："那好，咱们就以一个月为期限，每人每天写一句表扬或者鼓励的话给他，看看他一个月后会有什么变化。"——说到这里，宸宸进来了，同学们又笑了，宸宸在笑声中疑惑地回到了座位上。

第一节课刚下课，宸宸就来找我了。"老师，我桌子上怎么有那么多纸条？"我故作镇定地问："哦？纸条上写了什么？是在夸你还是批评你？"

他说："不知道，反正就说我上课不吃东西了。"

"那就是夸你的呗。"我摸了摸他的头说，"来，老师给你一个大袋子，你把这些纸条收起来，下午咱俩一起看。"

午休时，宸宸又找我来了："老师，袋子装不下了，先给您看看吧。"他把纸条倒在我桌上，我不得不佩服我们班同学的热情和认真，我看见有好几张纸条上都写着：你上课没吃东西，有进步，继续加油。我打量着他说："今天上课没偷着吃东西，是真的吧？"

"是。"他有点不好意思地说。我鼓励道："好，坚持下去，别让人家白夸你。"

"是被夸的滋味好还是被人说的滋味好啊？"我不失时机地问。

他昂起头，喜滋滋地说："当然是被夸的滋味好，没有人不喜欢被夸。"

从此，在大家不断赏识、鼓励的"攻势"下，宸宸确实不大好意思在课堂上再犯一些幼稚而无聊的错误了。他终于有了集体意识和自我约束意识，这个"乾坤圈"让宸宸一点点进步着。

看到他的进步，我继续对他进行激励，我和他约定了一个赚学分币的奖励机制：遵守课堂纪律，按时交作业，每周奖励两个学分币；遇到问题能够放下拳头，找老师解决，每次奖励五个学分币等。等学分币赚够了，就可以登上感动班级人物领奖台，在毕业典礼的时候还可以获得和校长一起合影的殊荣，他欣然允诺。

在学期末给他写评语时，我也是以赏识为主："宸宸，一学期下来，我为你的付出和进步感到欣喜。现在的你不再是那个上课偷吃零食的小馋猫了；现在的你在上操队伍里总是像军人一般站得直直的；现在的你还主动成为科学课代表的助理。很高兴看到你积极进取的态度，只是还缺乏一点坚韧不拔的毅力，你看，课上还会做'自由运动'，还有经常跟同学'雄起'可不好。期待看到你更大的进步！"

如果你的班上也有宸宸这样的"魔丸""灵珠"一体双生的"哪吒"，我们不妨用"自我约束"这个乾坤圈，采用赏识、激励的办法，说不定会有意外的惊喜，也会激发出孩子"灵珠"的一面。我期待着宸宸在毕业典礼上能以感动班级人物的身份站在校长身边，合影留念……

基于教育故事的理论分析

在《哪吒之魔童降世》这部电影中，天生"魔丸"的哪吒却最终拯救了陈塘关百姓，所有人在开始时都把哪吒看成混世魔王，一味想着如何避免他"长歪"，却未曾意识到也许他本身就是颗"灵珠"。如果一个人从出生起就被别人用看"恶人"的眼光看待，他还是否能成为一个好人呢？哪吒也曾自暴自弃，但哪吒的父母和老师相信他、肯定他，这种肯定的目光最终让他成为真正的"灵珠"。

正如杨老师看宸宸，一味地惩罚、批评不能避免"魔丸"不魔，那不妨转换视角，看看"魔丸"可不可以变成一颗"灵珠"。

这种视角的转换也正是二十世纪末开始人们看待儿童及青少年视角的变化。传统的社会工作和教育中，人们把孩子看成不成熟、不完善的，关注的是他们身上的各种问题，致力于将他们变成无问题的人，这是一种消极地看待儿童的态度；随着积极心理学的普及，人们开始以积极的态度看待儿童及青少年的发展，重点关注他们的优点、能力与潜质及如何发展这些潜质，其代表就是积极青少年发展理论。

具体怎么做呢？勒纳提出了青少年积极发展的五个目标，包括发展能力

（即对每个青少年在社会、认知、学术与职业等具体领域中的行为的积极态度）、自信（即对自我价值和自我效能整体的内部感受）、联结（即青少年与同伴、家庭、学校及社会之间的双向交往，以及双方关系的促进）、品格（即对社会与文化规则的尊重，拥有判断道德善恶、正直的标准）、关爱与同情（即对他人怜悯与同情的感受）[1]。

根据这种观点，教师促进学生发展时应注意：第一，对学生评价要从多角度出发，要充分发现学生在不同领域展现出的能力，并将这种能力作为他发展的资源；第二，要给予学生恰当的肯定，让他们拥有较高的自我价值；第三，要帮助学生建立与他人的关系，让学生能够在社会系统中获得支持；第四，肯定学生的价值，不意味着接纳所有行为，要对其不良行为进行约束；第五，注意培养学生的同情心和共情能力。

为什么教师视角的转换就能让宸宸发生如此巨大的变化呢？

我们看待学生的方式既决定了我们的教育方式，也决定了学生是如何看待自己的。宸宸是老师、家长、同学眼中的"差生"，"魔丸"的标签贴在宸宸身上，他也就形成了这样的自我概念，他觉得自己就是这样一个人，不够好，也没人喜欢自己，对自己也就形成了消极的自我情感和自我期待，最终在行为上自暴自弃，做出让他人不喜欢的行为，而这造成的结果又证实了"没人喜欢他"这个自我期待，这是一个恶性循环（见下图）。

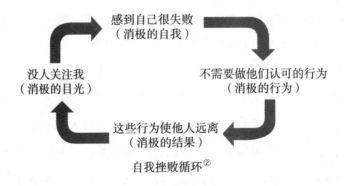

自我挫败循环[2]

---

① 刘香东：《美国积极青少年发展理论刍议》，《教育探索》2009年第1期，第140-141页。

② 大卫·凯恩：《以人为中心心理治疗》，高剑婷、郭本禹译，安徽人民出版社，2012。

但他不希望自己也能成为"好学生"吗？不希望自己也让人喜欢吗？马斯洛的需要层次理论认为，每个人都有爱与归属的需要、尊重的需要，这是人的基本需要；若需要受到挫折，就可能表现出病态[①]。宸宸的问题行为出现正是由于需要未能得到满足，他不知道该如何正确地满足自己的这种需要。

打破宸宸这种行为的恶性循环，就需要帮助他学会建立与自我的关系、与他人的关系。这有两个有效的策略：第一，是对他进行积极关注，也就是肯定他的价值。杨老师发现了宸宸的优点，也帮助宸宸发现了自身的优势，这些优势就是宸宸发展的资本。因此，积极视角的可贵之处就在于帮助学生改变消极的自我认识，探索自身发展的资源，让学生也能积极看待自己，相信自己有改变的力量。

第二，是帮助他建立良好的人际关系。马斯洛在《动机与人格》一书中认为，人的基本需要只能在人际关系中得到满足。正如杨老师所做的，她不仅自己给予宸宸"肯定"，也让同学们能够"肯定"宸宸，帮助宸宸用正确的方式建立与同学的关系、获得同学的尊重。恶性循环也就被打破了，宸宸的需要得到了满足，问题行为也会减少。

但值得注意的是，要明确积极关注学生与盲目"表扬"学生的区别，积极视角应该是发现学生本身具有的积极资源，帮助学生获得自我价值，同时，我们强调以积极视角关注学生，但并非认为"惩罚教育"是完全错误的，奖励和惩罚都是改变行为的手段，与看待学生的视角无关，有时使用恰当的惩罚，也可以帮助学生认清行为的边界。

（点评人：朱小爽博士）

---

① 亚伯拉罕·马斯洛：《动机与人格》，许金声等译，中国人民大学出版社，2013。

不能说的秘密

木华中学　杨　柳

"老师，我们互换秘密好不好?"

"好啊。"

"那您先说，我想问您……"

"……好了我说了，那你的秘密是什么呢?"

"老师您想听开心的还是难过的呢?"

"那……听难过的吧。"

"难过的是大秘密，老师不可以告诉别人哦。"

"嗯，我不告诉别人。"

"哈哈，我的秘密是……"

作为新人教师的我带着一脸的稚气走进了课堂，走到了四十多个孩子的面前，并当上了他们的副班主任。这些孩子活泼可爱，似乎对老师没有那么畏惧，尤其是对我这个长着娃娃脸的年轻数学教师。课下他们常常在我面前打打闹闹、互相调侃，有的时候更是有啥说啥，不太忌讳，对我有一种莫名的信任，这让我感到很开心。能得到别人的信任是一件多么难得的事情。

这个班里有一个叫林悦的孩子，在刚开学的时候就吸引了我的注意。她说话很大声，喜欢做数学题，上课疯狂记笔记的同时还不忘和我积极互动，被我表扬过后她立马神采奕奕。这样大大咧咧还有点骄傲的女孩很是有趣。

后来林悦加了我的微信，偶尔会问问题。随着彼此慢慢变熟悉，她开始和我分享她的小故事和小心情。但是，逐渐地，林悦找我的次数越来越频繁，晚上不停地找我聊天，平时表现出来的言行举止也过分亲密，我知道这是她对我充满信任的表现，但这样的关系让我感觉到了不适。我想和她聊一聊这件事，但又担心刺激到她。最后我思前想后还是决定严肃地和她谈一下这个问题。

"林悦，我觉得最近我们之间的距离有点太近了，你有什么困难我愿意帮助你，但毕竟我是老师，你是学生，并不能完全像朋友那样相处，被别的同学看到了他们会怎么想呢，会不会觉得老师太偏爱你了而感到心理不平衡呢？"

"老师你今天好严肃……我只是因为很喜欢你才这样的，你这样伤到我的自尊心了。"

这次的谈话很短，我们不欢而散了。事后我在想是不是我说得太直接了，本来就容易产生极端情绪的她会不会再钻牛角尖？我开始愧疚，当时怎么能这么轻易就把话说出口了，为什么不能再仔细斟酌一下？思虑再三我觉得还是应该找她谈谈。

可是之后的好几天她都不愿和我说话了，在走廊里即使碰面了她也是目光回避，我不知道该怎么办，也只好一脸淡然相对。直到有一天，她说想把她的秘密告诉我，于是便有了故事开头的那段对话。

当林悦问我想听开心的还是难过的秘密时，我心里一顿，一个人在给另一个人出这种选择题时，其实多半是想有一个宣泄情绪的出口。于是我说："那……听难过的吧。"而接下来她用轻松的口吻说出来的秘密震惊了我，这个林悦还是我认识的林悦吗？

生活在不断前进，一切仿佛都没有变化，但对于我来说，林悦发生了变化。当她选择将秘密告诉我之后，她就把我当成了她绝对信任的人，在我面前不再掩饰自己的负面情绪。我才发现外表大大咧咧的她其实有着比较严重的心理问题。

一次课间，我把她找来想和她聊聊。

"你的事呢，我觉得应该寻求一下心理医生的帮助。"

"我找过了，但是好像也没啥用。我没事儿，您别担心我。"

"可是有的事情自己是很难去想通的，你需要别人的帮助，能更快变好不是更好吗?"

"我自己的事情我心里有数的,您放心吧。"

这次谈话以她的拒绝帮助收尾,但我并没有放弃,我向我的大学同学求助,她现在担任高一一个班的班主任,比我有经验。她说,你一个人的力量太小了,也不是专业的,碰到这种情况一定要告诉孩子的班主任,联系学校的心理老师,更要让家长了解情况全力配合学校工作,大家一起想办法帮助她走出来。

听了她的话,我想,虽然我和林悦是朋友,我应该替朋友保守秘密,但也正因为我们是朋友,我更要帮助她走出阴霾,于是我走向了林悦班主任的办公室。

"老师,您是不是把我的事情告诉我们班主任了?"第二天,林悦跑来找我。

"我非常担心你,希望你能得到更好的帮助。"

"我知道您是为我好……可是您都答应我了不要告诉别人,您这样以后我很难再信任您了。"

听了她的话,我心里五味杂陈。

之后,林悦接受了学校心理老师的帮助,慢慢步入正轨。课堂上的林悦依然很活跃,还是那副天不怕地不怕的模样,不过我似乎看见了她的改变。现在的她比以前更少了些锐气,能以比较平和的心态来面对挫折,用正常的方式来宣泄不良情绪。如今我和林悦的相处模式亦师亦友,这种彼此距离刚刚好的关系让我感觉很舒服。在这个过程中,我们都学会了冷静思考,都成为了和之前那个意气用事的自己所不同的人。

"最近怎么样啊?"

"还不错呢,老师。"

"感觉最近你的心态好一些了。"

"哈哈,是吗? 我也觉得老师最近变温柔了一些呢。"

"是……这样吗?"

"哈哈,是的。我们都在慢慢变好呢。老师以后要继续这么温柔哟。"

是啊,一切都会慢慢变好的。你,我,你们,我们。

基于教育故事的理论分析

我们在教育中总是希望与学生建立亲密的关系，但是杨老师的故事让我们关注到这种"亲密"也需要边界。一个不能说的秘密，拉近了学生和老师的距离，但是过近的距离又可能伤害到彼此。特别是，杨老师所面对的学生具有特殊性，她有一些心理问题：消极的自我评价（脾气很坏）、缺乏家庭支持（经常和家人闹得不可开交）、性格敏感（很在乎别人的看法）。她非常需要专业的心理援助，但是她并不知道如何求助。出现心理问题的人，就如同一个溺水的人，通常会下意识地抓住身边的人，但若是施救的人也不善水性，就可能会一起溺水。杨老师在独自帮助林悦的时候产生了无力感、下意识想要与林悦拉开距离，其实就是自己也被拉进了水里。即使是专业的心理医生，也时常会产生"溺水感"。一方面，这种关系可能会激活荣格所提出的存在于集体无意识中的"救星原型"[1]，即学生会有被拯救的渴望，而老师（或心理医生）会有"当救星"的渴望。于是希望自己能够完美帮助学生，无法容忍出现问题，极易产生挫败感、自责、沮丧，甚至若学生"辜负"了自己，会产生愤怒。另一方面，老师可能会过于思考学生的想法和决定，从而陷入她的思维中。而出现心理问题的人，通常她的思维和人格是存在缺陷的，这就会让老师也被卷入消极磁场。同时，在这个学生身上过多的情感和精力卷入，使得老师的其他支持资源可能会丧失，如没有精力再与家人朋友相处、进行适当的休闲放松。长此以往，老师就会陷入枯竭状态。所以杨老师求助同学、建议林悦找心理医生的做法是非常正确的决定，甚至杨老师自己也应向心理老师进行求助，一方面寻求专业的指导来应对林悦的情况，另一方面帮助自己缓解压力。

让人欣慰的是，我们最终看到林悦与杨老师的关系达成了平衡，林悦的情况也有所好转。在罗杰斯的"以人为中心"疗法中[2]，建立良好治疗关系的

---

① 蒋奖、李强、杨眉：《心理咨询师与治疗师的枯竭》，《中国心理卫生杂志》2004年第18卷第2期，第138-141页。

② 考利：《心理咨询与治疗的理论及实践（第七版）》，中国轻工业出版社，2004。

首要条件就是真诚，即双方能够真实、开放地进行交流。杨老师虽然不是专业的心理医生，但是她与林悦建立的良好关系，给予了林悦非常重要的社会和心理支持，这对她缓解心理问题有很大的帮助。

对于杨老师在替林悦保密时的那些纠结，可能也是很多老师共同的困惑。老师与学生共守秘密，有利于学生感到这段关系的安全、对老师产生信任感，从而便于老师施加正面的教育影响，所以一般的秘密老师可以，也应该遵守承诺保密。但是若遇到学生正面临违法犯罪的伤害（如校园欺凌、家暴等）、学生需要进行求医治疗、可能会对他人或自己产生伤害等情况时，应该突破保密原则，即使在心理咨询关系中这样的突破也是必需的，因为"人命关天"[1]。当然，我们也需要注意方式，避免对学生造成伤害。一是与学生进行协商，是否可以向她觉得信任的人寻求帮助，可以让她选择人选，但是老师可以给予建议，同时可以商量哪些内容是可以说的；二是要解释为什么这样做，为什么老师不能再保守秘密，寻求学生的理解；三是在与家长或班主任等他人沟通时，不要将学生的原话都说出来，虽然突破保密，但仍需要保护学生的隐私，如学生说了家长的"坏话"，老师可以委婉地让家长意识到与孩子的关系出现问题，而不用进行转述；四是善于利用学校支持体系，如老师可以向心理教师求助，在心理教师的建议下进行后续的回应，问题严重的则应该及时上报给主管领导以及让家长知情。

（点评人：朱小爽博士）

---

① 张日昇：《咨询心理学》，人民教育出版社，1998。

班级管理

导　读

朱小爽博士

　　教育部发布的《中小学班主任工作规定》中明确指出，"班主任是中小学日常思想道德教育和学生管理工作的主要实施者"，在学校中班主任是班级管理的负责人，班主任的主要职责就是组织、教育、引导学生，并且与学生一起管理好班级，促进学生的全面发展。

　　班级管理是指班主任、任课教师、学生等与班级有关的人员共同处理班级事务，为了既定目标，在民主协商的基础上，通过组织、沟通、协调、评价等手段，形成正确的集体舆论，建立完善的组织结构、合理的规章制度，提供良好的学习环境与条件，使学生主动、全面、个性化发展的一系列管理活动[①]。

　　任何教育行为都不可能离开教育理念的指导。当我们读到上述班级管理的定义时，需要意识到：第一，班级不是班主任的一言堂，班级管理也不是由班主任一肩挑的，班级管理工作的"主体"是教师、学生，甚至会涉及家长。因此需要充分发挥学生的主体性，以及班主任需要具有协调其他学科教师、做好家校合作的领导力。第二，班级管理的手段是丰富多样的，但总体上是民主的，且需要重视集体舆论、班委组织、班规制定等。第三，任何与管理相关的行为都是"手段"，而"目的"应是立德树人、帮助学生全面发展。如果班主任为了管理而管理，实际上就是错把"手段"当成了"目的"。

　　长期以来，班级管理存在的一些问题根源还在于不少班主任的班级管理

[①]　周世杰：《班主任与班级管理》，上海师范大学，2011。

理念滞后。在学习和教学观上，班主任常常把学生当作需要接受教育和管理的被动者，忽视学生的主体性，从而让学生失去参与班级管理的兴趣与机会，不能满足他们归属和尊重的需要，也让班级氛围失去了愉悦性。在学生观上，班主任较为重视对学生的现实状态的评价，忽视学生潜在发展的可能性，急于给学生贴标签，用一种消极视角看待问题学生，没有看到学生问题行为背后的真实原因，也没有看到问题学生的闪光点和潜能。除此之外，班主任还往往习惯于按统一的标准和尺度去衡量、要求所有的学生，忽略和拒绝学生的个别差异性。

近年来，随着教育教学改革的推进，我国的班级管理也发生着一些转变[①]：

第一，班主任角色开始从"领导者"向"引导者"过渡。当我们将班级看作一种社会组织，突出它的组织性时，教师就容易被局限于"管理者"的角色。随着人本主义理念的影响，在班级管理中，逐渐加强学生的参与已是一种趋势，教师不再是主要管理者的角色，而是管理活动的引导者，是学生的合作者。学生既是管理者，也是被管理者。

第二，与角色转变相对应，教师的管理方式由"专制型"向"民主型"过渡。社会心理学家勒温等人把领导风格分为：专制型领导、放任型领导和民主型领导三种[②]。专制型领导在组织方式上把权力集中于个人手中，在决策上独断专行、不重视下属的意见，在工作中依靠个人的经验和判断来指导下属的工作。放任型领导采取无为而治的态度，一切活动由下属自行摸索，既不关心工作，也不关心组织成员的需要，由于缺乏制度和要求，组织的工作效率不高，组织成员的士气低落。民主型领导在组织方式上以平等的身份进行指导、引导、激励和协助，注重组织成员的能力，注意协调和鼓励组织成员的工作，关心并满足组织成员的需要，与被领导者是民主和平等的关系，组织成员具有较强的工作动机和工作效率。虽然越来越多的班主任意识到民主的重要性，但在实践中可能会出现从"民主型"滑向"放任型"的问题，

---

① 张作岭、宋立华：《班级管理》，清华大学出版社，2014。
② 黄志成、程晋宽：《教育管理论》，上海教育出版社，2001。

如有一些老师觉得要给学生锻炼的机会，就放手把活动组织交给学生自己做，过程中没有任何指导，最终活动效果非常不好，甚至有些会出现错误的价值观导向。这就需要班主任不能忽视班级管理中自身的引导性。同时，也要考虑到班级的实际情况，如在班级初建阶段和小学低年级学段，班主任也可适当采用一些专制型领导的行为。

第三，由于班主任角色和管理方式的转变，学生的自我管理意识和能力也会逐渐提高。随着新高考改革、课程改革及走班制的实行，对学生自我管理能力要求日益提高，许多学校开始推行各种学生自治制度。持有人本主义理念的班主任可以使班级成为高自治的组织。倘若班主任比较"专制"，班委会就是班主任意志的体现，空有学生参与的形式；若班主任比较"民主"，班委会就会成为学生意志的体现，实现班级的自治[①]。

第四，教师影响由权力性影响为主向非权力性影响为主过渡。权力性影响就是由社会赋予的教师权威及教师资历对学生的强制性影响；非权力性影响就是由教师的知识、能力、个人品格、情感对学生产生的自然影响。班主任在师生关系构建中，两种影响兼而有之，何种为主导与教师的教育理念息息相关，相对来说非权力性因素对学生的影响会更为深远和深刻，权力性因素的影响可能更加有效率。在下面一些案例中可以看到，优秀的班主任能取得学生的信任更多依靠的是对学生的真诚与爱、个人的魅力与能力、对学生的尊重、以身作则的榜样力量……

下面的案例呈现了班级管理的另一方面，通过生动的故事体现出当前班级管理的正确理念。

---

① 王本余：《从两个定义反观班级管理理念》，《班主任》2007年第4期，第3—5页。

"抖动"班级的故事

北京市延庆区康庄中学　刘　芳

　　以前总能听到这么一句话，"生活就是一个七日接着又一个七日"，作为教师的我想说，教师的生活就是与学生们的一个故事接着又一个故事。接下来我想聊聊我们"抖动"班级的故事……

　　"抖"这个词从何说起呢？那就是最近很流行的手机软件"抖音"。

　　这件事起初发生在我们班里。有一天，我在班里被同学们的一阵哄笑弄得一头雾水，我奇怪地问："笑啥呢？"学生们叽叽喳喳地说："老师，这是个梗，您不懂。"紧接着学生们笑得更起劲了……我班的班长，一个学霸，我的亲信，忍不住惊讶地问我："老师，您难道真的不知道什么是'梗'吗？"我摇了摇头，她接着说："您难道没玩过'抖音'？"这是"抖音"一词第一次出现在我的世界。班里的学生就开始你一句我一句，"老师您下载看看，特有意思，巨好玩""老师，您试试，可简单了""老师，您可不能落伍啊"……本来我以为我是一个足够了解学生的班主任，可在那时候我才知道我是这么不了解学生，我被他们边缘化了，我和他们之间隔着一道无形的沟……

　　既然他们这么喜欢"抖音"，那么我就从"抖音"入手，更好地与他们沟通吧！于是我打开手机，下载"抖音"手机软件。经过几个晚上对"抖音"的学习，我终于明白原来"抖音"是一款可以拍短视频的社交软件。数据显示，玩"抖音"的群体里，00后居多，可以说年轻化是"抖音"软件的最大群体特征，所以我这个80后老阿姨就被他们排挤在外。后来我关注了学生的"抖音"号，发现他们的"抖音"圈里关注的大多都是恶搞、无聊的视频，但也有很有意思的，让人忍不住捧腹大笑，但笑过之后你会发现，这些视频除了让人傻笑以外，没有什么特别的意义。所以，我想把"有意思"与"有意义"联系起来，让学生们的"抖音"圈既有意思又有意义，这条路可能很曲折，也很漫长……

我发现"抖音"经常会和"浪费青春""毁年轻人"等词联系在一起，朋友圈经常会看到类似这样的文章《抖音——精神鸦片》《一入抖音深似海，从此"三观"是路人》等，甚至在《人民日报》的微博上也对"抖音"的一些内容进行过负面评论。家长、老师都怕学生深受毒害，纷纷反对甚至阻止学生玩"抖音"。可是学生却发表了这样一种说法："'抖音'有毒，我们没药！"甚至还会配上一张很讽刺的图来表达他们的不满。现在的学生们个性张扬、青春活力，获取新鲜事物的能力强，见解独到，不易被别人左右。所以他们拒绝接受的并不是我们给予的内容，而是我们的方式！因此我想改变方式，把阻止换为引导，引导他们更好地使用"抖音"。

想让学生的"抖音"圈从有意思到有意义，再到既有意思又有意义，我想我可能需要借助"抖音"背后的大数据的魔力。"抖音"的大数据在所有软件中是最厉害的，它能知道你习惯左右滑屏还是上下滑屏，它能知道你在某一类视频上停留的时间长短，所以它就能摸透你的喜好、抓住你的兴趣点，源源不断地推送给你最符合你心意的视频，让你越刷越停不下来。所以很多人说刷"抖音"，刷着刷着几个小时就过去了。但"抖音"也不是一个一无是处的魔鬼，"抖音"里，低俗不可避免，但优质也未曾缺席。"抖音"里能学做菜、学生活小窍门、学英语、学舞蹈……因此我有了新想法，我要把"抖音"变为我的教育大平台，利用"抖音"的大数据改变学生"抖音"圈的风向标。

于是我注册了"抖音"号，发布了我的第一条"抖音"视频"学猫叫"！此视频一发，马上在学校里炸开了锅。学生们先是在"抖音"里围观我的视频。第二天我刚来到学校，他们又开始在校园里围观我本人，而且纷纷表达了对我的崇拜之情，有的说："老师，您真厉害！您居然学会玩'抖音'了！还拍得这么好。"还有的说："老师您太不可思议了，不鸣则已，一鸣惊人！"我就这样变成了他们关注的焦点，我真的没想到这样一个小小的视频居然抵过了我无数次对他们语重心长的教诲……

自此，我经常用"抖音"发一些视频，目的是引导学生形成正确的价值观，我的"抖音"号里也多了一堆小粉丝，除了我们班的学生，还多了其他年级、班级的学生，他们疯狂地给我点赞和留言。我们在"抖音"上的故事就这么开始了……我也就开启了用"抖音"引领班级建设，引领学生价值观建设的模式。

我除了想用"抖音"引领学生，还想用"抖音"把整个世界给学生们带进教室。我们班里的学生都来自农村，他们从小就生活在物资匮乏的环境中，没有机会见识外面的世界。由于受特定环境与家庭教育的影响，这些孩子大多都比较胆小，羞于表达。而作为他们的班主任，我却是一个热爱旅行、爱探索、爱去外面的世界走走看看的人，因此我把每个假期开学的第一节班会课都上成以"分享世界"为主题的班会！我发现学生们对这样的班会特别感兴趣，不管寒暑假还是大小长假，他们都特别期待假期过后的第一节班会课。我用"抖音"视频记录旅行中我住的酒店、吃的东西、当地的人文风情等。比如去年我去了西藏，回来后我给学生们上了一节名为"走进西藏"的班会，并在班会中播放我拍的"抖音"视频，带他们感受西藏的美，了解西藏的风土人情。因为我是英语老师，所以在班会时会带入跟英语有关的东西，比如教他们"护照"怎么说、"打车"怎么说、"点餐"怎么说等等。

其实这些都不是多么神奇的东西，电视里都会有类似的节目，但神奇的地方在于：只要这个视频是我这个班主任拍摄的，学生们就会特别关注。他们通过我用"抖音"拍摄的视频了解中国的不同地区，甚至是异国他乡的文化。就这样，我成了学生们眼中的超级"芳姐"，我也突然成了让学生们爱得"发抖"的班主任，他们成为了我的铁粉。

最令我欣喜的是，在同学们关注我的"抖音"一段时间之后，他们拍摄的"抖音"少了搞怪、恶搞，多了人文风情、地方特色，于是我又开始提升"抖音"视频内容的质量，引导学生们拍摄一些与学习相关的、知识性的、感恩类的视频。又过了一段时间之后我发现学生们拍摄的视频随着我的引导，不断发生着变化……

他们在不知不觉中被我影响着。我利用"抖音"的大数据引导他们关注正能量的、学习类的视频，"抖音"大数据就会根据他们的关注，源源不断地推送给他们类似的视频。

我与学生们一起拍摄了很多在学校生活的视频。学生们一天学习下来很累，在学校里他们大多数时间都用来学习，因此我会找合适的时间与他们一起放松，很多时候我们都会用"抖音"记录我们在学校的点滴。当时"抖音"上流行《海草舞》，于是我们课间放松的时候用"抖音"拍摄《海草舞》。有一次课上，同学们听语法听得云里雾里，我打趣跟他们说："好失败，真想当你们的音乐老师。"令我没想到的是，学生们就真的记住了我的这句话。元旦联欢会，我打开门的一瞬间，学生们齐声说："满足您的愿望，音乐老师!"所以我们就又用"抖音"拍摄了视频——《好嗨哟》。这个学期刚开学，我还没开始筹备我们班级"抖音"的时候，学生们就已经比我先行一步，他们说："老师，就算开学再忙，仪式感也不能丢。"他们教我跳舞，并利用班会拍摄《一起努力》为新学期打气、加油!今年是新中国成立70周年，我们在十月一日到来之前，用"抖音"拍摄视频《我爱你，中国》，为祖国庆生!

现在，我们班学生的"抖音"圈非常干净，当我再关注他们的点赞时，看到的都是一些正能量的和能学习到东西的视频。学生们变得更自信、更阳光、更开朗了。

就这样，学生们的内心世界通过"抖音"彻底向我打开了，就像这首诗一样：

抖动字节聚目光，音情律动皆原创。

记忆发展新风尚，录制传递正能量。

美丽生活都向往，好学勤奋心荡漾。

生态文明共提倡，活力班级实力强。

通过"抖音"我发现不仅学生们需要成长，作为老师的我们更需要成长。我们想要爱学生，就先要懂学生，只有关注学生所关注的，才能被学生关注。现在我们在"抖音"上践行文明的价值观、培养好习惯、宣传新风尚、传递正能量!我也成为了让学生爱得"发抖"的班主任!其实是学生给了我灵感，是学生给了我智慧，更是学生给了我教育的灵魂。

学生说我是"唯一一个没有反对他们玩'抖音'的成年人"！他们爱我，因为我懂星座；他们爱我，因为我玩"抖音"；他们爱我，因为我了解他们喜欢的事情……但他们可能永远不知道，我对他们的爱正如这句话：爱你所爱，行你所行，如你所愿……

我与学生们的"抖动"故事未完待续……

基于教育故事的理论分析

"抖音"是一款可以拍摄短视频的、以年轻人为主要使用群体的社交软件，在"抖音"里，的确有低俗的内容，但优质内容也未曾缺席。刘老师充分利用"抖音"的大数据分析功能改变学生"抖音"圈的风向标，使其成为班级建设的学习平台和教育平台。从"有意思"到"有意义"，再到既"有意思"又"有意义"，开启了用"抖音"引领学生价值观建设的尝试。

刘老师用"抖音"分享了自己去过地方的地域文化和风土人情，用"抖音"给班级同学拍摄了歌曲和舞蹈等，记录师生在校生活的点滴。一段时间之后，她发现学生们纷纷效仿她的"抖音"风格。于是她开始提升"抖音"中视频内容的质量，引导学生们拍摄一些有知识性的、与学习相关的、感恩类的视频。学生们在不知不觉中被影响着，他们的"抖音"圈干净了，利用"抖音"的大数据支持，他们逐渐把关注点放在了有正能量的、学习类的视频上。学生们变得更阳光、自信和开朗了。

教育中需要成长的不只是学生，教师也一样需要成长，刘老师带着对教育的投身和专注，用最深沉的爱——"你无法来到我的世界，那我就到你的世界中来"，通过"抖音"走进了学生的世界。正如她自己所言："现在的学生们个性张扬、青春活力，获取新鲜事物的能力强，见解独特，不易被别人左右。所以他们拒绝接受的并不是我们给予的内容，而是我们的方式！"当教师找到与学生之间合适的相处方式，当教师与学生之间真正有了联系和共鸣，师生关系的建构才开始发生。

在批判教育学视域下，教育实践也是一种文化政治实践，教师的工作不只是传递知识的技术理性，更是在文化社会中审视的价值理性，两者的关系正如"教书"和"育人"的关系。查尔斯·泰勒（Taylor C.）说过：我们生活中共同的实践或习俗，是实现个体自我认同至关重要的因素。①"抖音"架构起师生共同的生活实践，让教师和学生在共同经历中发展了情感，建立了良好的师生关系，有了师生关系，才有了教师自我认同建立的真正根基。正如刘老师所说："其实是学生给了我灵感，是学生给了我智慧，更是学生给了我教育的灵魂。"师生间传递的价值，善意和爱，需要在班集体这个固定的场域，经历较长时间的共同相处，方可形成。中间有合作、共识，也会有不同意见，甚至价值冲突等等，才能最终实现通过"习得"获得的价值认同和情感共通，而这种"习得"完全不同于从书本和课堂中所"学得"的知识和技术。

当代政治文化研究领域较有影响力的学者罗纳德·英格尔哈特（Ronald Inglehart）指出："发达工业社会的政治文化可能正在经历一场转型。它似乎正在改变特定几代人的优先价值观，因为条件的变化影响着他们的基本社会化过程。"②从文化层面看，当一个社会的物质生活达到一定的富裕水平，在学生的生理、安全等基本物质需要得到满足后，会更关注和强调精神层面的需求，如审美、尊重、归属，自我实现等"后物质主义"价值目标，当然也包括我们上面谈到的价值、情感、理智和认同等"习得"。后物质主义价值观更突出对生活意义的关注，"以什么样的方式生活"，是个首要问题，而"为什么要这样生活"却是需要学生们去思考的问题。③

回到这个故事中的学生们，他们刷"抖音"绝非贪图一时享乐，而是想去了解"这个世界在发生着什么"，在这个世界里"人们是怎样生活的""他人是如何思考和行动的"……看到了他人的生活方式，也就知道了"自己要怎样活着"。文化为学生们提供了一张"世界地图"，可以指引他们"到达"

---

① Charles Taylor, "Atomism, From Communitarianism and Individualism", New York: Oxford University Press, 1999, 47.

② 罗纳德·英格尔哈特：《发达工业社会的文化转型》，张秀琴译，北京：社会科学文献出版社，2013，第1–2页。

③ 罗纳德·英格尔哈特：《发达工业社会的文化转型》，张秀琴译，北京：社会科学文献出版社，2013，第440页。

想要去的地方，在了解世界本质的过程中，也认识了生命的意义。

再来看学生对网络、各种手机软件的使用时，也会渐渐形成一个更为清醒的认识：问题的关键并不在于学生们会去看"微博"、用"抖音"，而在于教师和家长要走进学生们的精神世界，要了解学生们想从中获得什么，而这些可能都是他们成长所必需的。同时，引导学生如何使用网络平台的资源，坚守正确价值导向，选择有益身心发展的内容，提升对互联网资源使用的判断力。另外，长时间使用电子产品对我们的身体是有很大伤害的，尤其对眼睛的伤害是很大的，在使用电子产品时应尽量把亮度调低，不时向远处眺望以缓解眼睛疲劳。同时要合理规划网络使用时间，形成网络使用的自我管理和自律能力。

为了积极引导家长、学校等社会各界力量履行未成年人监护守护责任，加强对未成年人健康合理使用网络游戏的教导，帮助未成年人树立正确的网络游戏消费观念和行为习惯，2019年11月，国家新闻出版署颁布了《关于防止未成年人沉迷网络游戏的通知》，规定了未成年人实行网络游戏用户账号实名注册制度，严格控制未成年人使用网络游戏时段、时长，规范向未成年人提供付费服务和适龄提示制度，切实加强行业监管，家校社共同助力未成年人的网络使用监管和引导。

（点评人：刘忠晖博士）

用真诚去感化，用爱心去引导

北京市石景山区第九中学分校　徐　萍

我从事教育事业18年，有8年高中班主任工作经验。在北京工作的4年中，我做了2年初中班主任，在这2年中，我深深地感受到北京中学生的特点：一是学生眼界开阔，平时社会实践活动较多，接触到现代化的技术比较多，所以学生有很大的发展潜力；二是学生家庭条件普遍较好，有一部分学生比较娇惯，学习动力不足；三是教师在管理学生方面的要求与家长不一致时，家长维权意识较强；四是如果班主任的管理方法或措施稍有不妥，不但会花费大量时间，结果也会收效甚微。班主任为此无奈、无助，感觉心苦、心累。"知己知彼，百战不殆"，只有了解了学生特点才能找到应对策略。

说实话，班主任工作真的很辛苦：早上7点就要进班，早读、早操、午餐管理、午间自习、课间巡视，还有学校的各项常规检查、比赛活动等，加上自己的学科任课和处理学生的各种突发事件，每天都如履薄冰，不敢出一点差错。暮色降临，关好门窗，晚上6点半拖着疲惫的脚步回到家，常常是一进门就倒在沙发上，什么话也不想说。但是做班主任又是幸福的，是有成就感的，这也是实话。看到学生们欢快地走进校门，微笑着对我说："老师早上好！"看到学生们拿着试卷高兴地对我说："老师，我进步了！"看到学生们有困难、困惑，来到我的办公室跟我说："老师，我想找您聊聊！"看到教师节时已经毕业的学生发微信对我说："老师，我想您了！"一份信任，一份问候，收获的是一份感动和一份爱！

无论是学生和家长的多样化让我们在管理上困难重重，还是班主任工作的用心良苦却收效甚微，教师职业道德的需要让我们不忘初心、与时俱进，用智慧和真诚去感化，用爱心和耐心去引导。

记得2018年9月17日，我中途接手初一（1）班班主任工作，不到一周时间，一次早读前检查作业时，发生了一件突发事件：身高1.8米，体重200斤的阿翔没有交作业，让他解释为何不交作业时，他理直气壮地站起来，大声说："老师，我没有长脑子，记不住啥作业，所以没有交作业。"话音刚落，全班同学都笑得前俯后仰，全都像在看戏一样看看我这个新来的班主任会怎么办。而此时阿翔抬着头，眼睛直直地盯着我，似乎有此挑衅的意思，并没有觉得自己说得不对。在学生们的笑声里，我大脑飞速转动，心想：我该怎么办？我该怎么办？首先我的情绪不能太激动，这样容易让学生认为这老师很容易被激怒，但是我也不能没有原则呀！我要先稳定情绪，然后严肃而平静地大声说："麻烦各科课代表，请记录下阿翔没有完成的作业，并写出作业要求交给他。阿翔，请你利用课间时间补上作业，但是不准在课堂上补，交作业的截止时间是当天下午放学之前。"之后，我走到阿翔面前告诉他："放学后到我办公室来，我等你！"阿翔脸上带着一丝胆怯，呆呆地看着我。

这一天，我在每个课间时都会悄悄地观察阿翔：上午三个课间，他都在座位上认真补作业；午餐结束后，阿翔就不见了踪影，同学告诉我他去操场打篮球了；我也找了几个学生从侧面了解了阿翔小学时的状态——特别喜欢欺负小个儿同学，有一次打架把同学的腿打折了。从各方面的反馈可以看出，他在行为习惯上有许多问题。我在想：对于这样的学生，我该怎么引导他呢？

班主任是集体的组织者、教育者和引导者，是领头雁，在初中学生全面健康成长的过程中起着至关重要的作用。面对班级管理时，班主任需要柔中带刚，因为我们需要维护校纪班规的尊严；刚中带柔，因为教育需要我们去感化心灵、触动灵魂，以境育人、以情感人、以理服人。陶行知先生说过："你的教鞭下有瓦特，你的冷眼里有牛顿，你的讥笑里有爱迪生。"一个班级中肯定有不同层次的学生，教师要用真诚去感化，用爱心去引导。

放学后，我匆匆地回到办公室，就想看看阿翔记不记得来我办公室。没想到，过了一会儿，我就在办公室门口见到了阿翔。

我平静地说："我以为你会忘记来老师办公室，但是你却准时到了，看来你很守信用。来说说作业完成情况吧。"

他特别机灵地汇报道："徐老师，我上午课间已经完成了所有作业，并交给课代表检查了。中午去操场打了一会儿篮球。"

我温柔地说："看看，这再次证明，你很守信用，而且你也快速地把作业完成了。"

之后我改变了语气，非常严肃地说道："我想知道早晨你为何那样回答。"

阿翔傻傻地站在一边，小声地说："早晨我不知道该怎么回答你的问题，只是随口一说。"

"随口一说?"我看着他说，"你这随口一说，会让其他同学怎么想，会让老师怎么想，你有考虑过吗?"

我们彼此都沉默了一会儿。他低着头，用手搓揉着衣角；我也在思考后面该怎么引导他。

我用手拍拍他宽厚的肩膀，平和地说道："在这个班里，有许多同学都是你的小学同学，有的同学私下里跟我说，你喜欢欺负小个儿同学、脾气暴躁，但是老师不想理会这些言论，我只相信我亲眼看到的初中生阿翔：你听话——快速地完成了全部作业；你诚实——如实地汇报了你的活动情况。我在平时还观察到：你热心帮助他人，你喜欢生物课，上课回答问题积极而准确。所以当我早晨听到你那样回答时，我心里很不舒服，但是我没有批评你，因为我认为你是一位聪明机灵的学生。但是……唉!"说到这儿，我摇了摇头。

此时，阿翔满脸通红，低下头说："老师，我知道错了，下次我不瞎说了!"

我看到他态度有所转变，就说："好吧。我相信你的能力。我们一起努力改变——不要随意瞎说。"

通过这次真诚的沟通交流，阿翔也能体会到我对他的期望、对他的尊重、对他的关爱!从那以后，在交作业和听课状态上，他能积极配合各科老师了，虽然有不会写的，但面对老师的问询，他也都能真诚地和老师沟通，减少了敷衍的态度。当然，学生良好的行为习惯并不是一下子就能养成的，需要班主任耐心督促，需要持之以恒，需要鼓励引导。比如阿翔写作业、交作业情况就总会时好时坏，所以我和阿翔商量并约定好：第一个月先保证能完成一半以上的作业，再过一个月作业上交量要达到75%，而且要保证质量，第三个月要保质保量地上交全部作业。说好三个月，阿翔却用了半学期才有所突破，但是我和阿翔都很开心，他也变得自信了！

经过初一一年的班级文化建设，我们班形成了积极向上的班风，班级内学习氛围浓厚，被评为先进班集体。我庆幸我的真诚感化了阿翔，感动了大家。但是随后发生的一件事情，让我的情绪又一下子跌入低谷。

一个课间，阿翔在班里认真写着作业，阿鹏、阿东两名同学相互打闹，一不小心撞翻了阿翔课桌上的水杯，水杯里的水打湿了阿翔心爱的篮球帽，阿翔的情绪一下子爆发了，他先是将阿东推倒在地，之后挥拳要打阿鹏，所幸被班里的同学及时拦住。面对这样的突发事件，阿翔也被吓着了，他主动跑到我这里汇报。经过调查我了解到，被打湿的那个篮球帽是阿翔最喜爱的，因为在这个看着很普通的篮球帽上有他最喜欢的球星的签名。面对自己心爱的东西被损坏，阿翔没有控制好自己的情绪，所以才发生了这样的事情。

得知此事后，我把阿翔、阿鹏和阿东叫到办公室，当着他们的面给他们的家长打电话通知了此事，并让家长来学校一起处理。他们三人在平复情绪后，相互道了歉，他们的家长也表示了自己的态度，回去要对孩子加强教育。事后，我对三位同学进行了批评教育，并结合班规对他们进行了惩罚。同时，我也对此事进行了反思：处于青春期的学生，在控制情绪方面主要存在着什么样的问题？为何阿翔的情绪那么容易激动呢？

为了找到答案，我利用课余时间进行家访，发现班里有许多学生敏感、易怒，在与父母沟通上存在问题，父母也反映孩子青春期难管、不听话。我在与阿翔家人沟通时，了解到阿翔一犯错就会被爸爸打，所以他的情绪化现象相对比较严重。

在对阿翔进行家访时，我和阿翔的父母进行了真诚的沟通。我推心置腹地对阿翔爸爸说："从您内心来说，特别期待阿翔能懂事、懂道理，我非常理解，可是想要孩子懂道理是需要父母引导的，对吧？"

阿翔爸爸叹口气道："您说的对，可是这孩子就是不理解大人的用心。"

我笑着问："您说这是为什么呢？"

阿翔爸爸摇摇头，阿翔妈妈也长叹一口气。可以看出阿翔父母很为这个问题感到头疼。

我柔和地说道："在面对自己的孩子时，家长们首先需要从内心接纳他，给他尊重，给他自信，给他爱。如果一味地打骂，孩子内心当然是不愿意接受的，就是我们大人也不愿意接受这种暴力解决问题的方式，更何况孩子们现在正处于青春期，非常想成为大人，成为独立的人，需要被认可、被信任，你们说对不对？"

阿翔父母点点头。我接着说道："如果我们发现孩子处理问题的方式、方法欠妥时，可以转换成朋友的身份与他沟通，比如爸爸就可以用男人的沟通方式，帮助他分析问题背后的原因；妈妈则可以用慈母的方式，针对性地指出面对问题时用暴力解决的弊端，就事论事，切忌反复唠叨。其实有时孩子自己不知道问题更深层的原因，因为他的阅历和经验不足。千万不能让孩子认为只能用暴力解决问题，这样对他的成长很不利。"

通过数次家访后，阿翔的父母也认识到了转变教育方式的重要性，所以在阿翔后来出现问题时，他们都是努力尝试着改变与阿翔的沟通方式。阿翔家的亲子关系有了很大改善。

阿翔从小由爷爷奶奶带大。奶奶对这个孙子甚是疼爱，甚至上学时书包都由奶奶帮着收拾，爷爷帮着背书包。有一次因为阿翔没有带英语书，奶奶拖着老寒腿爬了三层楼给他送到教室，满头是汗，很让人心疼。我让阿翔搀扶着奶奶，送她到学校门口。回来后，我语重心长地对阿翔说："你看到奶奶满头是汗，有什么感受？"阿翔诚恳地说："我错了，我应该自己收拾好自己的东西。"

我在反思着：阿翔敏感易情绪化的原因也可能与他是独生子女有关；班里是独生子女的学生还是比较多的，像阿翔这样易情绪化的学生不在少数。为此，我在初二开学后，开展了系列主题班会，第一次班会主题是树立目标；第二次班会主题是优化自己的自律行为；第三次班会主题是情绪管理；第四次班会主题是亲子沟通。在每次的主题班会上，阿翔都是抬着头，认真地思考着，有时还分享自己的想法。我记得在情绪管理主题班会上，阿翔就主动说，那次与阿鹏发生冲突，也是他没有控制好情绪，伤害了同学之间的友情。为此，他主动向同学们做出了保证："我要学会控制自己的情绪。"这让我很感动，也让同学们在我的主题班会上有所收获。

我们班进行小组积分制，每周一评。原来阿翔所在的小组总是因为他而扣分，有的组员甚至私下向我反馈，想要开除阿翔。但是到了初二，阿翔的改变也让小组逐渐接受了他，如果由于他的原因被扣分，那么这一天，阿翔总是会想方设法把这一分找回来，所以现在小组成员团结和谐。

阿翔的转变，让我真切地体会到：作为教师，只有尊重、爱护、信任学生，使学生真正感受到来自老师的温暖和呵护，教育才富有实效。

基于教育故事的理论分析

教无定法，学无定法，很多时候我们在找"法"，如果有，我想应该是学情。这是教师实践性知识的来源，抓住时间节点，基于已有知识和经验，仔细斟酌、回应教学问题。关于这点，本案例中的班主任徐老师做得充分、用心，且收到了良好的教育效果。

从实践默会知识角度看，显性知识只是实际教学活动所涉及的教师知识的冰山一角，冰山之下才"隐藏"着许多教师虽然无法言明，但也可能是个人认为更为行之有效的教学知识，也许真正的"法"正根植其中。

但即便如此，我们也应充分地看到，这种"法"与教师的个人阅历、知识积累、职业认同、效能判断、情感态度等密切相关，其中有个人的部分，也有专业的部分，毋庸置疑没有对教师职业的理想热忱，以及日常的专业成长积累、实践经验智慧的用心体悟，好的教学方法及教学成效便不会显现。而这些因素的基础都源于教师的职业认同、信仰，与对学生、讲台的挚爱。如此才有了充分的设身处地与共情发声。我们在本案例中对这些都有了真切的感受，并可捕捉到翔实的记录。如徐老师对阿翔的一视同仁，以及与其家长的深入沟通，均是始发于共情，并投以理智的教学情感与教学知识的。

用"园丁"一词表达教师职业的辛劳，用蜡烛形容教师、突出教师职业的奉献，而以教练技术观教师职业，可以予之以"舞伴"的身份。以学生为中心，心与心沟通，巧妙引领，发现个体差异，助力每名学生舞出自己的人生，实现个性化生涯，而非用固定的尺子去测量、用一个目标去要求。同时，还有一点更加重要，那就是在"舞蹈"的过程中，也提升了教师的专业成长，成就了其自身的魅力生涯，体验职业成就、职业幸福。因此优秀的班主任眼中一定有学生，心中爱学生，而实践中一直无时无刻不研究、琢磨、努力去推进学生的生涯发展。

班级教育很重要的一个特点是，可以通过班级力量进行教育。班级建设的核心在于班级灵魂的建设，这个灵魂即班级文化建设、集体建设。班会、班规是班集体建设的有力手段，有益于师生的感情交融与集体情感的升温。案例中的系列班会，基于班级实际情景问题，层层深入，由点及面，既解决了个体问题，也平衡了整体问题。

这些都可体现班主任领导力的水平，有关班主任领导力的研究表明，班主任领导力的基础核心在于班主任的建班价值观，从文中可见徐老师有着"面向全体，不让一人掉队的着眼全体学生学涯发展"的建班理想，而非仅从班级是行政管理、教学单位的角度看待。于是在促进后进生发展中收到了良好效果。

班级是一个教导型组织，班级管理中有管教、说教、请教、身教、传教多层面交互作用。班主任既是组织单位的责任人，有着行政责任，又要管教，尤其是管教青春期的学生，面对不写作业的阿翔，徐老师对他下达明确指令，必须要完成学习任务，这是立规矩的过程。但同时，做学生的思想工作，需要以理服人，说教、请教、身教、传教，都会涉猎，所以需要班主任走近学生，了解问题背后的故事。正如我们看到徐老师课后约谈学生，走进他的内心。同时这也是比较明智的决策，以免耽误整体教学时间。

而约谈不是目的，目的是要达到效果，方式、方法很重要，要有效共情，说出学生心里的话。后进生虽然表现不好，但往往内心渴望被认可、被接受。徐老师将他与其他学生一视同仁，助燃他的学习热忱。同时指导不仅在于共情，共情是不够的，需要指明方法、方向。徐老师采用了"换位思考"的方法，比较巧妙地将问题置于阿翔，使他能够自己体会。在鼓励的同时点出了阿翔的问题，也保护了其自尊心，这都是在关注学生的感情。

对于后来发生的事，徐老师依旧保持着对阿翔感情的高度关注，通过家访的形式了解了阿翔的原生家庭情况，并由此打开了家校合作的突破口，这段是比较精彩的，这次与家长的沟通仍然是从共情开始的。徐老师"先发制人"说出了阿翔父母许久以来的心结，不仅如此，还给出了强有力的家庭教育的指导方法与参考建议，有力地改善了阿翔的家庭教育问题。这样一来，徐老师一方面照顾到了阿翔的感受，使他没有挨打；另一方面争取到了阿翔父母的支持，让他们的家庭教育更加得法。

教学反思是教师专业成长的关键，从具体问题总结，上升高度，没有采用生硬的说教，而是给出问题，让当事人自己思考，充分发挥引导的作用，让学生自己得出答案。班主任是自己教师生涯的规划者，更是学生生涯的教练，优秀的班主任擅于身教，用人格魅力感染学生，促进学生良好品格的形成。优秀的班主任更是优秀的"舞伴"，不是指挥学生跳舞，而是利用专业的知识与智慧，引领学生舞出美好人生。

（点评人：李明玉博士）

家校协同教育，重铸班级信心

北京景山学校远洋分校　张　炎

2019年9月，我来到了新的工作岗位，成为三年级（8）班的第三位班主任。

开学第一周，值周反馈表上赫然写着我们班是全年级倒数第一，主要扣分情况是：三次未按时完成值日，小柜卫生扣分，窗台卫生扣分，门条扣分；两名学生迟到，一名学生上学未戴红领巾。可以看出这个班的学生是各管各的，班级不是一股绳而是一盘沙，我不能接受这样的班级。这让我不得不开始分析原因，我问了自己三个问题：我希望这个班什么样？谁能帮助他们？怎么帮助他们？

我对自己的回答是：我希望班级有凝聚力，关键是要有"力"；我和家长能帮助他们；我要通过解决学生们集中出现的问题来提升班级凝聚力。群体的力量来自每个人，每个人的力量来自基于成就的信心。让我开始行动吧！

新接班，我和学生接触时间少，特别是单独接触。于是我开始每周都进行家访，倾听学生的成长故事；给学生的书架拍照；询问学生在班里的好朋友，他是否有心愿需要老师协助完成；对做得好、进步大的学生，当天发朋友圈公开称赞。家访中，学习和学生问题不是重点，因为家访只是家校协同教育的预热，相互亲近、建立信任，才是我做家访的目的所在。

真正的"注入信心，改变班风"行动，就从提高作业效率开始吧。学生们针对写家庭作业，说出困难，交流方法，讨论出第一个秘诀，也是最重要的一点：先做时间规划再行动，拒绝被打扰，如拒绝家长送水送食、看故事书、看电视、小朋友到访等。

家庭作业，顾名思义，学生放学后在家完成的作业，而放学后的时间和地点是班主任"够不到"的，所以，我邀请家长们加入这个阵营，协同教育。9月20日，就此事，我和家长们在微信群里进行了沟通，我将此次沟通内容分为五大部分：第一部分陈述事实；第二部分学校已做部分；第三部分与家长沟通协同教育的方法；第四部分提供理论依据，提升可信度；第五部分自我保护，说明性质。家长们纷纷表示愿意一起做这件事。

31天后，学生写家庭作业的效率整体提高，包括听、说、读、写的所有作业，基本都能在半小时左右完成。学生小含更是创造了7分钟完成家庭作业的奇迹，同学们对此十分惊讶：她怎么做到的呢？小含告诉大家，那天她利用午自习时间在学校完成了所有书面作业，只留了一项读课文录音的作业回家完成。她充分利用午自习的时间完成家庭作业，大大地提高了效率，出乎了我们的意料，这个方法被大家重视起来。我们决定进入第二轮提升家庭作业效率的新阶段。我和家长们再次进行沟通，除了沟通孩子们的日常学习情况，还将充分利用午自习时间写作业的方法告诉了家长们。

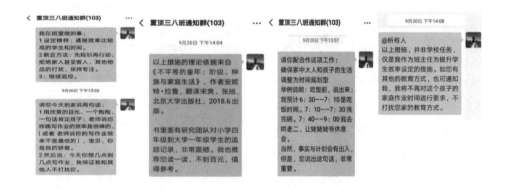

提升完成作业的效率成为学生们课间聊天的主题之一。我比你用时短，我骄傲；我比昨天用时短，我开心。

教育从来都不是单行线。比"提升完成作业的效率"措施稍晚开始的是"肢体自律"行动。9月24日，我为早读、眼保健操、队列行进、做操、跑操、午餐、午自习等细节进行拍照，涵盖每名学生，展示最标准的动作，通过微信群发送给家长们，并与家长们做了如下沟通：

请您帮我做这件事：看着孩子，认真地说，张老师说三年级（8）班是个优秀的集体，你是其中重要的一员，你真给班级争气，你是张老师的骄傲。宝贝，你也是爸爸妈妈的骄傲。然后给孩子一个真诚的拥抱。您的这个动作和语言只需要几分钟，但对孩子成长和班级建设而言意义重大。因为，爸爸妈妈是孩子成长中最重要的人，爸爸妈妈的话就像是一粒种子，会在孩子心中生根发芽，它的效果在日后会慢慢呈现。

接下来，这样的"肢体自律"拍照不定期进行，并产生了明显效果。表扬的话由于建立在事实基础上，又加了表情和动作，就显得尤为真诚。很快，学生们的内在力量显现得更强，课间操还得到了体育老师的点名表扬。现在这个班越来越好带了。

此外，"注入信心，改变班风"的方式还有"提升专心听讲意识"。学生的生活中，学习自然是占重要位置。有的学生"听讲不专心"，已经是数学老师跟我沟通了几次的话题了。我通过广泛听课，从"盯着黑板""盯着老师和发言同学""积极回答问题"等方面，对学生进行了具体的表扬，如将科学研究课——鱼，劳动技能课——灯笼，数学公开课——面积，语文研究课——总也倒不了的老屋，英语研究课——Western food中学生的作品、发言的主要内容分享给家长，教家长用恰当的表情、动作和语言来夸奖孩子专心听讲的表现。

来自老师和家长的一次次肯定，帮学生打开心门，焕发本该有的自信。

学生个体有信心是基础，在这个基础上，用什么来给集体注入更强大的活力呢？我要找到合适的契机，让学生感到自己所在的班级是最优秀的。

第一个契机是流动红旗。"每日值周"虽涵盖日常的很多方面，但却是很容易做到的。对评比的难点——擦小柜、擦门条、擦窗台，我开始培养"小能手"：专人做专事，小瓯搬着椅子擦门条，看准方向，从上向下，确定顺序，先湿后干，效果明显；小有搬着凳子擦小柜，然后看着同学们的书包带不许掉出来；小谢专门擦窗台，一遍又一遍；培养组长的指挥和检查能力，值日前提醒组员准时就位，值日时严格检查，值日后监督保持。第九周，班级常规值周达到年级第一，改变了第一周倒数第一的状态，学生们看着挂在教室前门的流动红旗说："这是大好事！"第十四周，再次获得流动红旗，有同学一边做着"八"的手势，一边重复主席台上主持人的话"三年级（8）班获得流动红旗"，他抖动着手势，笑着和身边的同学交流喜悦的心情。

第二个契机是运动会，届时会评选出"精神文明奖""总分前四名奖""最佳展示奖""最美班牌奖"，这么多奖对于大家是个好机会。学生、我、热心家长通力合作，获得了教室荣誉栏的第一张奖状——"最美班牌奖"。运动会刚刚结束，学生们就商量要看四年级的运动会项目，好从现在就开始练习，为四年级运动会做准备。学生们这种千方百计为集体争光的劲头儿，令我无比欣慰。

信心慢慢建立，力量慢慢凝聚，临时班级的精神面貌正在变化中……

前几天家访，女生小谢送了我一朵用蓝色彩纸做的花，饱满的花瓣紧紧挤在一起，蓝色花瓣彰显出这个女孩成熟的性格，我发现其中一片花瓣颜色稍浅，就问她："为什么不做成同一个颜色？"她轻轻地说："因为您就是那片特别的花瓣……"

基于教育故事的理论分析

当新接手一个问题比较多的班级时，有些班主任往往找不到突破口，很难较快地转变班级面貌。张老师的教育故事可以给新接班的班主任带来一些启发。

第一，家校协同，利用学生的附属内驱力促进学生转变。

学生的学习动机一般可以分为三类：即认知内驱力（对知识本身的好奇）、自我提高内驱力（个体因自己的胜任能力而赢得相应地位的需要）和附属内驱力（指一个人为了获得长者，如教师、家长等的赞许或认可而表现出来把工作做好的需要）。附属内驱力在儿童早期最为突出，此时学生可以为获得老师或家长的赞许而做出改变或付出努力。张老师的教育对象是刚上三年级的小学生，年龄一般在八九岁，此时恰当地利用附属内驱力（即通过教师和家长的肯定）是可以帮助学生进步的。

张老师刚接的这个班的学生纪律差，自由散漫，没有班级凝聚力，班级在学校的各项评比中常常是最后一名。为此，张老师与家长建立同盟军，利用小学生附属内驱力占主导的心理年龄特点，与家长共同鼓励学生的正确行为，慢慢改变班级风气。为此，张老师首先决定要去家访，逐一了解学生，拉近与学生和家长的距离，同时利用班级微信群及时表扬学生的点滴进步。然后张老师与家长一起，通过教方法、共监督、及时表扬等措施，提高学生"做家庭作业效率""肢体自律""专心听讲"三方面的能力，并取得了明显的效果。

第二，班主任民主的领导方式帮助班级进步。

班主任在小学生的心目中是具有很大影响力的领导。班主任管理班级的领导方式会影响班集体的整体情况。

心理学家勒温通过研究把领导方式分成专制型和民主型，两种领导方式的特点见下表。

表1　专制型与民主型领导方式的比较

	专制型领导方式	民主型领导方式
特点	1.所有方针由领导者一人决定。 2.工作方法与程序由领导者一步一步指示，群体成员无法知悉下一步骤和整个目标。 3.分组时的人员、个人的工作均由领导者决定。 4.领导者夸奖或批评成员时不以客观事实为依据，全凭主观喜恶。	1.所有方针由全体成员讨论决定，领导者在旁鼓励与支持。 2.成员对工作程序与目标在讨论时获得了解。需要建议时，领导者提供两个以上方案供成员选择。 3.分组时可以自由选择同伴，工作任务也由群体决定。 4.领导者以客观事实为依据夸奖或批评成员。领导者一般不代替员工工作，而是给予精神上的引领。
结果	1.各成员的攻击性言行显著。 2.成员对领导者服从，引人注目的行为多。 3.以"我"为中心。 4.遇"挫折"时，彼此推卸责任或进行人身攻击。 5.领导者不在场，工作动机大大降低。 6.成员的满足感较低。	1.成员之间比较友好。 2.以工作为中心的接触多。 3.强调"我们"。 4.遇"挫折"时，成员团结一致，努力解决问题。 5.领导者不在场，群体成员仍能继续工作。 6.成员对群体活动的满足感较高。

　　张老师在带班的过程中，无疑采用的是民主管理的方式。比如，"每日值周"注意发现学生的长项，培养小能手；注意"培养组长的指挥和检查能力，值日前提醒组员准时就位，值日时严格检查，值日后监督保持"。到第九周，班级常规值周达到年级第一，夺得流动红旗。在准备运动会时，"学生、我、热心家长通力合作"，获得了教室荣誉栏的第一张奖状——"最美班牌奖"。

　　这种民主型班级管理带来的是班集体自发追求进步的渴望。学校运动会刚刚结束，学生们就商量要看四年级的运动会项目，好从现在就开始练习，为四年级运动会做准备。

　　张老师的教育故事，对班主任科学管理班级真是有很大的启发！

（点评人：王曦主任）

"绿色惩罚"，让小凡不"烦"

北京市石景山区银河小学　赵　丹

刚一接班，我就注意到了班里的小凡同学。

小凡，男，今年9岁，是班里的"小霸王"。上课的时候，他不是睡觉、玩东西，就是搞恶作剧。跟他说话，他要么不理不睬，要么大喊大叫。通过和上一位班主任沟通，我了解到他的父母对他的管教不得法，他犯了错，父母总是会袒护他；他的学习成绩非常差，学习习惯也不好，而且反应慢、小动作多，所以一年级的时候他的成绩就和班里其他同学有很大差距。了解了这些情况后，我萌生了帮助小凡的念头。

有一次，小凡在课堂上玩魔幻卡，被我当场没收了。我瞪了他一眼，就把魔幻卡扔进了垃圾桶。为此，小凡生气了，好几天不理我，上课的时候趴在桌子上不听课。我制止他的不听课行为，他就招惹其他同学，影响其他同学听课。

于是，我反思自己扔掉他魔幻卡的行为是不是太没有人情味了，让他受到了伤害，所以他才会这样做来反抗我。对于他的这些反抗行为，我采取了冷处理方式。

又一次，我在讲课时不经意地看了小凡一眼，只见他的眼睛瞟了我一下，又迅速地低了下去，我感觉不对头，猜想他鬼鬼祟祟的，一定又在玩。

我扫了他一眼，只见他一只手放在桌子上扶着书，另一只手放在抽屉里面，偶尔动一下。

我向小凡的位子走过去，问道："你玩什么呢？"

小凡感到危险来临了，藏在抽屉里的手立刻不动了，特别紧张地看着我。

我把手伸到了他的抽屉里一摸，发现他的手中攥着一沓魔幻卡。

我用另外一只手轻轻地拍了一下他的肩膀，没收了他的魔幻卡，什么都没说，走回讲台上继续上课。

站在讲台上，我看到小凡的嘴里在嘀咕着什么，看到他这样我就生气了，走到他面前问："你说什么呢？"他瞪了我一眼没出声，特别倔强地抬着头。我真的生气了，命令道："你给我站起来！"听到这句话，他忽地一下就站起来了，歪着头，特别不服气的样子。我一看他这样就知道这孩子的牛脾气又上来了，如果现在我跟他对着干，肯定要起冲突，我的课就没法继续上下去了，所以我就没有理他，继续上课。

下课之后我就找他谈话："你觉得这些魔幻卡怎么处理好？"

他气呼呼地说："你全部扔掉好了。"

我忽然意识到，如果我的东西被别人那样扔掉，也会觉得很没有面子的，即使知道自己错了也不会改正，上一次扔他魔幻卡对他造成的伤害确实不小。

有了这样的想法我就改变了与他的沟通方式。

我说："我知道，这些是你的宝贝，你很想要回它们对吗？要不然这样，咱俩做个约定吧，如果你一个星期每天上课时能带英语书，上课时能认真听讲，课下能按时完成作业，我就把卡片还给你。"

"一个星期还不简单，你看着好了。"小凡特别不屑地说。

在接下来的日子里，小凡的表现让我很惊讶：他每天的学习用品都带得整整齐齐，上课时也能乖乖地坐着。

我想，这次我跟他的约定，是从他的角度出发的，给他设定的目标是可以实现的，而且这个目标得到了他的认可，对他的这种惩罚的方式没有让他反感，总之我感觉到他变得懂事了很多。

一个星期之后我又找到他，先兑现了我的承诺，把他的卡片还给了他，说："这个星期你的表现确实让老师和同学们很惊讶，你发现没有，最近告你状的同学都变少了。你的学习成绩呢，虽然没有大幅提高，但是也有了明显的进步。作业呢，也能跟大家一样按时完成，你觉得是继续做你的'小霸王'好呢，还是做同学们的好朋友好呢？"他低着头轻声但是肯定地回答："我肯定是愿意和大家做好朋友的呀。"

听到他的回答，我赶紧接过话茬儿说："老师相信你一定可以的，我们先以一个月为期限，一个月之后我们来验收成果。"就这样，我们的新约定达成了。

接下来的日子里，他有了更多改变。

我更是抓住时机，及时对他进行鼓励和表扬，并且提出更高的要求："小凡，你的作业已经写得很工整了，如果写作业的时候能不玩就更好了。""小凡同学近来读词都读对了，同学们快给他鼓掌。小凡，你要是在家里再多读几遍就更好了。""我发现了，小凡你真的很聪明，你看这个问题你回答得特别到位，要是能多读几遍课文就更好了，其他的问题也一定能很快想出答案。"

就这样我找到了突破口，我尽最大的可能去表扬、关心小凡，树立小凡对学习的自信心，加大对他的辅导力度，并积极与小凡家长沟通。我通过微信与小凡家长沟通小凡在学校的进步与表现，打电话告知小凡家长同学们对小凡态度的转变。小凡家长在看到小凡的变化后，也表示愿意配合老师去辅导他。

虽然小凡的行为在后半个学期出现过反复，但是由于我有了家长的支持和配合，他有了家长的监督、同学们的热情帮助、我的时时提醒，情况好转了很多。

现在小凡已经升入了四年级，他在一点点地进步，而且现在已经是老师的得力小助手了，他已经能够帮助老师检查同学们的作业、帮助老师发作业、帮助老师去盖奖励的小印章了。凡是我布置的任务，小凡都能认真完成，良好的学习习惯基本上已经养成，能按时完成作业，上课能够积极回答问题，能与同伴合作完成学习任务，在期末考试中，小凡居然考到了80分的好成绩，有了很大的提升。

为此，小凡家长特意给我打电话说："老师，真是太感谢您了，没有您就没有小凡的今天，我们谢谢您！"

通过小凡的转变，我越来越深切地感受到，作为老师，在教育学生上必须要做到奖惩分明，但是有的时候要做一些"绿色惩罚"，首先，我们要站在学生的角度去考虑问题，分析自己的处理方法是否得当。其次，要通过恰当的方式引导他们改正。

通过小凡的转变，我总结出以下几种策略：

1.换位思考，"绿色惩罚"的基础是给予学生理解与尊重。当被别人理解的时候，我们就很欣慰；不被理解的时候，我们就很沮丧。小凡第一次玩魔幻卡时，我没收了卡片并把卡片扔了。我的处理方式非常没有人情味，我没有站在他的角度去思考，让他很没有面子。第二次的"绿色惩罚"，我站到了他的角度，首先稳定了他的情绪，让他感受到了我的理解与信任，才有了后面的沟通和约定。在我们的教育教学当中，经常会有自律性不强、学习习惯不好、家长不督促等各种原因造成的困难学生。他们课上不听讲、课下不写作业，抱着一种破罐子破摔的心理。刚开始的时候可能是学生的自身原因，后期很多时候是由于学生得不到理解造成的，如果我们能够站在学生的角度去考虑他们为什么这样做，并去理解他，及时给予他们信任与尊重，相信他们一定会意识到问题的重要性并且改正的。

2.要善于运用约定，"绿色惩罚"能帮助学生明确努力的方向。"我们做个约定"这句话把批评教育融入了商量的口气，柔中带刚，柔的是我的话不伤人，给了学生面子和台阶；刚的是原则上还是要教育他，得通过你自己的表现换回你的宝贝，让孩子感觉到老师是真正替他想的，这样的教育是站在学生的角度去考虑问题的，是以沟通为前提的。通过约定让双方互相理解，明确责任，学生在改正的过程当中很清楚地知道自己要做什么，自己要怎样做，做到了会有什么样的结果。当然在实现约定的过程中，还需要老师正确引导，减少一些实质性的问题，这样的约定才能达到最佳效果。

3.即时性评价"绿色惩罚"，要认可学生的努力与进步。小凡的点滴进步都会得到我的认可和肯定，他的努力和付出都会得到我及时的反馈，做得好的地方我会夸大表扬，但是同时也会给他提出更高的要求。在我一步一步的引导下，小凡在学习上越来越规矩，同时我能够及时关注他的变化，让他感受到老师对他的欣赏、激励，他才能不断地取得进步。

4.任务驱动"绿色惩罚",帮助学生获得成就感。在小凡有了明显进步的情况下,我给小凡布置了新的任务,让他做我的小助手。这样做是为了巩固小凡取得的进步成果,让他体会到自己在班级当中的价值,以及为同学提供服务的成就感。

5.赢得家长支持,"绿色惩罚"吸引学生、家长参与,共促学生成长。其实小凡的进步离不开家长的支持,刚开始小凡的父母跟老师是不合作的,但是通过我的努力,小凡的父母看到了小凡的进步,于是能够主动与教师配合,共育学生成长。要想赢得父母的支持,就必须站在家长的角度去思考。

通过小凡的转变,我体会到学生们犯错都是有原因的,只要我们善于引导,他们的错误都是能够改正的。反思我的两次惩罚得到的不同结果,第一次扔卡片,没有站在学生的角度;第二次的"绿色惩罚",把约定带入惩罚当中,让学生通过自己的转变换回他的宝贝,让他觉得老师是和他站在一起的,这样的惩罚是站在学生的角度进行的。不过,在实施"绿色惩罚"的过程当中要有度,要给学生留有改正错误的余地。

作为老师,我们应该尊重每一名学生,让他们感受到老师对他们的关心和爱,对于学生出现的各种问题,我们应站在他们的角度去思考、去感受。必要的惩罚是应该有的,但要在惩罚当中注入"绿色",尽力让学生感受到老师对他的关心和爱;严格要求并做到赏罚分明,该表扬时及时表扬,该批评时及时批评;帮助他们确定努力的方向;不吝惜自己赞赏的语言,帮助学生树立正确的价值观,引导学生进步和提高,真正达到育人的目的。

基于教育故事的理论分析

为了实现有效教学,教师有必要对学生进行必要的管理。奖励与惩罚都属于课堂管理的措施,现在,小学老师用得比较多的课堂管理的措施是奖励,有口头表扬、小奖品及小印章等。但是,必要的、合理的惩罚也是课堂管理的重要手段。赵老师的教育故事给我们展现了如何有效地使用惩罚手段。

一、为什么第一次惩罚无效?

因为赵老师使用的惩罚方法不当!让我们来看看专家提出的有效惩罚的原则。奥·勒利等人提出了七条有效而人道地使用惩罚的原则:(1)偶尔使用惩罚;(2)使儿童明白为什么他要受惩罚;(3)给儿童提供一个可选的方法以获得某种积极的强化;(4)强化儿童与问题行为相反的行为;(5)避免使用体罚;(6)避免在你非常愤怒或情绪不好时使用惩罚;(7)在某个行为开始而不是结束时使用惩罚。

赵老师在第一次惩罚时,是在很生气的情况下直接把小凡的魔幻卡扔进了垃圾桶。她违反了很多有效惩罚的原则,如,她是在愤怒时使用的;没有给小凡提供可选的方法;没有强化小凡与问题行为相反的行为等。结果第一次惩罚引起了小凡的敌对情绪,导致惩罚无效!

二、第二次惩罚为什么会收到比较好的效果?

因为赵老师使用了"绿色惩罚",实际上运用了行为矫正原理,即适当的行为通过表扬得到强化,不当的行为通过忽视或者轻微而又必然的惩罚而消失。那么行为矫正方法如何运用呢?

1.不良行为的原因分析。

学生出现不良行为都是有原因的,主要有三个方面:想要引起老师注意、想要引起同伴注意、逃避不愉快的状态。在本案例中,小凡上课玩魔幻卡最主要的原因是对课堂学习不感兴趣,借助玩魔幻卡逃避学习。

2.行为矫正的原则及程序。

所谓行为矫正就是系统地应用先前刺激和后果来改变行为。有效的行为矫正需遵循奥·勒利等人提出的七条有效而人道地使用惩罚的原则。

3.行为矫正的程序。

(1)识别目标行为和强化。在赵老师的教育故事中,目标行为是带书、课上能认真听讲、课下能按时完成作业;强化物是学生喜欢的魔幻卡。

(2)设立基点行为。教育故事中,虽然没有很明确地设置基点行为,但有描述问题行为:上课的时候,他不是睡觉、玩东西,就是搞恶作剧。

(3)选择强化物和强化的标准。本教育故事中的强化物是学生喜欢的魔幻卡，以及教师的鼓励等。标准是一个星期能够做到"带书、课上能认真听讲、课下能按时完成作业"。设立的强化标准比较适当，学生经过努力能够实现。

（4）如有必要选择惩罚及其标准。本教育故事中的惩罚是没收了魔幻卡，如果不能履行约定则不返还魔幻卡。所选择的惩罚可以帮助学生完成强化目标。

（5）观察行为并与基点做比较。"在接下来的日子里，小凡的表现让我很惊讶：他每一天的学习用品都带得整整齐齐，上课时也能乖乖地坐着。"一个星期后，赵老师履行了诺言，把魔幻卡还给了小凡。

但是，赵老师并没有就此结束，而是与小凡有了新的约定：在一个月内让"小霸王"消失，与同学们成为好朋友。在这一个月中，赵老师及时肯定小凡的进步，让小凡得到越来越多的肯定。慢慢地，小凡的课堂学习习惯进步了很多，从一个给老师捣蛋的刺儿头慢慢成为老师的小助手，他与同学们的关系也逐渐好转，特别是对学习的兴趣提高了，学习成绩自然也上来了！

（6）减少强化的频率。在本案例中，小凡最开始的强化物是要回魔幻卡，后来变成了改善同学关系，最后变成对学习本身的兴趣。所以，强化物及强化的频率可以根据干预对象的变化而变化。

在本案例中，赵老师还注意到与家长的沟通和对家长的介入进行指导。在故事开始的时候，家长的放纵无疑助长了小凡的不爱学习和课堂问题行为。老师在转变小凡的过程中及时告知家长小凡的变化，并争取到家长的配合，这很有必要，因为家长可以配合老师在家里给孩子奖励，可以更有效地帮助孩子建立目标行为，减少问题行为。

（点评人：王曦主任）

名字风波

北京大学附属小学石景山学校　赵　毅

　　一个周三的下午，我去参加区里的教学活动，走的时候心里很不放心，这个班我已经带了五年了，明显感觉到学生们进入青春期后，独立意识逐渐增强，敏感冲动，容易以自我为中心，同伴之间一言不合就会争吵，谁也不服谁，有时还会动手。而面对老师和家长的教导，他们也总认为是老生常谈，不以为然，不但听不进去，反而会为了证明自己而去对抗。虽然走之前我已经叮嘱了学生要遵守纪律，但我还是不放心，让班干部多注意，并嘱咐一定不要发生冲突，有事记下来等我回来沟通。

　　周四一大早，我来到班里，只见几个小脑袋凑在黑板前叽叽喳喳，这时纪律委员小琪满脸不快地向我走来，指着黑板上的"表扬园地"对我说："老师，不知是谁把黑板上同学的名字改了。"我一看，可不是吗！刘赫的名字每个字被去掉了一半，变成了"文赤"，杨一的名字被添了一笔，变成了"杨二"，诸如此类，黑板上的名字无一幸免。见我来了，那几名学生捂着嘴乐着回去了，有的同学在底下小声议论：真逗！而有的同学看自己的名字被改了，被同学取笑了，满脸气愤。

　　看着这一切，我心里想：怎么办，怎样教育才能打动学生，杜绝这种不文明、不尊敬他人的行为，使他们能明辨是非呢？简单地说教，学生当面点头，背后可能会不以为然，觉得自己只是开个小玩笑，同学、老师太小题大做了，并不会往心里去，以后可能还会这样做。如果这个问题解决不好，同学之间就会因此闹矛盾，不利于班级团结。这时，我回想起心理学中的"南风效应"，凛冽的北风不能使行人脱掉大衣，南风徐徐吹动，气温不断升高，行人感到温暖，便脱掉了大衣。我和学生们的相处也是一样的，一味的批评可能会让他们与我越来越疏远，甚至对抗，真正的温暖才能让学生们敞开心扉，我们彼此之间才能交流沟通，才有可能达成共识。但是，从哪里入手呢？我想起我们夫妻给女儿起名字时，拿着厚厚的词典精挑细选的情景，矛盾既然由名字引起，那我就从名字入手吧。我拍拍手，示意学生们安静坐好，我环视了一下，然后平静地问："这是谁改的？"学生们面面相觑，没有人承认。我又问："有谁知道吗？"这时，小腾举起手说看见小皓改了，一直在底下挤眉弄眼的小皓听见同学点到他的名字，一下子就蔫了，低着头站了起来准备接受批评。

我走到他面前，看着他问："你为什么改同学的名字呢？"他支吾着说："我……我觉得好玩。""那你知道你名字的含义吗？"他没想到我不但没有批评他，反而问他名字的含义，他一脸愕然地看着我，摇摇头，一位性急的同学翻开字典跑到我面前说："老师，您看'皓'是明亮、洁白的意思。""是啊，多好的名字啊！"他有点蒙，不明白我为什么不批评他反而称赞他的名字。我语重心长地说："我相信你的父母给你起这个名字一定是希望你做一个光明正大、清清白白、有着天一样宽广心胸、顶天立地的好男儿，你知道吗，小皓？"他开始沉思，我又环视大家问："同学们，你们想过吗？你们的父母为什么给你们起这样的名字，你们知道他们是怎样给你们起名字的吗？我们应该怎样对待自己和他人的名字呢？"同学们一片沉默，我接着说，"这样吧，我们就写写自己名字的故事吧，我们这节课就设计采访方案，回家进行调查，完成作文后，我们再交流对这件事的看法。"

名字，我们天天都叫，天天都写，可谁知一调查起来，要问的问题还真多：名字是谁起的？什么时候起的？为什么起这个名字？有什么含义？我组织同学们分小组讨论设计采访的问题，明确问题后，同学们带着问题回家调查采访，整理采访记录后，一篇篇《名字的故事》就写出来了。文章内容具体，语言流畅，认识深刻。小笛写道："我以前总认为名字不过是一个人的代号罢了，如今一调查，才知道这小小的名字却有着很大的意义，它是父母送给我们的第一份礼物。当我还在妈妈的肚子里的时候，爸爸妈妈就为给我起名字而苦恼了，商量了好几个月才定下我的名字。"而耀予的名字在她出生一个月后还没定下来，全家总动员，几次召开家庭会议商量，一定要给她起个好名字。杨一的名字是爸爸和姥爷的不谋而合，因为她是家中唯一的宝贝，家人希望她在人生的道路上永争第一，她还在作文中写道，从在幼儿园给自己的绘画作品写名字开始，小朋友们就羡慕她，因为她的名字最好写，就一笔。有个学生出生在秋天的夜晚，家长给她起名叫秋月，她的名字里包含着她出生的季节和时间，家长还希望她的品格如月皎洁，人生如月圆满。而另一位同学的名字中有一个"畅"字，刘畅谐音流畅，家长希望他一辈子顺顺利利、平平安安。原来，每一个名字背后都有着动人的故事。

在交流作文、讲评作文的课上，学生们兴致勃勃地欣赏、点评别人的作文，时不时地发出惊叹："这名字起得也太巧妙了吧！""哇，家长想得也太长远了吧！"在交流中，学生们对自己的名字有了新的认识，并对我们博大精深的传统文化赞叹不已。快下课了，我又问大家："虽然名字不一样，名字的故事不一样，但每一个名字都是家长花费心血起的，你们知道这是为什么吗？"学生们沉思着，我接着说，"这是因为在父母心中，你们每一个都是最宝贝的，他们认为只有最好的名字才配得上你，所以他们挑啊选啊，在你的小小名字里凝聚了父母无限的爱、无限的期望，那我们应该怎样对待自己和他人的名字呢？"小皓主动站起来说："老师，我错了，我只图一时好玩，乱改同学名字，不尊重同学，更对不起同学的父母。我再也不乱改、乱叫同学的名字了。"从那以后，我发现学生们再写名字时，都比以前认真工整了，我看到了他们对自己的尊重。还有学书法的学生们感受到汉字的魅力后，特意学习了小篆的写法，给每个同学设计了签名，从中我感受到了学生们对活动的喜爱。后来，在与家长的交流中，有家长谈到本来一段时间孩子有些叛逆，家长与孩子的关系有些紧张，但做了访谈后，孩子感受到了父母的爱，亲子关系也缓和了，这些收获都是我最初所没有想到的。

后来，我让学生回忆这件事发生后自己的心理从"感到好玩—等着看小皓挨批评—认识到名字的含义—正确对待名字并改正错误"一系列的变化，趁热打铁，指导学生通过心理描写的方法把内容写具体，又写了一篇作文《难忘的一件事》。最后，我指导学生们把自己写的讨论稿、访谈记录、调查的资料，以及《名字的故事》《难忘的一件事》收集在一起，并配上自己喜欢的照片，做成了毕业纪念册。学生们都认为这本毕业纪念册比买的还要好，因为每个人的纪念册都是独一无二的，全世界仅此一份，是最有意义的！

当问题出现的时候，我只是想解决问题，但我没有想到在解决问题的过程中，学生们还感受到了汉字的魅力、传统文化的精彩，感受到了来自父母的爱，亲子关系更加亲密，我及时抓住契机帮助学生们记录下这段宝贵的经历。因为是亲身经历，学生们感受深，有题材可以写，在写作的过程中，我手写我心，写出了真情实感，写作能力得到了提高，也有了浓厚的写作兴趣。德国哲学家雅斯贝尔斯说过，"教育意味着，一棵树摇动另一棵树，一朵云推动另一朵云，一个灵魂唤醒另一个灵魂"。在这些日子里，我推动学生，学生的表现又推动我，形成了这一系列的活动。学生们在活动中收获满满，而我在活动中也受益匪浅，我真正理解了叶圣陶老先生说的"生活即教育，教育即生活"这句话，好的生活就是好的教育，不好的生活就是不好的教育，生活和教育是密不可分的。学生在成长的过程中总会出现一些问题，这时需要我们平心静气，仔细观察，寻找根源，运用智慧，就可以变问题为契机，变坏事为好事。就像大禹治水，堵不如疏，在时间允许的情况下，引导学生自己去看，去听，去调查，去判断，去学习，去自我教育。

记得小时候我最喜欢看电影《苗苗》，最喜欢李羚姐姐扮演的温柔和蔼的苗苗老师。后来我当上老师，一心要做一名学生喜欢的、能理解学生、和学生做朋友的老师，但由于缺少经验，班级管理过于宽松，结果导致学生自由散漫、成绩下降，家长埋怨，我自己也很自责，后来我虚心向老教师学习经验，并常常告诫自己松是害，严是爱。渐渐地，我的教学水平提高了，在我的严格管理下，学生的成绩提高了，可有时候我们的心却远了。前一段时间，我常常反思：我在做什么？我的工作仅仅是为了提高学生的分数吗？我辛辛苦苦、呕心沥血所做的一切对学生是有意义的吗？我不怕辛苦、不怕付出，但我害怕没有方法、没有尺度。在这次的活动中，我深深感受到了我工作的意义及我今后努力的方向，我要做一名心里有爱、手中有尺度的老师，为了学生健康全面地成长而努力。

基于教育故事的理论分析

班级场域中单一的、具体的问题处理，最后抽象成整体的班级教育效果。班级育人效果与班主任对班级的影响能力即班主任领导力密切相关。班主任领导力是指，在班级特定场域中，班主任引领、影响学校、班级学生、任课教师及家长，共谋班级发展，共同实现育人目标的一种能力，其中班主任对班级学生的影响作用占主导地位，而影响的关键在于良好师生关系的建立。但需明确的是，这一关系的建构不仅包括师生关系，还应包括班主任自身的角色定位与认同。班主任领导力的提出能够使班主任在班级管理中更加明确自身的领导者功能角色，进一步激发班主任专业提升的动力，从而克服及摆脱职业倦怠。

如案例中，一方面赵老师认可自身班级领导者的重要地位，更加明确了自身的领导使命与责任，不断追寻职业价值，探寻职业方式、工作效果，直面实践问题，又不盲目急于硬性解决问题。另一方面赵老师兼顾了师生关系，考虑到了青春期学生的生理、心理成长特点，做到以生为本从情境出发，采用体验式教学的方式，引导学生自身寻求问题钥匙。尤为值得一提的是，赵老师将班级教育与学科教学进行了有机结合，抓住时机灵活使用班会、研讨会等班级教育手段，发挥了学科素养的同时，收到了多重的育人效果，促进了家校合作，体现出较高水平的班主任领导力。

目前我们能看到的与班主任领导力相关的研究较少，但需看到班主任作为教师队伍中的一员，是一种特殊的教师岗位。将班主任领导力置于教师领导力范畴之中，有助于进一步明确、解析班主任领导力。教师领导力是指教师在一定的群体活动中，通过自身的专业权利及所具有的非权利性要素（如教师本身的知识、能力、情感等要素）相互作用，形成的对"被领导者"（活动中的其他成员多指学生）的一种综合性影响力。

班主任不仅是学科教师，也是班级管理者。所以在教师领导力范畴中，教学领导力与班主任领导力之间会涉及多种权利不同比重的交织调用，虽实质仍属教师领导力领域，但更值得探讨琢磨。优秀的班主任作为学科教师和班级管理者的集合体，须将这些权利合理整合，让其相辅相成，发挥综合效应。

多项有关领导力模型的研究显示，教师角色是领导力发挥的核心角色，优秀的班级管理者——班主任则更应是领导力发挥的行家里手。研究表明，教师所领导的教导型组织中，五层次"教导"交替出现，它们是管教即"照我说的做"、说教即"我说给你听"、身教即"我做给你看"、请教即"你说我怎么做"、传教即"你为什么做"，这些层次交替、交织，依情境发挥作用效果，优秀的班主任应该针对不同的班级管理问题灵活切换。

赵老师适时"摒弃"了管教、说教，而从传教、请教着手，展开了系列教学活动的设计与组织，使学生明白了为什么不能随意修改他人的名字，同时教学相长，随着教学设计的层层打开，赵老师从学生的反馈中，针对性地进行了后续的教学安排，这一过程也体现出班级教育中的"请教"层次。

优秀的班主任不仅可以很好地引导学生，在自身专业发展中，自我领导者角色亦不可缺席。教师职业离不开终身学习素质，在教书育人的过程中，学科专业知识、领导力等理论知识的储备，学科教学能力、领导力等实践能力的发挥均固然重要，但这些专业知识技能的实施、展现更需要良好平台的搭建与跨学科素材的整合。对于班主任平台常具化为班级教育环境的建构，而素材积累则多源于班主任个人阅历、综合修养等非权利性要素的积淀。没有广博的视野与知识底蕴，再好的领导力理论与技能都会黯然失色，正所谓"巧妇难为无米之炊"，正如案例中的班主任的领导力发挥起点源自所知的"南风效应"，源于自身为下一代起名的家庭生活经历一样。

（点评人：李明玉博士）

一道填空题

北京市延庆区大柏老中心小学　辛波涛

"你给我站住，不许跑……"距离教室几步之遥，一道刺耳的声音穿墙入耳。预感不妙，原本迈着四方步的我不禁快速直奔教室。前脚刚迈进教室，就听"哐当""哐当"两声巨响，两张课桌在我面前相继倒下。我怎么也没想到，就课间十分钟的时间，学生们竟然送了我这份"声效＋视觉"盛宴。紧接着，又有几名学生给我"现场直播"了追、跑、打、闹。我的心情一下子糟糕起来，这几天我三令五申，狠抓的就是这个问题呀，没想到还是有人往枪口上撞，真是气得我头疼，恨不得马上劈头盖脸批评他们一通，好好出口气，那样的话，我的脸色估计也是要多难看有多难看。我怒目缓缓环视一圈儿，发现那几名学生不知什么时候悄没声儿地扶好桌椅，蔫巴出溜地挪回自己的座位上了。这几名学生，有的头越埋越深，有的抑制不住偷瞄对方，旁边那个没忍住幸灾乐祸地笑出了声，脸上净是无动于衷、无所顾忌的表情。看到这些，我的心里咯噔了一下，我不禁问自己：我要的就是他们那一句空洞无用的"我错了"吗？我要的就是他们那隔靴搔痒的"对不起"吗？我要的就是他们一句形同虚设的"下次改"吗？他们的内心会有所触动吗？他们真的能理解我的良苦用心吗？

我强压住火气，脑子却在飞速运转着，南风效应飞入脑海。我灵光一闪，想道，何必做那个简单又粗暴的北风，何不让充满智慧与温度的南风来帮帮忙。时间似乎驻足了一分钟之久，我一转身，在黑板上写下了这样一道填空题：有同学在教室打闹，辛老师想（　　）。然后我示意学生来填。一下子举起无数小手，有人说："辛老师想，怎么还有人不遵守纪律？不想上学就别上了！"我愣了一下，这是我差一点就脱口而出的话，现在听来，怎么会如此的刺耳。又有人说："辛老师想，怎么回事啊？是这几名同学又忘记辛老师的要求了呢，还是有什么别的原因呢？"我的脸上有点发热，竟然连原因也没问清，就打算动用老师的特权来"杀鸡儆猴"了。"辛老师想，还是再给他们一次机会吧，下次再这样就不原谅了。"有很多学生抢着说自己想到的答案。他们是宽容的，更是充满了鼓励与信任的。我请了一名刚刚在教室打闹的学生来填这道填空题，他说："辛老师想，我真失望呀！小明一定是忘记了老师的叮嘱吧。"说着他忽然站得笔直，极为真诚地对我说："辛老师，今后我一定改正，您相信我吗？"我朝他笑笑，他点点头回到座位上。后来又陆续站起来几名不遵守纪律的学生，他们都对我说对不起，希望我看他们今后的表现。

我轻轻擦掉黑板上的填空题，说："我们开始上新课吧！"学生们懂事地大声回答："好！"这堂课上，我发现那几名打闹的学生听得格外认真，他们是在用行动跟我说对不起。

一道填空题让老师看到了学生们的宽容、真诚与童真，是啊，他们毕竟还只是10多岁的孩子，一味地苛责倒不如停下脚步，陪着他们一起成长，不只是学生在成长，老师更在成长。

当年的那些学生或许不曾知道，他们的辛老师在心底感谢他们！是啊，正是因为学生的童真，将"一道填空题"填出了宽容与真诚，写满了稚嫩与纯真，更填充、补足了老师的智慧与阳光，给我好好地上了一课。由此衍生出一次又一次的笑容，那一笑不仅仅让我看到了学生的成长，更让"学生的这棵幼苗摇动我这棵大树，学生的这朵祥云浸润我这朵白云，学生们的纯真震撼着我的满腔热情，而我的这颗赤诚真心同样也感染着学生的童真——这正是教育的魅力！"

那一道填空题，犹如一道惊雷，惊醒梦中人；又恰似一座灯塔，照亮前行的路！我会坚守我的教育初心！勇担教育使命！走好未来的教育之路！

基于教育故事的理论分析

教师和学生是教育三要素之二，师生关系是教育教学领域一对重要关系范畴，在历经赫尔巴特的"教师中心"、杜威的"学生中心"后，目前趋于"教师主导、学生主体"。"教师主导"与"学生主体"二者是辩证统一的。然而理论是抽象的，应用是复杂的，教育教学实践中教师发挥自己主导性去发展学生主体性是常存问题。先前我们"重教轻学"，当前"重学轻教"，甚至一度认为教师主导和学生主体二者是零和博弈关系，一方的"出场"需要以另一方的"退场"为前提。这是不妥的，对于"教师主导"和"学生主体"，我们既不能做要谁不要谁的选择题，也不宜做孰轻孰重的比较题，而要永远做协同共生的应用题。

在教育教学实践中，教师和学生不能处于"独白"与"失语"的关系中，也不能置于"高高在上"和"匍匐在地"的格局中。众所周知，教育是以发展学生主体性为旨归的，恰如主体性教育所强调的："教育的根本目的在于培养学生成为社会历史活动的主体。"[1]在此显露的是学生主体的目标性。关于学生主体目标性，目前已得到广大教育工作者的认可。不过，这里要注意的是，发展学生主体性仅显露了学生主体一维，尚未揭露学生主体全景。学生主体除了有目标性的一面，还有条件性的一面，即我们是在发挥学生主体性中发展学生主体性的。我们不仅要看到"发展"，更要看到"发挥"，教育教学要在"发挥"学生主体性中"发展"学生主体性。对此，北京师范大学王本陆教授在教学领域有过一个较为全面的阐述。在王本陆教授看来，"学生认识的主体性不仅是教学的条件，而且是教学的结果；教师不仅要发挥学生的主体性，而且要努力培养学生认识的主体性"[2]。

也就是说，学生主体性既具有目标性的一面，又具有条件性的一面，发展学生主体性理应也必须发挥好学生主体性，教育教学实践中我们要辩证处理好"发展"与"发挥"这一对矛盾关系。严格来说，疏离甚至脱离学生主体性去发展学生主体性，可能也能取得一定成效，但这往往是事倍功半，甚至是短暂、表面的，唯有在"发挥"学生主体性中"发展"学生主体性方能

---

① 王道俊：《主体教育论的若干构想》，《教育学报》2005年第5期。

② 王本陆：《现代教学理论：探索与争鸣》，安徽教育出版社，2007，第19页。

取得理想效果。上述案例中，面对不守规范、在教室打闹的学生，可能不少老师上来就会劈头盖脸地对学生进行训斥、说教，倘若遇到脾气暴躁的老师暴风雨来得会更猛烈些。现实告诉我们，这样的教育效果可能并不好，老师气愤的情绪是发泄了，但这宛如夏天的暴雨，非但难以润物反而容易冲走地表的养料。辛老师很智慧，她先让学生去做道"填空题"。这看似简单、随意的举动蕴含着教育智慧，通过让学生填空，可以对学生导向行为进行反思。可以说，辛老师的填空题，填的不只"有同学在教室打闹，辛老师想（   ）"这样的"空"，更是学生主体性的"空"。通过填空，辛老师有效激活了学生主体性，并充分发挥了学生主体性，继而通达发展学生主体性之境。教育教学以发展学生主体性为旨归，作为教育工作者我们要谨记——学生主体性不仅是目标，同时也是条件，我们要在"发挥"学生主体性中去"发展"学生主体性。

（点评人：汪明博士）

高三（2）班，金色的记忆

北京市延庆区第二中学　田成清

学生是最美丽的自然生命，学生可以很辛苦，但不可以不幸福。在我眼里，每名学生都是好学生，每个学生都有闪光点。在教育这个优雅而漫长的过程中，发现并放大学生的优点，学生就会越来越自信，越来越聪明，越来越优秀，越来越有创造力。

"田老师，你真的要接高三（2）班吗？这个班纪律很差，班里的小志可是出了名的捣蛋鬼，都高三了，还经常去网吧，顶撞任课老师。"

"田老师，上一任班主任就是让他气走的……你可要做好心理准备哟。"

带着同事们的关心，怀着满心的疑虑，我看着一份份学生档案，把所有学生的信息熟记于心——无论他们纪律有多差，无论他们有多调皮，我都要接纳他们。

开学了，信心满满地迎接学生报到时，我自信地叫出每名学生的名字。

"小广，你是班长，还是咱们班的足球健将。"

"小南，学习委员、年级英语标兵。"

"小宇，象棋高手，高中组第一名。"

学生们没想到我对他们如此了解，都十分惊讶。教室的最后一排，有一名男生在书桌上托着下巴看着我，我走到他面前说："你是小志，电脑高手。"

"老师，您怎么能叫出我的名字？又有人告我的状了吧？"小志疑惑地看着我。"是你自己告诉我的呀！"我微笑着说，"你的档案上写着你的特长和爱好。你的字写得很漂亮。中考语文成绩很高啊。高三了，我们要一起加油哟。"我拍拍他的肩膀。他还有点不好意思，但眼睛里却闪出了一丝自豪，随后神情郑重地说:"老师,我以前练过书法,您要不说,我自己都要忘记我这个特长了,谢谢您!"

看着他青春而稚嫩的面庞和有些玩世不恭的样子,我想,每一个学生都有自己的成长轨迹,是什么原因让他成为老师和同学眼中的"坏学生"呢?我拨通了小志家长的电话,并决定周末去他家家访。

这个班三分之二都是农村学生,小志家在离城区20多公里的小镇上。刚来到小志家,他母亲就迫不及待地对我说:"田老师,我感到我的孩子有救了。说句心里话,我儿子初中学习挺好,我们当时认为他一定能考上重点中学,家里的农活什么的都不让他做,希望他将来有出息。可他不争气,没考上重点中学。上了二中后,我们希望他能够好好学习,但他周末回到家里从来没有做过作业,整天鼓捣电脑。怎么说他也听不进去,更可气的是都到了高三了,那么多学生都在努力学习,我儿子还调皮捣蛋,不求上进。我求田老师伸出手来拉我儿子一把吧!"

其实在孩子的成长中,家长的期望值越高,给孩子造成的心理压力越大,甚至有的孩子厌学,从言语到行为都与家长作对。在学校,成绩不理想,觉得在老师和同学们面前抬不起头来,自卑感越来越强,久而久之,干脆不学了。

高三,是学生高中生涯中最关键的一年,无论学习实力强还是弱,都应该清晰地认识到自己的责任与使命,都应该体验生命成长的快乐与艰辛,都需要老师的鼓励和肯定。于是第一次班会,我让学生发表高三宣言,并把最想对班主任说的话写出来。

"老师,第一次见面,您就能叫出每名学生的名字,我还惊奇地发现,您竟然还能说出每名学生的优点并给予极大的鼓励,真是让我出乎意料。当您叫到我的名字时,我想您一定会先揭我的伤疤,然后再批评教育我一通,这些我都习以为常了。可没想到您夸我字写得好,还表扬我的中考语文成绩好,这些连我自己都已经忘记了的事情,老师却知道!老师,是您让我又有了学习的动力……"

"给点阳光就灿烂",是啊,多么可爱的孩子!这哪儿是调皮捣蛋的小志？这哪儿是和老师及家长专门作对的"坏学生"？各科老师也反映，小志变化很大，课上学习主动，课下还常到办公室问问题。

但好景不长，有一天晚上快12点了，住宿办公室老师打来电话，说我们班小志还未回到宿舍就寝。

我匆忙赶到学校，问遍了和他同宿舍的学生，他们都说不知道，我马上给他妈妈打了电话，但她说小志并未回家，我心急如焚，不停地想他会去哪儿呢？他会不会又去网吧了？对，他一定是去网吧了。于是，爱人带着我一间间网吧去找，找到大半夜，走了大半个城也没见他的身影。

天快亮了，我又返回学校，远远地看到小志正在校门口，我真想上去给他两巴掌。我再次给他妈妈打了电话，告诉她小志找到了，让她放心。然后我走近小志，看到他疲惫的神情、红红的眼睛，上前紧紧地抱住他，生怕他从怀里挣脱："你去哪儿了？你快把我急死了！""老师，我去网吧了。对不起！您惩罚我吧！"

看着他满是血丝的眼睛、愧疚的神情，一颗母亲的心被震撼了，学生成长中出现了问题怎可以用惩罚来解决？瞬间，我有了新的想法："小志，我当然要'惩罚'你！重重地'惩罚'你！从今天起，就由你来负责管理班级电脑！""老师您说什么？"他瞪着红红的眼睛疑惑地问。"由你来管理电脑，但你现在的首要任务是回宿舍睡觉！"一米八的大小伙子趴在我的肩膀上呜呜地哭了起来，哽咽地叫了一声："老妈！"

这件事让我明白，学生在成长中，有些问题会经常反复，我们老师一定要抓住教育契机，有的放矢，施以引导，同时也要给他们改正的机会。就像我的班级管理宗旨：一个都不能少，一个都不能放弃！

学期末开家长会时，我把每个学生这一个学期的闪光点以电子相册的形式呈现给家长：您看，小广——我们的班长、延庆高中生中最佳辩手，多帅的小伙子；小泽——年级学霸、谦谦君子、学习委员；小娇、小惠——两位小画家、班徽设计者、美化班级的使者；小宇——获得"延庆中学生好声音金奖"，文化剧《屈原》的扮演者；小志——计算机管理员，把电脑管理得干净文明。

家长们看完电子相册，有的惊讶，有的沉思，有的甚至流泪，尤其是小志的家长泪流满面地向我诉说感受。

我把握住这一有利机会，让家长把此时此刻想说的话都写下来，这些握惯了锄头、方向盘、秤杆的粗壮的手颤抖地拿起笔来，激动地书写着心中的感动。这是非常重要的一个环节，家长的真情表白是最能触动学生心灵的载体，是两代人沟通的心灵驿站。

小志的母亲这样写道："孩子，是田老师发现了你的优点，改变了你，在田老师眼里，原来你这么优秀，希望你好好学习，好好做人……"

有一位家长这样写道："田老师，高三这半年来，孩子懂事多了，现在总往家打电话，提醒我千万不要中煤气（家里生土炉子易发生煤气中毒），要勤开窗。而且一回家就帮我做饭、收拾屋子。把孩子交给您，我一百个放心。"

班会课上，我再把这些浸满了家长期望、自省和欣慰的珍贵资料反馈给学生，学生捧读父母的心声，有的闪着泪光，有的沉默不语，有的面露惭愧……

小志看过妈妈的文字后，这样写道："田老师，直到今天我才发现我妈妈的文采很好。以前从未见过妈妈的文字，老师，您给我们提供了这么好的沟通机会，让我重新认识了我妈妈！"

对于农村学生来说，家长和孩子的情感交流往往是以生活化的形式进行的，这种两代人的书面沟通，十几年来还是第一次。口头和行为难以表达的细腻情感都在这心灵驿站的互动中和谐地渗透着。

我每带一届毕业生，都要让学生把高中成长的快乐、艰辛写出来，编辑成册，以做纪念。当我在班里宣布这个想法时，同学们一片欢呼。同学们还为纪念册的命名投票，最后小志的"金色的记忆"高票当选。在纪念册里，小志这样写道："其实，高三这一年，我没少惹老师生气，但是老师能原谅我，一次次地给我机会，一次次地鼓励我，给我信心与勇气，使我能够改掉很多坏习惯。老师，因为您的不放弃，我现在才能静下心来在课堂里学习，我真正地感受到，做您的学生，我快乐，我幸福。这一切不仅是我们金色年华的记录，更将激励我永远、永远！"学生的阳光，我的幸福，学生的幸福，我的骄傲。十几年过去了，这名当初的"坏学生"已经成长为有责任、有担当的一家之长，而且在事业上有相当令人惊喜的成就，是某软件开发公司的部门经理，真正的互联网技术精英。当了30多年的老师，20多年的班主任，遇到过各种各样的"小志"，通过我的点拨引领，让他们对自己有一个全新的认识，并且逐渐扬长避短，发挥自己最大的潜能，给自己的高中生涯交上一份满意的答卷。我也始终用我的座右铭鞭策自己：不求桃李满天下，但求无愧于心。

基于教育故事的理论分析

阅读田老师的这个教育故事后，我的第一感受就是作为班主任教师，田老师做班主任工作的可贵之处在于她善于发现学生的闪光点，以欣赏和发展的眼光对待学生，鼓励接纳学生。实际上，田老师的这种教育理念及教育行为有一定的心理学和教育学依据。在心理学中有一个经典的理论的是皮格马利翁效应，或者叫罗森塔尔效应。

美国心理学家罗森塔尔和雅克布森发表了研究成果——《课堂中的皮格马利翁》。[①]他们在奥克学校所做的一个实验中，先对小学1~6年级的学生进行一次名为"预测未来发展的测验"，实为智力测验。然后，在这些班级中随机抽取约20%的学生，并让教师认识到"这些儿童的能力今后会得到发展的"，使教师产生对这一发展可能性的期望。8个月后又进行了第二次智力测验。结果发现，被期望的学生，特别是一、二年级被期望的学生，比其他学生在智商上有了明显的提高。这一倾向，在智商为中等的学生身上表现得较为显著。而且，从教师所做的行为和性格的鉴定中可知，被期望的学生表现出更有适应能力、更有魅力、求知欲更强、智力更活跃等倾向。罗森塔尔等人的研究结果表明，教师的期望会传递给被期望的学生并产生鼓励效应，使其朝着教师期望的方向发展。

---

① 罗森塔尔、雅各布森：《课堂中的皮格马利翁——教师期望与学生智力发展》，人民教育出版社，1998，第226页。

　　未成年人是发展中的人，在发展过程中难免遇到各种各样的问题，如何看待学生的这些问题，这涉及学校班主任教师的教育理念。在教师的教育实践中，一些班主任或者任课教师对学生的学习成绩不满意，对学生的第一印象不好等原因所造成的刻板印象，给学生贴上"差生""学不好""赖学生"等标签，在师生交往中以偏概全，忽视学生的优点，不考虑学生的感受，甚至对学生出言挖苦、讽刺、侮辱，不仅没有帮助学生增长学识，甚至会给学生的心灵造成伤害。根据美国心理学专家加德纳的多元智能理论，每个人在某种程度上都具备以下九种智能，包括：言语—语言智能、逻辑—数学智能、视觉—空间智能、身体—运动智能、音乐—旋律智能、人际关系智能、自我认知智能、自然观察智能、存在智能。[①] 所以，每名学生的发展都存在差异性。因此，班主任教师在开展工作的过程中，要意识到学生发展的智能差异，更多地用发展的、欣赏的眼光看待学生成长过程中遇到的问题，激发学生的内在潜能，促进学生全面发展。田老师在接受一个具有挑战性的班级时，她首先通过学生的档案对班上的每一名同学都做了详细了解，能够叫出每名学生的名字，并知道他们的特点及长处、短处，特别是在学生出现问题时往往用积极的、正向的、发展的眼光看待学生，这显然不同于普通教师或者班主任处理问题的常规做法。实际上，田老师用教育行动对学生产生了好的期待，没有把学生看作不可救药的问题学生。因此，学生在感受到班主任不一样的方式和方法之后，学习动力得到很大的提升。也就是说田老师的教育行为真正触动了学生的内心，并转化为巨大的学习动力。

　　当然，班主任对学生的欣赏、鼓励与接纳要掌握一定的教育时机。如果没掌握好教育时机，过度地欣赏、鼓励、期待，是达不到教育的效果的。在这个教育故事中，田老师利用每一个教育时机激发学生甚至家长发现学生的长处，给学生发展的希望，特别是利用家访和家长会这种特殊的教育时机，将班主任、家长与学生的成长通过一件件行为的改变串联起来，产生了巨大的教育效果。我想，学生成长的背后体现了田老师对教育工作的热爱、对学

---

　　① 霍华德·加德纳：《智力的重构：21世纪的多元智力》，中国轻工业出版社，2004。

生成长的投入及对每个家庭的负责。因此，善于发现学生的闪光点，以欣赏和发展的眼光对待学生，鼓励接纳学生，虽然看起来是一种教育的技术，实际上背后体现得更多的是教育的艺术与智慧。

（点评人：康晓伟副教授）

师生关系

导　读

汪明博士

　　教育教学活动是一种师生之间的双边活动，师生关系是维系教育教学活动的基本关系。在教育的诸多因素中，师生关系是最为基础的范畴存在，是奠定、支撑教育大厦的重要基石。对于师生关系，我们需要从以下两方面予以把握。

　　首先，要重视教育活动中师生关系的存在与影响。对大家来说，师生关系这一术语并不陌生，但对于师生关系，我们不仅要知其存在而且要知其影响，尤其要深刻认识到师生关系对于教育教学活动的重要影响。对于师生关系的重要性，合作教育学有一个很好的论断——"师生之间的关系决定着学校的面貌。"教育实践世界里，我们可能更看重班主任、教师的主导作用，认为这才是需要重视、狠抓的"生产力"，而师生关系则是可有可无、无关紧要的鸡肋，其实不然。我们可以说，在一定程度上生产关系也是生产力。师生关系看似一种虚无缥缈的空气存在，正常感觉不到什么；然而一旦稀薄、缺失则是一种致命影响。教师和学生之间是一种什么样的关系，这直接影响到教育如何实施。古人云，亲其师信其道。若师生关系健全、和谐，则教育影响事半功倍；若师生关系残缺、恶化，则教育影响事倍功半。这就提醒我们要重视师生关系的存在与影响，很多优秀教师都注意到教育教学中师生关系的存在与影响，并致力于优化师生关系以提高教育影响，像著名特级教师于永正先生就特别强调师生关系的重要性，并倡导做一位受学生喜欢的老师。在于永正先生看来，若学生喜欢老师，老师的言传身教更易产生效果；若学生不喜欢某位老师，纵使该老师业务水平再高，对学生的影响也会大打折扣，甚至会出现"厌师厌课"现象，回想我们上学时的经历，由于不喜欢某位老师继而不喜欢某门课，成绩大幅度下滑现象我们或亲身经历过，或看过，这是很常见的。总而言之，我们要高度重视师生关系的存在与影响，牢记"生产关系也是生产力"，切不可小觑师生关系的重要影响，它是一把双刃剑，既可以产生积极影响，也可能产生消极影响。本部分教育叙事，不少教育问题究其实质是师生关系问题，师生关系一旦优化、改善，问题也就迎刃而解了。

其次，师生关系可以优化，且需多维立体优化。经上述我们知道生产关系也是一种生产力，我们要高度重视并切实维系好师生关系。恰如我们常说的那样，理想是丰满的，现实是骨感的。我们言说师生关系重要、必要并不意味着现实中的师生关系就理想、令人满意。由于诸种主客观因素的影响与制约，现实中的师生关系通常存在这样或那样不尽如人意的地方，这就需要我们优化师生关系。事实上，师生关系不是一成不变的惰性存在，而是可以不断生成、优化的建构存在，师生关系需要优化也可以优化。在优化师生关系这一问题上，我们要有大视野，不能也不该一提到优化师生关系，立马想到的就是优化师生业务关系，即如何确立、强化教师的主导地位，如何确保、优化学生的主体地位。师生业务关系重要也必要，但其是师生关系之一而非唯一，我们不能也不该只盯着师生关系的业务层面忽视甚至无视师生关系的其他维度。在此我们特别强调师生关系的向度的存在。众所周知，教师和学生是两种身份，教师是教学生学习的，而学生是学习的。对于教师和学生，其首先是人，是作为一个人的存在，然后才以教师和学生的身份存在。因此，理想、健全的师生关系不仅包括职务、业务关系，还包括本体人的存在关系，现实中不少师生关系之所以出现问题、异化，究其根源在于罔顾本体人的存在关系只顾职务关系。所以，在优化师生关系时，我们不仅要优化师生功能性关系，而且要优化师生存在性关系。对此，北京师范大学王本陆教授强调我们要从业务关系、伦理关系和情感关系三个维度去立体优化师生关系。

给爸爸的32封信

北京交通大学附属中学　郝　馨

那是2017年，我是留学预科班的一名英语老师，同时也是该班的副班主任。我23岁，他们18岁。学生们看着年轻老师自然亲切，沟通毫无代沟，下课都纷纷凑上来和我交流。

开学不久，一名叫张明朗的同学引起了我的注意。他性格双面，时而内向喜欢独处，时而又像个混世魔王似的大喊大叫跟老师作对。高二时他多次被学校记过、处分，高三时他几乎不想上学，缺考多次，唯一一次的成绩记录就是高考285分。在校的教师提到他无不摇头叹息："管不了的娃娃。"

经过一段时间的观察，我发现他经常一个人在校园里晃来晃去，像没有根的浮萍。很多学生似乎有意避开他，他基本上没有什么朋友，只有他的同桌偶尔与他交流。

他是个孤独的人。

于是我有意多与他接触，聊聊英语学习的问题。在对我取得一定信任后，他将心中的苦恼一股脑儿倒给了我。他说："其实我不好好上学，就是想气我爸爸，因为他背叛了妈妈。我想报复我爸爸，所以我要不断给他找事。"

听完我深吸一口气，原来这个看似叛逆的少年内心是如此敏感，他只是不知如何释放自己内心的压抑，才会与父亲、老师乃至社会对抗着。

那天晚上，我辗转难眠，一个本质善良的孩子因为没有正确的引导而误入歧途变成了今天这样子，但他对我如此信任又让我不能撒手不管，于是我琢磨着能不能找一个合理的教育方式，帮助张明朗解决问题，改变他的坏习惯。

如果靠传统的说教，我估计是没有效果的，而且他可能会与我为敌，失去对我的信任。他心如死灰，冷如坚冰，如果处理不当，就会适得其反，我该怎么办？

周五下午放学，其他同学都回家了，而他却一个人在教室打游戏。"你周末打算怎么过啊？"我问道。他叹气道："家是肯定不回的，网吧待两天吧！""晚上有事吗？要不咱们去街对面咖啡馆喝杯咖啡聊会儿天？""好啊，我很喜欢喝咖啡！"因为看他每天早晨早读时桌上都放着一杯咖啡，所以想着他一定喜欢喝咖啡，于是选择了在咖啡馆和他聊天谈心，想必他心情会放松些。

到了咖啡馆，他立马冲到前台："老师，你喝什么？"他热情地为我点完餐，并端了上来，跟我讲着咖啡的制作工艺和品类。我很欣慰地看到他能对一件事如此感兴趣，也看到了他脸上久违的笑容。

于是，我顺势夸赞他其实很善良，为人也很热情，还热爱生活，这么懂咖啡。这下，他的话匣子算打开了，他说爸爸做生意每天都出去喝酒，自己其实很担心爸爸的身体，担心爸爸的钱被别人骗走。这时我更加确定他的内心其实是细腻且敏感的。

"愿意听听我的想法吗？"他使劲地点着头，"从这周末开始，每周给爸爸写封信吧，你觉得怎么样？就把你想说的话都说给爸爸听。"他沉思了一会儿，似乎内心质疑着我的建议，但又想要去接受我的建议，最后终于张口说了句："好，我听你的。""一言为定，每周我陪你去邮局给爸爸寄信，同时我推荐你看几本书，咱俩一起看，每周五下午咱俩一起聊聊书中的内容。"

没想到，他爽快地答应了："我愿意，其实我也挺羡慕那些有知识、爱读书的人，只是我不知道从何入手，周末总自己一个人待在网吧也无聊啊。"

就这样，我每周都陪张明朗去邮局寄信，帮他从学校传达室取信，每周五必去"老地方"交流读书心得，雷打不动地坚持到了期末，虽然他爸爸没有因此与他妈妈和好，不过他自己把坏毛病都改了，期末英语成绩从刚入学时的不及格升到了70分。

其他老师都纷纷说道，张明朗简直是脱胎换骨，与之前那个满身坏习惯，格格不入的学生简直判若两人。但我知道他父母的事还是他心头的一块石头，无法放下，并且他也为自己的成绩担忧，不知道能不能申请到国外的大学。

期末考试后，我要离开这所学校了，同学们为我举办了欢送会，带着同学们的祝福我走出了教室，这时候，张明朗跑了出来："把您的新地址给我吧，我以后每周也给您写信。"

此后的日子，我每周都会收到张明朗的来信，他在信中告诉我他当了英语课代表，老师很信任他，同学们也愿意跟他交往了，他每周依然坚持给爸爸写信，父子关系亲密了许多，但爸爸还是没有回到这个家，他说他会坚持每周给爸爸写信的。我每周也会雷打不动地给他回信，也真心希望他会越来越好。

我印象非常深刻，2018年7月1日，那一天阳光灿烂，天气晴朗，我收到了张明朗的来信，他告诉我说："谢谢您，老师，当初是您叫我每星期给爸爸写信，带我读书，如今一年过去了，奇迹发生了，我开心得要跳起来了。在我给爸爸写到第32封信时，爸爸妈妈复合了，我也拿到了美国一所知名大学的录取通知书，是您教会了我遇到事情要与人沟通，正是和爸爸一年来一封封家书的沟通，我才知道爸爸是多么爱我，爱这个家；也是您陪着我读了一学期书让我对学习逐渐产生兴趣，开始热爱读书，并下定决心努力学习，将来成为一个有知识、有文化的人。"

见字如面，当我看到张明朗的信时就好像看到了他在我面前欢呼雀跃的样子，这时的我心里别提有多高兴了，我激动得流下了泪水。我为教育的成就而快乐，为一个孩子的改变而欣慰，更为我的帮助能让一家人从此团圆美满而幸福。

当然，我深知，真正改变张明朗的是那32封家书，天下哪有父亲不爱儿子的，只是他与父亲缺乏沟通，从而产生了很多矛盾和误解，才会有很多不良的行为。但通过一封封家书的传递，父子俩的沟通多了，关系自然日渐亲密，他也能感受到父亲满满的爱了，这份爱的滋润给他的学习、生活也增添了十足的动力。

这也让我明白了对待每个孩子，要先从生活点滴去观察，取得他的信任后，再走入他的内心世界，根据他的情况"私人定制"教育方法，慧心引导，让教育的成果在智慧中开花结果。

正如著名哲学家雅斯贝尔斯在他的《什么是教育》中写道的：教育的本质意味着一棵树摇动一棵树，一朵云推动一朵云，一个灵魂唤醒另一个灵魂。教育者的职责不仅仅是对学生进行传道、授业、解惑，也不仅仅是促进学生的智慧生成，更为重要的应当是，要切实成为引领学生的精神生命自由而健康成长的心灵导师。

基于教育故事的理论分析

班主任工作开展得好坏，取决于很多因素。其中一个关键因素是能否与学生建立起基于情感的信任关系，能否关注到学生心灵的成长，成为学生成长路上的"重要他人"。朱小蔓教授倡导要关注人的精神发展与成长，关注人的情感发展与情感品质，关注人的人文性素养。[①]郝老师的教育故事实际上践行了这种教育理念。郝老师在了解到张明朗的不良行为之后，首先做的事情是站在学生的角度考虑问题，并为学生保守秘密，逐渐走进学生的内心世界，从而赢得了学生的信任，这为郝老师影响学生的行为，促进学生行为的变化提供了基础。通过阅读这个故事，我认为郝老师在这个故事中最值得班主任老师借鉴的就是与学生建立基于情感的信任关系。"信"是儒家"五常"之一，是中国人的基本文化心理。构建信任的关系离不开情感关系的建立，情感构成了与他人发生喜人关系的基础。"信任的基础是承认、尊重、平等和自主性。"[②]信任是基于主体间的平等交往。对他人主体的承认和尊重，而不是以自我为中心的操纵和利用，是信任的前提。承认意味着主体间的同一性，信任就是在承认的基础上增加了托付等含义。但是这种承认又不是一种抽象的道德主体的普遍承认，而是对特定他人的承诺或者保证。从被信任者来看，被信任不仅意味着摆脱了与他人之间的战争和防御状态，而且意味着被他人赋予了某种同一性和人格的尊重，从而实现了主体间的融合。在这个教育故事

---

① 朱小蔓：《关注心灵成长的教育：道德与情感教育的哲思》，北京师范大学出版社，2012。

② 郭慧云、丛杭青、朱葆伟：《信任论纲》，《哲学研究》2012年第6期。

中，郝老师首先承认张明朗身上存在的不良行为，比如对抗、叛逆。郝老师首先做的不是压制这种不良行为，而是寻找机会发现张明朗这些不良行为背后的原因。如何打开学生的心扉，走进学生的内心世界，赢得学生的信任，这是解决问题的关键。于是，郝老师约张明朗喝咖啡、谈心，在这一过程中张明朗慢慢对郝老师产生了信任，于是也愿意听从郝老师的建议。在这一过程中，郝老师始终以平等的身份尊重张明朗的隐私。故事的结果是张明朗通过与父亲写信的方式逐渐缓解了父子关系，促使张明朗的行为发生改变，甚至张明朗的父亲终于回归家庭，实现了家庭的团圆。显然，郝老师作为班主任教师的工作是很到位的，她影响了张明朗的发展，成为张明朗成长道路上的"重要他人"。

这样的教育故事是常见的事情，学生成长过程中难免会遇到家庭、社会等不利因素的影响，正如张明朗遭遇家庭负面事情，产生了赌气和叛逆的行为，进而影响到自己的学业。作为副班主任的郝老师，难能可贵的是愿意走进张明朗脆弱的、孤独的内心世界，在这一过程中，郝老师没有采用居高临下、咄咄逼人甚至压制批评的方式对待张明朗的这种叛逆行为。这是班主任教师工作值得学习的地方。然而，现实教育实践中，很多班主任教师还不能走进学生的心灵世界，学生也不能充分地信任班主任，这样班主任与学生的这种教育关系实际上还没有充分建立起来，于是学生在对抗、叛逆、孤独中打发时间，这是班主任工作中很糟糕的事情。所以说教育是一份爱的事业，班主任的工作更是一份爱的事业，这种爱是建立于学生基于情感的信任关系。杨宜音提出了"自己人"的信任关系理论，即"信得过""靠得住"，认为"自己人"表达了中国人信任哪些人和如何把他人纳入一个信任分类的系统中，即人们相互建构信任的实际过程。[①]班主任需要与学生建立一种"自己人"的心理信任关系，从学生心目中的外人逐渐成为走进学生内心世界的"自己人"。

（点评人：康晓伟副教授）

---

① 杨宜音：《"自己人"信任建构过程的个案研究》，《社会学研究》1999年第2期。

用爱拨动独特的琴"弦"
你会听到华丽的乐章

北京市延庆区八达岭中心小学　李　美

冰心曾经说过："有了爱，便有了一切，有了爱，才有教育的先机。"师爱是成功教育的源泉，它要求我们公平合理地善待每一名学生，无论是家庭条件好还是家庭条件差，无论是普通学生还是特殊学生，他们都渴望被爱、被理解、被尊重，尤其是学生群体中的特殊一员——随读生，他们更需要老师爱的阳光来照耀。

小龙是我们班里的随读生，他老实、听话，但由于在智力方面与其他同学有一些差距，学习成绩一直不理想。小龙的爸爸对我说："老师，小龙的学习就那样了，您也不用为他操心费力了，他别在学校惹事就行了。"在班里他也常被大家孤立，除了偶尔闹出笑话时被同学们嘲笑一番之外，并没人会注意到他，就好像他从未存在过一样。而小龙也一直生活在自己的世界里，课下总是在自己的座位上呆呆地坐着，有时摆弄手里的铅笔，从不与别人交流，他在学校几乎没有朋友。

这就是众多随读生中的一员，他们是一个特殊的学生群体，由于与其他同学在智力和学习能力方面存在着一定的差异，他们成绩差、写作业慢，但还要和其他同学一起学习、生活，致使他们经常受到其他同学的歧视与冷眼，从而产生了自卑、逆反、叛逆的不良心理。然而他们也有学习的渴望和慢慢变好的潜能，关键要看我们如何用爱去发现、去捕捉，去帮助他们打开那扇"窗"。

作为班主任的我，对待小龙时自然不会"不用为他操心费力"，我一直在尽自己最大的努力去帮助他。我会送他一支价格合适又耐用的钢笔；我会帮他把旧作业本剩下的白纸订成草稿本；小脸儿脏了，我会夸张地叫他"小花猫"，让他快去洗洗脸；天热了，我会递给他一张纸巾，像一位母亲一样叮嘱他少穿一点；空闲的时候，我会和他多聊两句，为他做些事，希望他能变得更乐观些。时间就这么一天天过去了，我却看不到他有丝毫的转变。也许是积压得太久，又或许是这样的付出没有得到成效，心里的不平衡感终究还是冒了出来，于是我决定待他同其他同学一样，不再有额外的照顾，但是直到那一天……

夜雨过后，清晨的道路泥泞不平，出行颇为不便。时间已过8点，班里只剩小龙一人的座位空着。我询问了一下班里的其他同学，他们说他经常迟到，于是我给小龙家人打了电话："您好，是小龙妈妈吧，小龙今天来学校了吗？""去了，去了，早就走了，他还没到吗？又跑哪儿玩去了？看我回来咋收拾他。"就这样电话被挂断了，而我到嘴边的话还没有说完。9点多，小龙终于露面了。为什么每次迟到的都是他呢？此时，愤怒淹没了我的理智，我当着全班同学的面对他一顿训斥，最后说了一句："先去办公室反思去！"小龙拽了拽衣角，慢慢向办公室走去。看到小龙消失的背影，我转身继续上课。

下课后，我回到办公室，看到他一个人呆呆地站在墙角。"过来！"我的语气显然愤怒到了极点。他使劲低着头，慢慢地来到我跟前。"你又跑哪儿玩去了？不愿意上学就别来了！"我的语气更愤怒了。他依然低着头一言不发，无奈之下，我只好让他继续反思。然而，当他转身的一瞬间，我心里一颤，他裤子上怎么全是黄泥呢？我一把拉住他的小手，胖嘟嘟的小手上伤痕累累，不仅磨破了皮而且还布满了血丝，红红的一大片呀。此时我的心跳就好像配合着我的心情，如激荡的湖水一样不平静，脑子里一片混沌。天哪，我都干了些什么？为什么只顾及自己的感受，却没想到一个10岁的孩子独自在崎岖的山路上艰难地前行……天气如此寒冷，他居然穿的是短裤和凉鞋，好不容易来到学校了，却遭到老师的批评……霎时，我的心里像是打翻了五味瓶，后悔、自责、愧疚同时涌上了心头。"今天又是自己一个人来学校的，手是怎么回事啊？"我的语气比刚才缓和了很多，不停地帮他掸落身上的泥土。这时的小龙好像也放松了一点，低声说："摔的。"这轻轻的两个字，传到我耳朵里却是巨响。我为自己的武断而后悔，一把把小龙拉到了怀里，眼泪不由自主地夺眶而出。

静心想想，教好每一名学生是教师应尽的义务，让每一名学生都能得到发展，也是时代赋予教师的使命。在随读生身上付出更多的关爱，本就是每一名教师应尽的责任，我们多一些耐心、细心、关心，特殊的他们才会幸福地成长。于是我下定决心要帮助小龙慢慢改变，哪怕用100%的努力换来他1%的进步也是值得的。我是这样想的，也是这样做的……

在一次课外活动中，我意外地发现小龙体育不错，成绩在班里是前几名，我想，可以好好利用他的这个潜能！在校运动会前夕，我找到小龙，对他说："小龙，你想参加运动会吗？"对我这一问他好像感到很震惊，拼命摆手说："不，不，我不行。"可从他的眼神里却流露出渴望的神情。是啊！为何不给他一次机会，让他证明自己呢？于是我把他的名字写到了报名表上。任务交给他后，我开始和他一起制订训练计划，并按照计划督促他认真练习。赛场上他不负众望，跳绳、踢毽子均取得个人单项第一名。他激动地跑向我大声说："老师，我得奖了！"我微笑着对他竖起大拇指，同学们也为他热烈鼓掌。我问他："说一说你获奖时心情怎么样？""老师！我高兴极了！"他眉眼之间全是笑，抑制不住的兴奋。我摸着他的头，语重心长地说："往日的汗水换来今天的成绩，这说明，只要我们肯吃苦，肯付出，一定会成功，让我们一起努力！"他看着我使劲地点了点头。

运动会之后，小龙在班里的朋友多了起来，我发现小龙脸上开始有了笑容，慢慢地融入了这个班集体中。小龙最明显的转变是不再孤僻，班级大扫除时，他不甘落后，总是抢着擦桌椅、拖地等。每当看到他在班级活动中的积极表现时，我都发自内心地为他高兴。通过这件事，小龙认识到自己是有潜能、有发展的，懂得了勤能补拙，一分耕耘，一分收获的道理。

小龙的说话发音不是很清楚，有时候连一个单字的读音他都会读错，纠正很多遍还是改不过来，比如"杜甫"，他会读成"豆腐"。于是我就找来班上学习成绩优异的、乐于帮助同学的学生，耐心地一遍又一遍地教他读，当他读正确时我就及时表扬："做任何事情，只要我们不放弃就有可能成功，你是好样的。"我还时常让他在全班大声朗读，每当他努力地读完课文时，我就对他说："你真棒！我们大家都看到了你的进步。"此时同学们也不约而同地为小龙热烈地鼓掌，这时小龙的眼里会流露出天真烂漫的笑容。一次朗读的成功给了他极大的信心，在作业上他也比以前认真多了，一天天的坚持，他的字迹越来越工整，虽然还不够漂亮，但从每个字可以看出他花费了百倍的努力。为了让小龙发现自己的优点，我在作业展览时推选他的作业在班级墙报的"学习园地"上进行展示。一个学期结束时，我还特意在全班学生面前颁发了一个"最佳作业奖"给他，他激动地用双手捧着奖状，热泪盈眶地对我说："谢谢老师，谢谢老师……"看到他的脸上洋溢着微笑，同学们不约而同地为他热烈地鼓掌，我也发自内心地笑了，不仅为小龙的进步，也为同学们的懂事，因为我看到了一个个充满爱心的孩子，这正是集体力量的最好体现。

随读生的潜能，就好比那根独特的琴弦，我们用真诚的爱去付出，一旦拨动它，定会欣赏到不一样的精彩！小龙如此，更多的随读生也是如此……

基于教育故事的理论分析

李镇西在《我这样做班主任》中曾经说过："在生命的河流里，教师走进了学生的故事。这个故事如河水一样不可倒流，而且每一天的风景都不可预知——故事的原创是学生，但编辑是教师。如托尼·马伦所说，教师帮助学生'把信心与成功写入故事中'。"[1] 教育就是读懂学生，并和学生一起编织生命故事。李老师的这篇教育故事就是这样真实地描述了一位班主任与班上一名叫小龙的随读生之间的故事。作为一名班主任，她从最初对小龙的特殊关照，到因他迟到而厉声呵斥，再到看到小龙受伤的手之后的心疼和反思，最后激励小龙一点一滴地超越自己，真切地反映了一名教师走进学生内心的心路历程。

---

① 李镇西:《我这样做班主任》，漓江出版社，2012，第47页。

作为一名有生理缺陷的儿童，在解决种种问题时，就会出现劣势，若是父母和教师太过严厉，他便会退缩、逃避，孤立地站在与现实越来越远的地方。若是父母和教师太过温柔，他便会更多地活在自己的世界里，不愿与他人接触，与这个世界更为隔绝，导致面对困难时举步维艰。因此，父母和教师都需要以一种真情实感去面对他。

这种真情实感，是在接受了学生的缺陷之后的不放弃。父亲对小龙的态度就是放弃，和班主任对小龙的态度形成了鲜明的对比。而李老师却没有放弃，在体育竞赛和课堂语言表达上不遗余力地鼓励小龙，并让同学们一起来帮助小龙，直到小龙一次次获得成功和自我超越的体验，脸上露出笑容。那一刻，他感受到了自己在这个集体中的存在感，感受到了自己的潜力得到了发挥，感觉到了自己在他人眼中被认可……这一切和最初"被老师给予的"特殊待遇不同，是小龙通过自己的努力获得的，证实了自己的能力，真正激发了成长的内在动机。而这一动机的激发，主要是来自李老师对他情感的同感共情。

共情，也叫"同理心"，是对他人的心理活动或情感感同身受，感受他人的内心世界，就好像那是你自己的世界一样[1]。对这个案例来说，就是李老师能够设身处地地站在小龙的角度去想问题，并用合适的语言和行动，恰当地表达出来。是李老师带动了班级的风尚和氛围，带出了许许多多有正能量、有爱心的同学，小龙很幸运成为其中的一员，正像阿德勒所说的："心理需求方面的痛苦并未让儿童形成日后可以感知出来的绝望，那么孩子内心始终都可能自动形成一种补偿机制，而不会留下一点创伤。"[2]

（点评人：刘忠晖博士）

---

① 江光荣：《人性的迷失与复归》，湖北教育出版社，1999，第118页。
② 阿德勒：《理解人性》，欧阳瑾译，天津人民出版社，2019，第18页。

一本笔记本

北方工业大学附属学校　张青青

生活中有很多事情让我们难忘和感动，比如，一句温暖的话语、一个灿烂的微笑、一张慈祥的面孔，或者是一本普通的笔记本……

2018年11月19日14：05，我教师生涯的第一节课，对于一名新教师而言，最紧张的时刻，莫过于此了。

在正式上课的前一周，我就开始撰写教学设计，包括课堂上要说的每一句话，学生预期的反应等，并在师傅的指导下进行了反复修改。为了避免出错，在正式上课的前一晚，我专门找了一间空教室进行试讲。虽然自己准备充分，但内心还是有些紧张，害怕学生们不适应我的授课方式，更害怕在课堂上，尤其是自己做副班主任的班级课堂上会出现我控制不住的局面。

我的授课对象为已经上过两个半月地理课的七年级学生，之前的课程一直由另外一名地理老师教授，总体成绩一般，但纪律良好。

丁零零……上课铃声响起。

我怀着忐忑的心情推开了教室的门。我能感受到学生们投射过来的各种各样的目光，有的学生一边看着我，一边窃窃私语，有的学生则带着疑惑的眼神从头到尾审视着我。

为了缓解内心的紧张，我率先打破了僵局："同学们好，根据学校安排，接下来的时间里，将由我承担我们班级地理课程的教学工作，我姓张，大家可以叫我张老师。"我目光坚定，面带微笑地对他们说。

在他们的注视下，我用略微颤抖的手打开了课件。当我正讲得激情澎湃的时候，一阵轻微的笑声引起了我的注意——一个戴着黑框眼镜、扎着高高的马尾的小女孩正用手捂着嘴偷笑，还时不时和同桌耳语。她似乎没有察觉到她的行为已经被我发现，因此我特意停顿了几秒。教室瞬间安静了下来，这时她才发现我正看着她。当我和她目光相交的时候，她眼神躲闪，似乎有些不好意思，脸颊也涨红了。由于是第一次上课，我比较关注自己对课程进度和时间的把握，所以并未当场询问原因。

由于自己是新任教师，所以迫切地想在同学们心中树立威信。课后，我便把她叫到了办公室。

"知道我为什么把你叫到办公室吗？"我满脸严肃，故作生气地问她。

听到我的问话后，她原本低着的头慢慢地抬了起来，微微地点了点头。"那你说说，自己错在哪儿了？"我满脸怒气地望着她。

她不发一言，我们就这么僵持了5分钟，询问了许久，她始终不说话，谈话似乎无法继续进行下去，一股挫败感在我心中逐渐蔓延。我心想：上课不认真听讲，还交头接耳，你还有理了？我的怒气马上就要喷涌而出。就在此时，我听到了微微的抽泣声，晶莹的泪光在她眼中闪烁，似乎马上就要掉落下来。我心里一软，心想：是不是我谈话的方式、态度存在问题？

冷静下来后，我决定换一种沟通方式，于是说道："不要紧张，老师不是责备你，就是想知道你上课为什么不认真听课，是老师讲得不好吗？还是哪里听不懂？有什么事都可以告诉老师，老师帮你解决。"见她还是不肯说话，我就说，"你先坐下吧，既然你不想说，老师也不逼你，那我们先聊聊其他的好不好？"我顺手拿了一把椅子。

"好。"她看了我一眼，还是保持站着的姿势。

"坐下啊，现在没有别的老师，我们聊聊！咱们先互相认识一下吧，我叫张××，我弟弟和你们一般大，私下你也可以叫我××姐姐，你叫什么名字啊？"我让自己的声音尽量温柔。

"我叫小依。"她慢慢地坐了下来。

"小依，很好听的名字，一听就是乖孩子。"我笑着说道。

慢慢地，她似乎少了刚刚的拘谨，我感受到了她的变化，便找话题和她聊了起来，从起初的家住哪里，聊到喜欢哪个明星、喜欢吃什么，最后是关于今天的课堂。

我语重心长地对她说:"今天是老师在你们班上的第一节,全班25个人,我唯独对你印象深刻,你知道为什么吗?"

她点了点头,支支吾吾地说:"张老师……我……错了,不是因为您的课讲得不好,主要是因为您今天讲到了少数民族的服饰,我就突然联想到一些好玩的事情,才控制不住地笑。"

听完之后,我笑着对她说:"老师之所以把你叫过来,不是为了责备你,而是想知道原因,你也不用自责,知错能改就是好孩子,下次上课期待你的表现。"我见她不说话,心想谈话该结束了,便起身对她说,"时间不早了,你就先回去吧,以后在学习上若遇到问题可以随时来找我。"

"嗯,谢谢张老师。"她面露喜色地说。

她走了以后,我仔细回忆了整件事的经过,还是心存疑惑,因为那节课她全程都在捂着嘴偷笑,如果真如她所说,仅仅是因为个别教学内容,那也不至于整节课都处于那种状态。可能她还是对我心存芥蒂,毕竟我刚接手这个班级,不能操之过急,可能等她什么时候想说了自然就会说吧。

事后我与班主任也进行了沟通。

"不会吧?小依从开学以来,一直都表现很好,各学科的成绩也是名列前茅,语文老师也多次表扬她,我还准备下周一让她去国旗下演讲呢。"班主任李老师满脸疑惑地对我说。

"那问题可能是出在我这儿,我再观察观察!"

"小张,要不我找几名和小依熟悉的同学谈一谈,问问原因?"李老师对我说。

我沉思良久:"不麻烦您了,还是我自己找机会和他们谈吧,毕竟我刚接班,也想借此机会多和他们沟通沟通,以便了解他们的想法。"

"那好吧,有问题的话,咱们随时沟通,你也别着急,你是占优势的,他们都喜欢年轻漂亮的老师。"李老师打趣道。

与班主任沟通之后,我了解到小依是个品学兼优的好学生,也认识到原来小依的问题只出现在我的课堂。那小依上课一直捂着嘴偷笑的原因可能是因为我，具体是由于我的哪方面原因所导致，在当时的情况下，我无法得到确切的答案。直到期末考试之后，我心中的疑团才得以完全解开。

按照学校惯例，期末考试之后，学校会留出两天的时间给学生讲评试卷。这次地理期末考试，班级整体成绩还不错。

"同学们，虽然期末考试已经结束，但我们的学习还没有结束，这次期末考试咱班的成绩还不错，有的同学进步很大，比如赵××、李××，掌声鼓励一下。"我笑着说。

"但也有同学止步不前，甚至还有一些同学退步严重，这些同学要好好反省一下，但也不要过于气馁，后面继续加油。

"这节课咱们讲评一下试卷，大家把试卷拿出来。"

这时，全班同学都拿出试卷，唯独小依趴在桌上，不说话也不拿试卷，和平时活泼开朗的她大相径庭。我心想，可能是因为她这次地理考得不好，再加上我刚刚又当着全班同学的面批评了成绩退步的同学，虽然没点名字，但班上同学都心知肚明。我知道她的朗读特别好，为了让她挽回面子，我特意找了试卷上的一段文字材料，让她给大家读一读并当众对她提出了表扬和赞许。

第二天，很少来我办公室的小依竟然主动来找我，这让我有些诧异，她什么话也没有说，只是深深地对我鞠了个躬，递给了我一本笔记本，我还没反应过来，她便匆匆地离开了办公室。我有些诧异，难道是新年礼物？这本笔记本是粉色的封皮，封皮上缠着两条紫色的丝带，打着蝴蝶结。我好奇地把丝带解开，翻开笔记本，突然从里面掉出一张折起来的纸片。

我打开纸片一看，原来是一封信——

尊敬的张老师：

您好！

有些话我不敢当面和您说，所以只能通过书信的方式来向您表达我的歉意和自责。您教我们已经有半个学期了，在此期间您非常认真和负责，不管我之前多么不尊重您，考试成绩有多差，您都会不计前嫌利用休息时间给我单独辅导，正是如此，我才更加自责和懊恼。首先，我要对开学初对您做的一些不尊重的事，说一声抱歉！我不应该因为您是年轻的女教师，说话带有家乡口音，就在课堂上随意嘲笑您，更不应该当您向我问起原因的时候对您说谎。其实在您来我们班上第一节课的时候，我并不喜欢您，甚至有点讨厌，我心想："您这么年轻，声音又很小，初次上课还那么紧张，以后上课能管得住我们吗？"再加上我已经适应了之前孙老师的上课风格，突然换老师，我也有点手足无措。可是随着时间的推移，我慢慢推翻了之前对您的认知，您的敬业精神和责任心深深地打动了我。我记得有一次，您因为操劳过度喉咙发炎，嗓子都嘶哑了，还坚持给我们上课。还有一次，您感冒发烧，还坚持给我们上课，您从来没有找过其他老师代课，我知道，那是因为您怕其他老师不熟悉班里的情况，从而影响我们的学习。

张老师，在这里我也向您做下承诺，在以后的地理课堂上，我一定会认真学习，不做任何与学习无关的事儿，努力提高自己的学习成绩。

学生：小依

读完这封信，我长叹了一口气，原来这才是真正的原因，此时我的眼眶有些湿润，内心五味杂陈。看完这封信，我的第一个感觉不是得知真相的畅快，而是自责于对自身缺点的毫无觉察；同时，我也很感动，原来我做的点点滴滴，学生们都记在了心里。小依很善良，她当时没有告诉我真实的缘由，很有可能是怕伤害我的自尊，因为她知道，任何一种负面评价对一位怀着满腔热血的新教师而言，无疑都是一种打击。我很感谢小依，因为她，让我看到了自身的不足，作为一名担负着"教书育人"使命的人民教师，自己的言行举止都会影响学生对教师的评价和信任。同时，我也认识到，一味地追求考试成绩，并不是做教师的真正目的，做学生的良师益友，规范自己在课堂上的一言一行，才是我们教师需要关注的。

通过这件事让我更加坚信，选择教师这份职业是正确的。苏霍姆林斯基说过：只有能激发学生自我教育的教育，才是真正的教育。在这一点上，我觉得自己成功了，通过我平时的言行举止去影响学生，让他们认识到自己的不足并加以改正，有时候教师对学生的直接教育远远没有学生的自我教育来得更有成效。全班肯定不只一个像小依这样的学生，所以在第二个学期的开学第一课上，我对全班同学说了这样一番话："同学们，老师知道，你们对于学校突然换地理老师这件事充满了埋怨和不解，不过老师相信学校既然这么安排，肯定是有道理的；另外，有学生向我反映，突然换老师，还有点不太适应，因此在私下我也向孙老师请教过，争取让大家尽快调适过来，不过每位老师的教学风格是不可能完全一样的，就像我们性格之间也有差异，我也希望同学们能适当调整一下自己；最后我想说的是，因为老师是南方人，普通话有点不太标准，有时候个别词会有口音，我希望同学们能够体谅，我会努力改正这个缺点，老师也希望同学们能和我一样努力克服自身的缺点，成为一个更加完美的自己。"

经过这件事之后，小依的成绩有了很大改善，课堂上也变得更加积极了。这个学期小依升入初二，由于她不是本地户籍，所以在开学的第二周，她就回老家读书了，在回去之前，她还特意来办公室与我合影，并表示只要放假就会来看我。

作为新教师，我知道自己做得还远远不够，有许多需要改进的地方。在这个过程中，不单单是学生在成长，我们也在不断地成长。

有人说，学校像一座桥梁，能把理想和现实连接起来。我认为教师就是这座桥梁上的指明灯，能够为学生指引前进的方向。就像那句话说的一样："我站在教师职业生涯的开端，并不能看到我的终点在哪里，但只要能够做到心中清明，那么梦想就在前方，路就在脚下。"作为教师，我幸运，我无悔！

基于教育故事的理论分析

"一本笔记本"是贯穿这则教育故事的线索，也承载着师生之间浓浓情感的温暖故事。在教育过程中，有故事的老师和学生是充实的，有让老师和学生都能常常回忆起来的教育故事更是幸福的。在阅读这则教育故事的过程中，我的脑海中出现了很多自己读书过程中与老师类似的交往故事，这些故事为什么能一直留在自己的记忆之中？我想是因为这些故事承载着我们与老师浓浓的情感关系，这种情感关系正是师生交往关系中最弥足珍贵的部分。

在中国儒家思想看来，人不仅是理性的动物，而且是情感的动物，特别是道德情感。孔子提出"仁"的思想，"仁者人也"，即人最本真的情感即道德情感。[①]蒙培元把中国哲学特别是儒家哲学看作情感型的，认为人是情感的存在，人是情感与理性的统一。[②]人与人之间的交往与关系是建立在情感的维度上的，缺乏了情感的联系或者没有情感的交往就会使人产生厌恶甚至失去继续交往的动力。特别是随着社会的发展，机械性的、重复性的、知识灌输式的教育方式将会被逐渐淘汰，把学生培养成有文化的、负责任的、具有关怀意识的社会人，这是教育的责任。

因此，在学校教育过程中，教师要关注到情感因素在教育过程中的价值，构建一种基于情感的师生关系。朱小蔓老师在谈到她治学的线索时说："关注心灵，包括关注人的精神展开与成长，关注人的情感发展与情感品质，关注人的人文性素养之提升等。"[③]我很赞同朱小蔓老师对教育的情感维度理解，认为这是师生关系中应该关注的话题。因此，人的社会情感能力将成为未来人最核心的能力之一，促进人的社会情感学习能力将成为教师的基本职责。在这方面，美国在20世纪90年代提出了"社会情感学习"的概念，最早由美国研究者于1994年提出，同年，美国学者丹尼尔·戈尔曼等人成立了关于社会情感学习的组织，命名为"学术、社会和情感学习"联合组织。社会情感学习的组成部分包括自我意识、自我管理、社会意识、负责任的决策和关系技巧五个方面。[④]情感社会学习理论为教育工作者促进学生的情感社会学习能力提供了重要的参考。社会情感学习能力是中小学教师特别是班主任需要关注的教育目标。在这个教育故事中，张老师与学生发生的这个故事，特别是围

---

① 蒙培元：《中国哲学中的情感理性》，《哲学动态》2008年第3期。

② 蒙培元：《人是情感的存在——儒家哲学再阐释》，《社会科学战线》2003年第2期。

③ 朱小蔓：《关注心灵成长的教育》，北京师范大学出版社，2012。

④ Durlak Joseph A.（Ed），Domitrovich, Celene E.（Ed），Weissberg, Roger P.（Ed），"Handbook of Social and Emotional Learning," *Research and Practice*, 2015.

绕着"一本笔记本"展开描述学生对老师的敬爱之情，就是学生对老师的情感依恋。这种情感依恋是张老师在对小依潜移默化地情感支持、帮助与影响的结果，学生能够感受到老师对自己的关心与帮助，而且恰恰就是情感教育的过程。在这个过程中，张老师可以利用这样的机会培养学生如何控制自己的情绪，学会尊重他人，在这个过程中培养学生的社会情感学习能力。张老师作为一位年轻的老师，我认为她能够抓住教育的机会，在教育实践冲突中发现了与学生的关系冲突，并在以后的教育教学过程中处处留意并及时采取行动支持学生发展，这为营造良好的师生情感关系付出了自己的时间与精力，结果收到了学生对自己的情感依赖，我认为这种情感依赖是弥足珍贵的，它对学生的影响可能是终身的。而这也是我们教育教学过程中应该重视的教育目标。

（点评人：康晓伟副教授）

读懂学生

北京市延庆区十一学校　高　飞

　　"我恨死你了！……"放学时，一阵歇斯底里的哭喊声充斥了整个楼道。顿时，我成为楼道中的"焦点"，放学站队的同学们吃惊地望着我，等待送午餐的师傅们不解地盯着我，各班看餐的老师同情地看着我。气愤、悲伤、失望……各种复杂的感情一瞬间聚集在我的胸口。我的胃剧烈地疼痛起来，这阵疼痛让我说不出话来，而他，还在那里疯狂地跺脚、大叫……

　　这个大叫的学生叫莫莫。

　　记得刚接手这个班级拿到这个班的名单时，我身旁的同事看了看我手中的名单，拍了拍我的肩膀贴心地说："保重身体！"转眼间三个多月过去了，我终于明白那句"保重身体"背后的含义了。在这三个多月中，我领教了莫莫的"浑身解数"：因为没带学习用具，一整节课敲打桌子，美术老师用尽了办法，还是无果；因为写字老师叫醒了上课睡觉的他，故而打骂老师，跳脚喊叫40分钟；因为他早上想吃汉堡包，奶奶未能如他心愿，因此不愿走进教学楼上课，三位男教师、三位保安外加一位校长，都不能把他劝说上楼……接二连三的事情，每一件解决起来都让我身心俱疲。

　　这次是因为他没写课堂作业。语文课上，学生们都在安静地写作业，在巡视的过程中我发现只有莫莫在那里睡觉。我走过去拍了拍他的背："醒醒，别睡了！"他睡眼惺忪，转头望了望周围，抬头又看了看我，没有说话，然后就是直勾勾地看着我，看这个样子似乎就是在说："叫我干什么！""你的作业呢？"我明知他没有完成作业而故意问道，他摇了摇头。"没写？"我问他。他点点头。"为啥不写？"他还是摇头。"摇头是什么意思？""不想写！"说完，他又气呼呼地趴在桌子上了。我有些生气了，但理智告诉我要忍住。为了不影响其他学生写作业，我摸了摸他的头，说："行了，别任性了，快写吧！"说完，我就又巡视别的同学去了。下课了，我要他交作业，没有想到的是，他居然怒气冲冲地告诉我："我没写！"没等我说话，他转身就走到楼道里准备回家了。我追出去告诉他："作为一名学生首先要完成学习任务，你今天的作业没有完成，就必须得补上！"这一句话激怒了他："我不！"他气鼓鼓地回怼我，扭头跺脚就走。我也被他气坏了，一把拽住他，却被他用力地甩开了。顿时，我委屈极了，一年多了，我几乎把我的精力全都放在了他的身上。他犯错误时，我苦口婆心地给他讲道理；他发脾气时，我想尽方法安抚他；他不完成作业时，我为了他把标准降低，还牺牲所有时间陪伴他。而今天，他竟然全然不顾我的付出，如此回怼我，他已经触及了我的底线，我生气极了，训斥道："你是学生，不完成作业叫什么学生！这个作业不写也得写！"于是便出现了刚开始的一幕。瞬间，我感觉自己成为了舞台上被聚光灯照射的演员，只不过，我是个小丑。怎么办？就这样放他走？那不是有损我在其他同学心中的威严？用其他强制手段？不行，那违反了我为人师者的道德原则。我只好硬把他请到我的办公室，两个人一起平复心情后，我给他家长打了电话，沟通此事。大约十分钟后，他的妈妈来了，把他接回家。

此次事件虽然暂时平息了，但是却没有结果，它成为我心中的痛。从教二十几年，以严厉著称的我虽不敢说桃李满天下，但也绝不会误人子弟，也从未让学生恨我入骨。之后的数个夜晚，我常常睡不着觉，我与他之间的过往一幕幕在我眼前掠过。为了转变他，我曾经和他妈妈电话沟通、面谈了无数次，去了解他的家庭情况。莫莫从小就是一个脾气大的孩子，遇到事情总是通过闹脾气解决。小学三年级时父母离异，房子判给妈妈，抚养权判给爸爸，但爸爸不管，将他扔给奶奶。妈妈虽然没有得到抚养权，但也会在爸爸和奶奶无法照顾他时负责他的生活和学习，所以他在学校出了事，我一般都会联系他妈妈。自从住到了奶奶家，他就没有了任何束缚，更像一匹脱缰的野马了。为了转变他，我还请教了区里的心理教研员，了解到他这样的情况是自己没有树立起规则意识。怎样才能帮助他树立规则意识呢？我想那就只有严格要求。从此，我每天认真地监督，告诉他哪些是他要遵守的规则。可为何，我做了那么多，他却恨我恨得咬牙切齿。

事情似乎是进入了一个怪圈——我认为我很努力地在帮助他，可他对我的态度由心情决定。第二天他来上课了，若无其事，依旧上课睡觉，不写作业，任何学习任务都不完成。家长的作用看来也仅仅是让他平复心情，并没有什么改变。我开始静静地关注着他，看着他每天上课昏昏欲睡，看着他任凭自己脾气的发泄而不断地与同学发生矛盾。而我现在能做的似乎只是不去招惹他，让同学迁就他。可是这不是我，我不能眼睁睁地看着他就这样"混日子"。他还是祖国的花骨朵，怎能让他还没有开放就已经凋谢了呢？当然不能！我翻阅了一些关于教育的书籍，在这些书里我得到了统一的答案——以爱育爱。回顾我和他走过的历程，我也在全身心付出我的爱呀。因为爱他，不管他如何哭闹，我都苦口婆心地讲道理；因为爱他，不管他多么不愿意，我都陪着他跑操，尽管我的膝盖不允许；因为爱他，不管他多么不想拿起笔，我还是陪着他为了写几个生字而到天黑，然而我自己的孩子还在等着我……这爱难道还不够吗？他的家长都已经放弃他了，而我还在坚持，这爱难道还不够吗？看着他没有丝毫的改变，我反思着，苦恼着。

终于，事情有了转折。在一次班主任培训中，班教授的讲座刷新了我固有的认识。班教授用一个个鲜活的事例给我们讲解"爱"的话题。"你以为的爱和他以为的爱一样吗……你的爱只是你认为你爱他，但他不认为你爱他。……任何单方面的爱都不叫爱……爱是要有互动的，没有互动的爱是无效的，有时甚至会是一种负担……那是因为你和他不在同一层次上……"这些话抨击着我。回想过去的我，就是班教授例子里的人物，我用包裹着"爱"的这件外衣，单方面地做着我认为应该做的事情，做着让自己感动自己的事情。对于莫莫而言，这些并不是他需要的。就像班教授所言，在马斯洛需求层次理论中，我对他的要求总是高于他自己的层次，我们的对话不是在一个层次上。回想他的种种，我似乎明白了一些，他上课睡觉应该是早晨没睡醒犯困，我却教育他遵守课堂纪律；他在课堂上对同学大叫，应该是因为他想交朋友而同学没有回应他，我却定性为他不尊重同学；他不写作业，我给他定性为态度有问题，其实应该是他不会写。该改变的是我，是我没有读懂他，所以没有找到对的方式。不在同一层次上的教育怎么能被称之为爱的教育呢？又怎么能有效果呢？我应该学会"剥茧抽丝"，慢慢地发现那个不易被发现的真实的"莫莫"。

机会来了……

一个课间，我正在教室前面判作业，栋栋满脸委屈地找到了我："老师您看，莫莫画的。"说着把胳膊转过来给我看，一条足有20厘米长的黑色碳素笔的笔道画在了校服白色的插肩上。当询问清楚事情经过后，我让栋栋先回到座位上，我来处理这件事情。我暂时没动声色，过了大约两分钟后，我走到了莫莫面前，只见他趴在桌子上没有抬头看我。"怎么回事？"我问道。"没事，就是想画。"他满不在乎地说。我意识到，我的语气太过生硬，调整过后，我换了一种说法："你看栋栋身上的笔道多难看，你也觉得这么做不对吧？"他没有说话，但是用手捂住了自己的脸，我知道我说对了。"不知道怎么办了，是吗？"他依然没看我，但是意外地点点头。我看到有了效果，接着说道："我有办法，我可以帮助你。但作为交换条件，你得告诉我你画的原因。"他有点抵触，但还是蹦出一个词："玩嘛。"我一下子明白了，不用问，肯定是他想和栋栋玩，但是栋栋与他保持距离不和他玩，于是他就画了一道。"好，我告诉你一个办法，你想知道吗？""哼，好吧。"他不屑地转过头去，但还是表示想知道。"拿回家让妈妈帮你洗一洗就可以了。""我不！我才不呢！我就不！"他又开始犯倔了，头一扭，双手一抱，干脆不理我了。回想起我曾经和他妈妈的沟通，每次老师找过她之后，莫莫回家一定是挨一顿臭骂。我意识到，他是有所担心的，于是调整了方法："我觉得你肯定不是故意要这样做的，让妈妈帮帮忙，或者让妈妈教你洗，你给他洗干净也可以。"听到我这样说，他转头看了我一眼。就这一眼，我看到了转机。他看着我，无所谓地说："好吧。但是我怎么拿回去啊？"我知道他指的是衣服还穿在栋栋的身上，于是我拿出放在办公室备用的一件上衣给栋栋换上，把脏了的上衣装在袋子里让莫莫拿回家去了。帮他解决完这个问题后，本来担心这件事情会影响到他上下一节课，没想到上下一节课时他很安静。

这件事情是我和他沟通以来过程最顺畅的一次。事后，我也在思考是什么让我们的谈话变得顺畅了，我想应该是我努力让自己站在他的立场上思考，体会他内心的真实想法。尽管做得还不是很到位，但是也收到了小小的成效。在以后的沟通中，我也是这样努力与他拉近距离的。

我开始尝试着走进他的世界，努力寻找机会和他谈话。课间时，我主动走近靠在墙上左右摇晃的他，问他觉得课间做什么最有趣，并把我自己童年的课间活动与他分享。跑操时，我主动拉起他胖乎乎的小手和他并排跑，发现他坚持不住时我会主动说：我太累了，我们走半圈吧，你愿意陪我吗？当他与同学发生矛盾时，我学会了等待，让他先说说事情的经过，问一问他有什么想法。

渐渐地我发现，他是一个不会表达的孩子，他不能够完整地描述一件事情，更不会完整地表达自己的想法。他说："我妈妈变胖了，爸爸就不喜欢妈妈了。""我只有星期六才去找妈妈。""我想跟他们一起吃饭。"虽然只有只言片语，但我从他谈到爸爸妈妈时无奈的神情及他低下头不再言说的状态，深深地感到他是多么希望爸爸妈妈能和好。我从他的眼神中看到他羡慕别的孩子每天有妈妈接送。我多次请他的爸爸妈妈到学校进行沟通和协商，起初，由于爸爸对家庭、对孩子不负责任，妈妈想让爸爸感受一下带孩子的不易，就不愿意与爸爸沟通莫莫的事情。爸爸性格较内向但有自己的倔脾气，也不愿意与妈妈沟通，对于老师提的建议，总是一味地敷衍了事，就是没有实际行动。这样下去怎么能解决孩子的问题呢？于是，我多次通过电话分别和两位家长谈心、聊天，把莫莫的真实想法告诉他们，我站在女人的角度和莫莫妈妈进行了长谈，了解到莫莫妈妈内心希望家庭团圆的真实想法；我把两位家长分别悄悄地请到学校观察莫莫的状态，让他们了解到莫莫的真实情况，这深深触动了他们的心灵。就这样在分别攻破后，我把他们再次约到一起共同商议，终于在两位家长的配合下，解决方案达成了一致，莫莫如愿跟着妈妈生活，爸爸经常看望、陪伴。另外，由于他不会与老师交流，我就与各科老师沟通，对他降低要求、慢慢培养。他没有朋友，我号召同学与他交朋友，让朋友教会他与人相处的方式，让朋友带动他遵守规则。

渐渐地，莫莫有了变化。他学会了发挥自身的体能优势，放学时主动帮助受伤的同学拿书包，也因此交到了好朋友；他能够在课堂上参与小组间的合作学习，尽管有时他只是看看；他虽然还是不高兴时看见我"哼"一声就走，但是他主动和我聊天的次数多了，尽管每次都是我说的多。那个横行霸道的莫莫在我眼中变成了一只"蜗牛"，他有着藏在坚硬的外壳下的柔软身体，有着缓慢的爬行速度，但我在内心告诉自己不要着急，只要不停止，这只"蜗牛"总会爬向远方。

一日我外出学习，由于心中惦念同学们，便赶在放学前回到学校。刚一出现在教室门口，莫莫就来到了我的面前："你上午去哪儿了？"唉，他永远不会对老师用"您"这个字。"怎么，想我了？""嗯，有那么一点。"他看上去有一点不好意思，我倒是很开心。"今天上午乖不乖？"我继续问。"还行吧，有一点乖。你快说，你上午去哪儿了？"他总是通过转移话题来掩饰自己的不好意思。"老师，莫莫今天上午特别乖。"小班长凑上来表扬了他。"是呀，做个懂事的好孩子，人人都喜欢。莫莫以后肯定会更加懂事……"我还没说完，莫莫带着笑容转身站到队伍里去了，看上去还是有那么一点羞涩。微风吹来，我看到他的脸上充满了笑意。那一刻虽是阴天，但我看到了阳光，那束阳光射进了我的心里，温暖极了。

基于教育故事的理论分析

教师知识，长久以来都是国际教师教育研究的一个热点话题，主要分为两大阵营，一方聚焦于内容知识探索，着力于使得教师知识元素显性化；另一方则更为关注教师的隐性知识，也就是默会知识。两者彼此独立，又相辅相成，统一指向教师专业成长。[①]

默会知识，顾名思义，学界认为教师教学、管理中所运用的外显知识，仅仅是教师知识的"冰山一角"，在实践中，解决问题运用得更多的知识处于

---

① 邹斌、陈向明：《教师知识概念的溯源》，《课程·教材·教法》2005年第6期。

"水面"以下，很多处于潜意识层面，甚至连教师自身都很难发觉。但这些知识往往指引教师处理、解决实际问题，仿如一只看不见的手。

近年来，学界越发关注教育教学中教师默会知识的挖掘。实际上这一部分知识的捕捉并不简单。而且由于情境依赖性很强，因此也很难抽象提取。同时，已有研究表明，教师的成长曲线呈螺旋上升趋势，这预示着教师知识的迭代漫长且不易。

本文的精彩之处，恰恰在于以上几个方面，首先从故事中我们可以真切地感受到班主任高老师追求默会知识发展的"心路历程"。很多内在的反思及外力的探寻，最后到想法的转变等都在文中较清晰地呈现出来。随之而来的，是教师的职业情感不断变化，从解决师生冲突的急切求索到中间转变视角时的豁然开朗，再到结尾时师生和谐相处温暖画面中的"阳光"等，高老师的情绪随"刺头"学生莫莫而"阴晴圆缺"、起起伏伏，而始终不变的是高老师直面问题的持之以恒，与对莫莫的"不离不弃"。这种解决问题的内驱力量是默会知识的源泉，是班主任发挥领导力的前提条件，班主任积极保持着对每位学生成长的充分关注。同时，在这一过程中，我们不但看到了高老师默会知识的外显、运用，更加可贵的是她对教师默会知识的跃升、转变。

本文的前半部分是高老师对于默会知识发展的求索，始于教师已有知识无法解决新问题的不平衡状态，原有的班级管理知识无法有效处理新的班级管理问题，出现了一些师生关系的紧张，甚至对峙状态，产生了一定的师生矛盾、冲突。[①]这是由于高老师的原有知识与新的情境之间因无法对接，而呈现出的认知冲突。接下来高老师辗转反侧、不停地问自己"我该怎么办"，她没有放弃，而是"主动出击"，采取了家访、请教专家、阅读、陪伴等一连串的行动，可问题仍没解决。

直至受到专家引领"突然顿悟"，高老师蓦然发现问题突破口在于共情，体悟到之前的付出只是单方面，没与莫莫的认知需求层次达成默契，因此没能收到成效。而实际上，值得注意的是，高老师的专业成长并非骤然变化，

---

① Palmer, David, "A Motivational View of Constructivist - informed Teaching," *International Journal of ence Education*, 2005, 27（15）：1853–1881.

情感叙事与班主任教师专业发展

而是由量变积累引发，高老师对莫莫的了解并非一张白纸，这些都是共情发生的基础条件。

本文的后半部分，高老师的默会知识在不断探索后，有了新一轮的进展。几番与莫莫的"对阵"，高老师从共情点切入，师生关系逐渐缓和，冲突态势得到有效逆转。共情就是言学生之欲言，想学生之所想，急学生之所急。其实人际共情并不容易，从更上位视角看，文中共情的过程也是一次探究过程。需要提出假设、收集信息、形成证据、例证等环环相扣以回应、解决问题。而在收集信息中，教师始终要"目中有人"，高老师通过日常观察、"随意聊天"、课间活动、探查内心等细致工作，将节奏慢下来，渐渐地走近莫莫，把握莫莫的性格特质，剥茧抽丝后"莫莫问题"的核心也跟着浮出水面。原生家庭离异、父母关爱缺失是"莫莫问题"的症结，撇开此处更深层次的心理学问题追探，班主任领导力在家校合作中的重要作用得到突显，共情作为一把开启人心的密钥，成为家校沟通的关键。

教学相长，相逢的生命有着不同的相遇方式，班主任在职业生涯中面临着各种各样的班级问题。而每一次内驱力量的燃动，终究会成就教师知识的进阶与专业蜕变。与此同时，随着问题的探索与圆满解决，也带来了每一个小生命的历练、成长，最终融化为师生关系、家庭关系、社会关系等的和谐图景，优秀的班主任会倾听生命、体会生命、化解疑难，于是才有了段段"神话"。

（点评人：李明玉博士）

由过度饱和到有价值的爱

北京市石景山区古城第二小学分校　屈春玉

　　如果教师对学生的关注和爱护不是建立在充分理解他的实际需求和内心感受的基础之上，实际上就是一种单向的爱，只能使学生逃避、逆反，甚至产生一些过激的行为。只有真正理解学生、恰到好处地去爱学生，才能变单向为双向，变无效为有效，变痛苦为幸福。这样的爱才是智慧而有价值的。所谓过犹不及，在对待学生们时也是一样，教师需要经常停下来，重新审视自己做得是否合适，与学生相互理解，爱才能流动起来，发挥它最大的作用和价值。爱得有没有价值并不完全取决于你付出了多少、牺牲了多少，而在于你有没有用心付出，付出有没有成效。

　　2017年9月，对于我自己而言一切都是新的开始：调入新的工作岗位，接手一个新的班级，遇到许多新的"非凡"少年。尽管这个新班级已是状况百出、千疮百孔，但我依然满怀热忱，充满期待，不遗余力，想要在这个新的起点上带领学生们一起成长，向着充满阳光的未来前行，进而实现自己教育教学的价值和理想。

　　小苏，班里的"非凡"少年之一，他精力旺盛、聪明贪玩、情绪多变，父母离异，父亲再婚后他有了一个小妹妹，特殊的家庭背景让他总想在老师与父母的视线之外寻找些属于自己的玩耍时间。他从小在奶奶家长大，缺少关爱，渴望被爱，出于对教育的热忱及母爱的本真，我开始关注他。

过度饱和的爱

　　在课堂上，小苏一直很情绪化，上课时嘴里总是在嘟囔着什么。我对他尤其关注，哪怕是他的一个动作、一个眼神、一个表情、一种坐姿，都会引起我的高度关注。我会极其在意这些细微之处所反映出来的他的心理状态。每当我发现什么不对劲的地方后都会及时地找他谈话，晓之以理，动之以情，放学后把家长找来交流教育小苏的方法，甚至去他们家家访，用书信的形式开导他、激励他。在我的心里，总觉得他缺少爱，渴望得到关爱。我总想用自己的一点爱去影响他、呵护他，但是效果总是不尽如人意。小苏情绪化的表现就像"不治之症"一样难以改变，甚至还有不断"恶化"的趋势，他耍小脾气的频率越来越高，好像全世界都对不起他似的，嘴里也老嘟囔着不文明的用语，看到他懒散的样子真想踹他几脚。上操的时候，他胳膊伸不平；走路的时候，他的手总是碰前边的人；有时趁人不注意，他还突然把脚伸出去绊倒同学，然后哈哈大笑。这些事情，只要我一看到就会马上找到他，跟他谈话，告诉他什么事情不应该做，什么事情可以做得更好，希望他不要这样。

那天，我照例组织大家早读，早读员在前边带读，似乎一切都是那么平静。然而当我巡视到小苏的座位时，发现他并没有跟大家一起读课文。看到我走了过来，他惊慌失措，眼睛里充满了紧张和不安，双手急忙置于位斗中摆弄着什么，两腿不停地抖动着。凭着老师的直觉和敏感，我断定他一定是在做一件违反纪律的事。于是，我小声却严厉地对他说："请把位斗里的东西拿出来！"他显然没有任何心理准备，双手紧紧地捂着位斗里的东西，最终在我的直视与等待下，他缓缓地拿出了一个画满了游戏人物的本子。我本以为他只是图好玩，看电子产品多了，自己也就照着画一些游戏的人物，下课跟学生一起玩。但出乎意料的是，他放在课桌上的本子上赫然写着一句指责我的话。当时，我如同五雷轰顶，无论如何也不会想到自己这么尽心尽力关爱的学生竟然会如此无情而彻底地伤害了我。我感觉到自己作为教师的尊严与职业热情瞬间被粉碎，当时我强忍着眼泪冲出了教室，到办公室后几近崩溃般地失声痛哭。

爱的契机与尺度

小苏的咒骂着实让我痛彻心扉地难过了许久。那段时期，我的整个身心都遭受到了史无前例的最强烈的打击。我感觉支撑自己尽职尽责、尽心尽力的信念与力量已丧失殆尽，我不知道该如何将它们找回。为什么那么倾心相待的学生却会这般肆无忌惮地伤害我？无论如何，我都想不通这个问题，老师和朋友的开导也不足以结束我心灵的挣扎。直到有一天，在饭桌上，我不断地给五岁的女儿夹菜，没想到她却很不耐烦地说："妈妈，您能不能别给我夹了，我都要撑死了！"我这才恍然大悟：是我给学生的爱太多了，饱和度太高了，以至于他想要去解除爱的束缚，就像女儿不满我不断地给她夹菜一样。

我明白了：事实上，对于这些"非凡"的学生，他们最不缺乏的就是家长、班主任和各科老师的"特别关爱"。可是，小苏真的需要这些吗？他需要什么呢？他更需要的是受到尊重，强压的各种"爱"让他喘不过气来。所以，或许我们真正应该做的是把握好关爱这些学生的契机和尺度。既不能不闻不问，又不能以爱的名义紧紧相逼，应当考虑他的实际情况和内心感受，适时适当地给他们一些"消化"爱的时间和"品味"爱的心理空间。如此方能让自己的爱更多一些理性和智慧，如此方能使他们拥有自我反思和自我成长的情感体验。

有价值的爱

当我明白了这一点后，我便开始尝试改变。女儿吃饭时，我不再像往常一样一味地给她持续夹菜了。后来我发现，其实她自己也能吃得挺好。偶尔，我也会帮她夹一下她想吃的菜，这时，她总会仰起小脸甜甜地对我说："谢谢妈妈！"为什么会改变？道理很简单，同样是夹菜，但先前是她需要减量，我没有考虑她的具体情况和实际需求，自作主张地给她加量，并误以为这就是爱。现在看来，那充其量只能叫满足自己"爱她"的需要，那是爱自己，不是真正地爱她，因为那种爱给她带来的只有烦恼和负担。而此刻，我所付出的才是对她真正的爱——她真正需要的有价值的爱。

对于那个爱耍小脾气的小苏，我也不再像先前那样，三天两头因为他耍小脾气而找他谈心，帮他疏导了，看到他有些调皮，我也不再总是说他了，我尝试学着让自己忽视他，甚至当他作业完成得不够好，或者出现错误时，我都努力让自己有意无视他，让他感觉到我非常尊重他，给他空间（我只是在暗中关注他的种种表现，尽量不让他感觉到而已，还通过与他家长的沟通了解到他上了篮球、数学、作文课外班，课外作业也是力不从心，于是向家长提出为他减负的建议）。同时，我会在他面前给别的同学提要求，分析作业当中的错误之处。没过几天，我发现他有些按捺不住了。有一天放学后，他主动留下来找我谈心，说了说自己目前的情况，并希望老师还能像从前那样要求自己。我说："没问题，老师也知道你上的课外班也有很多作业，的确很辛苦，但只要你能够努力去调控自己的情绪，并以积极的状态投入到高效学习中去，老师愿意去打磨你这块'璞玉'，尊重你。"就这样，他后来的状态基本上一直都比较好，课上能够专心听讲，作业能够认真完成，情绪也基本上没再有什么大的波动。刚一开学，他悄悄地放到我办公桌上一封信。信中写着："老师，对不起，一直以来，我都挺让您失望的。我知道，您一直在容忍我的小脾气，直到您忍无可忍。那时我才发现自己太不懂得珍惜了，感谢您教我知识和做人的道理……"

看到这封信时，我的心头是热的，眼睛是湿润的。我感动于他对我的理解，我欣慰于他的成长。原本以为，他只是个任性的孩子，没承想他却也如此地明了老师的付出和心思。那一刻，我感觉自己付出的一切都有了收获。有时候我们只有让爱停留、迂回，才能给孩子自我反思的心理空间，才能给学生自我成长的别样情感体验，才能让孩子们在反思、体验与感悟中不断地主宰自己、修正自己，达成我们预期的教育效果。所以请不要自以为是地一味以"爱"的名义去剥夺孩子们自我反思的权利和自我成长的情感体验，请不要不顾孩子的实际情况与心理感受而一厢情愿地以"爱"相逼。

我与小苏的故事既让我心痛又让我欣喜，正是这次痛彻心扉的经历让小苏得以成长，让我彻底更新了师生关系中我对于师爱的理解与认识，也让我懂得了在给予别人爱的同时，要懂得尊重对方，给予学生充分的尊重。从最初一味单向给予，让双方倍感压力和痛苦的关爱困境到开始重新审视自己给予学生的爱的方式和学生对爱的需求，促使我对教师应该如何关爱学生进行了深入思考。我原本以为教师越严厉、越关爱学生就越负责，教师越负责学生越受益。现在才恍然大悟：如果教师对学生的关爱不是建立在充分理解他的实际需求和内心感受的基础之上，那么这样的爱实际上是一种自我的爱，只能使他逃避、逆反，甚至产生一些过激的行为；只有理解学生、尊重学生、恰到好处的爱才能变自我为双向，变无效为有效，变痛苦为幸福。这样的爱才是智慧而有价值的爱。一直以来，我都以为真挚的无条件的爱可以化解一切问题与矛盾，然而现在我觉得理性的、智慧的、适时适度的爱才是融化孩子们心中坚冰的春风，如此方能让爱流动起来，发挥爱的最大作用和价值。让我们都来做爱的守护者，把心中之爱撒给学生，适度地尊重他们、爱护他们、呵护他们成长！

基于教育故事的理论分析

在这篇文章里，屈老师讲述了一个关于"爱"的故事。

教师对学生的爱，是教育活动中恒久的话题。有人说："教育里没有情感，没有爱，如同池塘里没有水一样，没有水就不能成为池塘，没有情感，没有爱，也就没有教育。"我国的教师职业道德明确规定教师应"关心爱护学生"。而教师对学生的爱是做好教育工作的重要前提和方法，也是许多教育工作者在教育过程中的深刻感悟。

说到关心和爱护，很多老师会自然而然地觉得，这是自己都会做的，也是十分简单的事情，用心付出就可以了。然而，对于爱本身，也有很多值得教育工作者反思和思考的问题。在这个故事里，屈老师和大家分享了爱的尺度和爱的契机的问题，从过度饱和的爱到双向互动的爱，这就是对自己在教育工作中产生的"爱"的问题进行的反思。

这一反思，在师生伦理关系中具有重要意义。伦理学中的"关怀伦理"这一思想流派，就对人们习以为常的"关怀"问题进行了反思。关怀伦理认为，关怀是一种"关系性"存在，一方对另一方的关心是出于另一方的需要，而且是被另一方所感知到、所能接受的。忽略被关怀者的需要而做出的关怀行为，看似是有意义的，实际上却缺乏了伦理的向度，这样的爱，反倒成为了被关怀者的负担和压力。所谓的爱，其实是一种伤害，伤害了师生双方。一方面，因为关怀不是基于被关怀者的真实需要，因此被关怀者并不觉得被关爱，这对学生而言就是一种伤害。另一方面，教师的师爱得不到学生的反馈或接纳，对教师来说，辛苦付出却无效，也是一种伤害。在上述故事里，屈老师就记录了自己辛辛苦苦付出却无法让学生的接受，内心受到伤害，甚至对自己所喜爱的教育事业都产生了动摇。

在我们的教育活动中，不论是家庭教育还是学校教育，都可能存在忽略被关怀者的关怀行为。例如，我们常听到的成人对未成年人苦口婆心地说："我都是为了你好。"例如，有的教师会说："我这么关心你，你还不领情？"在这些情形下，教师苦心付出，学生却不领情。殊不知，这样一种付出没有得到好的结果，正是因为这种付出、关心，不是从学生真实的需要出发，没有考虑学生的情感需要，因而才收效甚微。

在这个故事里，屈老师从给女儿夹过多的菜引起女儿的反感这件事中突然醒悟，自己对学生的关爱过于饱和了，反倒收不到好的效果。于是，她开始改变以往的做法，认识到"给予学生充分的尊重。从最初一味单向给予，让双方倍感压力和痛苦的关爱困境到开始重新审视自己给予学生的爱的方式和学生对爱的需求"。她的反思和实践中的做法，"尊重""审视需求"等，正切合了关怀伦理中指出的，从被关怀者的立场出发进行关怀。而我们也欣喜地看到，屈老师的改进，在小苏身上真正产生了效果。师生之间的关系逐步变得更加融洽。

教育活动中，"爱"的教育，是师生之间建立起"关怀关系"的过程。能从被关怀者的立场、需要出发的关怀，才能被被关怀者所感受和接纳。教育活动中的关怀，不仅仅是自然的关怀，还是充满伦理的关怀，是师生之间建立起尊重、平等的，充满情感的关怀关系。

（点评人：杨启华副教授）

爱，让他变得优秀

北京市石景山区古城第二小学　王金香

那是8年前，我接管了四年级的一个班。

"他总不写作业，上课也不听讲，还总是撒谎。他爸常年不在家，妈妈也不怎么管他……"

这就是前任班主任和我交接班的时候讲的小新的情况，这个纪律差、学习差的双差生让她头疼了三年。

这是一名怎样的学生呢？在疑问中，开学的日子到了。班上的40多名学生围着我好奇地问这问那，争先恐后地表现着自己。一个胖乎乎的男孩走了进来，大眼睛亮亮的，他跟我打招呼："老师好。"我马上笑着回应："你真有礼貌！叫什么名字啊？"

"我叫小新。"

小新？他就是小新！我的笑容凝固在脸上，仔细打量起这名学生来。他看起来却也很可爱啊。

"他上课总是玩！"

"他爸爸妈妈好像离婚了！"

"李老师最不喜欢他！"

……

大家唯恐我不了解他，纷纷说着他的种种。小新的眼睛立刻失去神采，低下了头。他知道，同学们都不喜欢他。

"可他一进来就问老师好，真懂礼貌，我喜欢他！"我的一句话，让他抬起了头。我帮小新解了围，他向我投来感激的目光。

我心里想，越是这样的学生，就越应该给他自信。老师和同学们都不喜欢他，学习、纪律不好，一定和他特殊的家庭有密切关系，于是我决定去小新家进行家访，探寻原因。

我问清楚了他家的地址，原来和我在一个小区，就在我家前楼的地下室里。我一进地下室，就闻到一股发霉的气味儿，里面很黑，24小时都需要开灯。他家租的屋子只有8平方米大，很简陋，一张双人床、一张桌子、一个柜子，别的家具就没有了，桌子上摆着锅碗瓢盆。他妈妈见到我很激动，谈到小新的情况，她言语间流露出既愧疚又无奈的心情。原来他们夫妻都是外地人，来北京谋生，因为他爸爸与别人合伙做生意失败了，本钱赔了个精光，只好到南方打工去了。他妈妈在超市上货，早晚班倒着上，下晚班回家就十点了，所以小新放学后都是自己在家，因为没人管，所以小新一直都是自由散漫不写作业……

"那小新怎么吃饭啊？"我担忧地问。

"只能吃前一天的剩饭，他会用微波炉加热………"小新妈妈叹口气说。

我震惊了，我一直以为现在的孩子全生活在蜜罐里，一家子围着转，是家里的少爷、小姐，谁知道，居然还有这样的家庭。几年前，讲《卖火柴的小女孩》的情景浮现在我的眼前。

那次语文课，学的是著名丹麦作家安徒生的童话《卖火柴的小女孩》。当我读到"她又擦着了一根，火柴燃起来了，发出亮光来了。亮光落在墙上，那儿忽然变得像薄纱那么透明，她可以一直看到屋里。桌上铺着雪白的台布，摆着精致的盘子和碗，肚子里填满苹果和梅子的烤鹅正冒着热气……"突然，有名学生冒出了一句："里面的人给这个小女孩一点吃的不就行了吗？"看看，现在的孩子不愁吃穿，把给别人一些帮助看成很容易的事。我摇摇头说："你不知道的，当时的社会是非常黑暗的。对富人来讲就像天堂，物质十分富有；对穷人来说，就像地狱，就连基本的生活保障都没有。富人靠压榨穷人发财，是没有一点爱心和同情心的。要不然，怎么连小男孩都抢那个卖火柴小女孩的拖鞋呢？"听了我的讲解，学生们都认同地点了点头。

《卖火柴的小女孩》的主人公生活在那个时代，那样的社会，人心比铁还要硬。可是，我们的生活几乎都是不缺少物质的。物质不缺少，爱心也不能少啊。"里面的人给这个小女孩一点吃的不就行了吗？"这句话反复在我耳边回响。我和小新两家住前后楼，一个楼上，一个地下室，这个距离，要比童话故事中的薄纱厚多了。这个距离我改变不了，但是，我也早为人母，把儿子照顾得无微不至，儿子非常幸福……想到眼前的小新只比我儿子小一岁，只因没人管而成为双差生。这个依偎在妈妈身旁的孩子，眼睛里充满了对我信任的眼神。我不禁心酸起来，一种强大的力量——母爱，一种巨大的责任感——老师的爱，强烈地撞击着我的心。这种交织在一起的情感，前后楼挡不住，上下楼隔不住。这种交织在一起的情感让我有了让他到我家吃饭并且辅导他学习的想法。这个需要关爱的孩子，这位需要帮助的母亲，如果我能付出自己的一片爱心，融化像薄纱一样的透明的墙，穿越上下楼的水泥板，冲破前后楼的阻碍，该有多好。作为小新的老师，我要把想法变成行动！如果有人照顾和管理小新，小新就不会再是双差生。

见我半天没有说话，小新妈妈又说："王老师，我家的情况就是这样，我们也希望孩子变好，也愿意管孩子学习，可是，他爸爸打工挣的钱必须用来还债，租房和生活费就靠我的这点工资。"

我不方便讲解刚才头脑中的画面及我内心的活动，只能接着她的话茬儿说："哎呀，孩子正在长身体，长期这样怎么成呢？您上晚班的时候就让孩子到我家来吃饭吧！吃完饭在我家写完作业，我再把他送回来。"我提出了建议。

"这怎么行呢？那得多麻烦啊！"他妈妈非常意外，不好意思地推辞着。

"怎么不行？我有一个比他大一岁的儿子，俩孩子在一起，正好是个伴儿。我家就在后面那栋楼，方便得很。"

"可是我工资不高，要不然也不会租地下室。"

"您想哪里去了，我不要您一分钱。放心吧！"

"这……这……"在我的一再坚持下，他妈妈没再说什么。

就这样，第二天放学后，我就把小新带到我家来了。每次吃完饭，小新就和我儿子一起写作业。他在我家特别乖，遇到不会的语文题，会问教语文的我；数学不会的，问我爱人；英语不会的，问我儿子。家里人都挺接纳他的，没有因为多了一个外人而感到别扭。我备课，先生看书。小新在这样的环境里，非常自觉地学习。

有一次吃土豆炖肉，我发现他总是挑土豆吃，而把肉留在碗底。"不喜欢吃肉吗？"我问。"不是，我想把好吃的留到后面吃。"我愣住了，饭桌一时安静下来。这都什么年代了，肉还舍不得吃，我知道小新的家庭条件不好，可真是比我想的还要差。"那还不容易，明天咱们吃红烧肉，王老师最拿手的就是红烧肉了。"

第二天我做了红烧肉，他果然非常爱吃，看他吃得心满意足的样子，我的心里洋溢着一种幸福，一种母亲看着孩子健康成长时的幸福，一种老师看着学生进步时的幸福，一种只有付出后才能体会得到的幸福。

课上，我有意地多叫他回答问题，当他回答正确了的时候，带头为他鼓掌。

慢慢地，同学们也逐渐和他亲密起来，他感受到了集体的温暖、学习的快乐，渐渐地，他的学习成绩直线上升。"小新，帮我讲讲这道题。"有的同学竟然还向他请教问题，而他，居然也能给同学讲得头头是道。

"小新，这次成绩不错。"

"小新，这段时间进步很大。"

我逐渐地听到别的学科老师也在表扬他。

当然，作为一个学生，在纪律和学习方面会出现问题反复的情况。尤其是他，纪律也是散漫惯了。有一次春游，他妈妈给他买了他最爱吃的巧克力蛋糕。我多次强调不许在车上吃东西，可是他还是忍不住躲在车上的窗帘后面吃。"小新，你吃东西啦！""老师，没……没有……""还说没有，车里全是巧克力味儿，再让大家瞧瞧你的小花猫脸……""哈哈……"车厢里的同学们都大笑起来。他的脸红到了耳朵根。结果，我让他把剩下的蛋糕放到了同学的书包里，让同学替他保管，到中午的时候才能吃。

不来我家的日子，小新也会钻他妈妈的空子，偶尔不完成作业。自然，他会被我请到办公室里补作业。

虽然他犯了错误，可是他的态度很诚恳。在我的严格要求下，他改得很不错。和以前纪律散漫、经常不完成作业相比，真是好了许多。

我真心地对待小新，小新也越来越懂事。有一天，我发烧了，回到家就躺在床上，无力地说："你先写着作业，等叔叔回家再做饭。"小新不肯像往常一样在书桌前坐下来，而是执意地说："王老师，不了。您好好休息吧！我回自己家。"

说完，他就悄悄地走了。我先生回来不久，就听到了敲门声。是谁呢？他奇怪地打开门。原来是小新，小新怎么又回来了呢？

"王老师，我给您买了一个西瓜。""西瓜！"我非常惊讶，"你这孩子，买什么西瓜？你不知道冬天西瓜是很贵的吗？""再贵我也要买。我是用过年时爷爷给的压岁钱买的。王老师，您对我这么好，您一定多吃点啊！您放心，作业我会自己写好的。"小新眼圈发红了。我还在愣神儿，小新已经出了家门。看着碧绿滚圆的西瓜，我鼻子发酸了，我感觉到小新也已经把我当成他最亲的人了。

其实，我和我爱人也都只是普通的工薪阶层，也是上有老人下有孩子，至今住在老旧小区的小房子里，经济并不富裕，平时很是节俭。我们也知道多一个孩子，也是要费不少心的。但是，无偿地让小新到家里吃饭和辅导他学习，只求他能够有很大的进步，将来能够成为一个优秀的人，能够为社会做贡献，想到这儿，我和我家人也无怨无悔。

时间过得真快，转眼到了六年级毕业的时候。小新没有辜负我的希望，不但身高长高了不少，而且还被评为班级的综合评价优秀生，成为当之无愧的优秀生，大家都对他刮目相看。而他改变的原因，我一直没对任何人讲过。

小学毕业后，小新回到老家上中学，他妈妈依旧在超市打工。

"王老师，我看您来了！"刚放寒假的一天，外面是凛冽的寒风，而小新的脸上洋溢着春天般灿烂的笑容，眼睛熠熠发光，显得是那么的自信。小新小学毕业已经五年了，每次假期回北京，不是先看妈妈，而是先来看我。每次来，他都是把优秀的成绩当作送给我的礼物，我和他分享着无尽的幸福，几次语文成绩都是全年级第一。最近两年，他还带来了他业余时间写的诗、歌词、小说，看着他练习创作的厚厚的两大本笔记，我的眼睛湿润了。

爱，彻底改变了他。他本就是一个素质不错的孩子，只不过和大多数的孩子相比，物质上差了一些，学习上缺少能辅导他的家长，缺少一个温暖的家。这两样，我不计个人得失地都给了他，从四年级到六年级毕业，整整三年。可以想象，如果我没有这样做，小新全然是另一种结果。

从教已有27年，我无愧于每天的工作，但是，最值得我骄傲和幸福的还是我改变了小新的命运，让他这个令老师头疼、同学不喜欢的双差生成为一名优秀的学生。要问是什么改变了这个孩子，我想应该是我对他的无私付出，找到了教育他的切入点，对他如同对待自己孩子一样的爱。这个过程平凡普通，一点也不惊心动魄，但是坚持下来直到他小学毕业，就是爱心与我同行。爱，是人类最美丽的语言；爱，是教师无私的奉献；爱，是教育学生的桥梁；爱，是沟通情感的钥匙。如果说教师的人生是一部经典著作的话，那么它的主题就是爱。

基于教育故事的理论分析

"没有爱就没有教育！"王老师的这个教育故事就是爱的教育故事。关于"爱"的理论，古今中外的经典文献基本上都绕不开这个话题。中国古代儒家哲学的核心就是"仁爱"。《论语》记载子贡与孔子的对话：子贡问曰："有一言而可以终身行之者乎？"子曰："其恕乎！己所不欲，勿施于人。"[1]子贡与孔子的对话意在说明孔子仁爱的思想，那就是要推己及人、推己及物。孟子继承了孔子的仁爱思想："老吾老，以及人之老；幼吾幼，以及人之幼。"[2]它指的是在赡养孝敬自己的长辈时不应忘记其他与自己没有亲缘关系的老人，在抚养教育自己的小孩时不应忘记其他与自己没有血缘关系的小孩。作为父母，我们都希望自己的孩子遇到好的老师、接受好的教育，都希望老师像父母一样爱护孩子。教师除了教育专业人员的身份之外，也会成为父母或者已经是

---

① 李泽厚：《论语今读》，生活·读书·新知三联书店，2008。

② 焦循：《孟子正义》，中华书局，2017。

父母。因此，如果能够做到像父母一样爱护孩子，就具备了双重的意义，即一方面作为教育工作者，他是一位好教师，另一方面作为父母，他用同理之心在做事情。这样的事情就具有示范作用。我认为王老师与小新的教育故事体现了王老师推己及人、"幼吾幼，以及人之幼"的教育情怀，从这个意义上来说，我认为王老师是一名优秀的教师。

教师对学生的爱是一种推己及人的父母之爱，但是教师不是父母，教师和学生不存在血缘上的父母子女关系。但是，教师扮演的是"教师替代父母的关系"。马克斯·范梅南在《教学机智——教育智慧的意蕴》一书中写道："教师替代父母的关系被作为探求教育学理解和洞察的源泉，这种理解和洞察整体地关注专业教育者和儿童的生活世界。"[1]因此，良好的教育关系需要教师与学生建立"替代父母的关系"，这种关系是情感的社会关系。教师与学生之间的教育关系不仅是知识上的，还包括情感的社会关系。现代社会建构论的"关系性存在"理论认为教育应聚焦于关系而不是个体，是共同体"关系协调"而不是个体"心灵内部表达"。[2]情感是教师与学生良好关系建立的纽带，它具有稳定性、持久性、教育性，关注到学生的个体情感，通过与学生建立良好的情感联系是班主任教师做好教育工作的关键。人本主义心理学家罗杰斯也很注重爱与归属的需要，认为人的基本需要包括归属和爱的需要。在马斯洛的代表作《动机与人格》一书中，他写道："如果生理需要和安全需要都很好地得到了满足，爱、感情和归属的需要就会产生，并且以此为中心，重复这一描述过的整个环节。"[3]在王老师与小新的教育故事中，王老师在课堂中初次接触小新时，同学们对小新的评价是负面的，但是王老师却没有嫌弃他，而是接纳了他，并对他进行了家访。家访给王老师很大的震撼，让王老师意识到小新的家庭状况不容乐观，不仅物质条件不理想，而且缺乏家庭教育，父母没有时间教育小新，也许也不会教育小新。于是一种怜悯之情油然而生，王老师叫小新到自己家里吃晚饭，并像辅导自己的孩子一样给他更多的辅导

① 马克斯·范梅南：《教学机智——教育智慧的意蕴》，教育科学出版社，2001。
② 杜媛、毛亚庆：《基于关系视角的学生社会情感能力构建及发展研究》，《教育研究》2018年第8期。
③ 亚伯拉罕·马斯洛：《动机与人格》，中国人民大学出版社，2013。

与帮助。于是，小新缺失的家庭之爱由王老师补上了，小新获得的帮助不仅仅是物质上的，更多是精神上的与情感上的关系，这种情感关系成为小新学习与成长的强大动力。于是，王老师与小新的这种情感关系变成了一种持久的教育学关系。

小新在成长过程中最需要关心与帮助的时候遇到了王老师，王老师也像关心自己的孩子一样关心和帮助小新。小新是幸运的，王老师在平凡的与小新的交往之中建构出来的教育之爱是伟大的，我想教育的美好就在这里。当然，教师的爱也是稀缺的，我们不能强求每一位老师都像对待自己的孩子一样对待每一位学生。因为教师也是人，他的情感付出也是有限度的，而且也可能存在情感的枯竭。如果强求每位老师和班主任都要做到王老师那样，那对教师群体来说也可能存在压力。但是，王老师的教育实践是值得倡导的，也是我们当下教育领域稀缺的，因而也是弥足珍贵的。

（点评人：康晓伟副教授）

教育机智

导　读

刘忠晖博士

　　每次真正的谈话都表现为一个人向另一个人敞开自己，真正认为对方的观点值得考虑并且深入另一个人的内心。

——伽达默尔

　　教师的教育机智，是教师在实践工作领域，与学生的连续交往和相处中，基于对学生的了解，所表现出来的适合情境的教育意识和行动。教育机智发生在教师与学生日常交往的行为之中，将教育活动的设计和实施与环境、情境有机融合，最终指向以学生成长为目标的教育能力。

　　意识指导行动，教师的机智并非来自教师个人的聪明才智，而是建立在对学生了解的基础上，找到合适的情境或方式，对学生的情感和思想加以适当的触动和引导，激发学生的反思能力和成长意识。

　　教育机智发生在师生交往实践中。教师发现学生的自身优势和个体价值，在平等和尊重的基础上适时地打开学生的心扉，让学生的潜质和才智发挥出来。在师生关系中，学生需要获得的是理解、接纳和认可，若是教师给予的是评判、质疑和否定，则是无论如何也建立不起来师生关系的。建立不起来一份信任的师生关系，教师则无法获得信任，导致无法建构自身的角色认同，也就无法运用自己的教育机智。因此，一份彼此相互信任的师生关系是教师运用教育机智的基础。

　　信任的师生关系，来源于教师与学生间真实的情感联系。教师是否能够换位思考，从身体和情感上都能感受到学生的体验，至关重要。只有彼此懂得，相互理解，才能达成共识。师生间的情感联系不是一天发生的，需要一个循序渐进的过程，了解学生的家庭，关注各方面的表现，包括无意识的反应等，不仅需要教师看到行为表象，还要发现行为"背后的东西"，以及形成的原因等。

在信息化和人工智能时代，学生们被各种信息和教育理念充斥和包围着，"躁动"的背后可能是孤独和空虚，"强大"的背后可能是弱小和无助，"放荡不羁"的背后可能是渴望爱与关怀的敏感和脆弱，"什么都不缺"的背后可能是自我的迷失……这些背后的真实内心需求，才是真正需要教师去关注的。然而，读懂它们，或许需要教师的投入和委身，即"如果你无法进入我的世界，那我到你的世界里去"。

走进学生的现实世界，接纳他们的所思所想和生活方式，发现学生的多元价值，激活他们的存在感，才能使他们有勇气与老师对话，与世界交手。不是所有的对话都发生在唇齿话语间，在师生交流的文字里也跃动着亲密的情感和心灵互通的音符。与世界交手，不光是赢得比赛结果的那一刻，而是整个过程中所获得的坚持和耐挫力，为之付出的努力和获得的认可。一个学生的自我效能感的形成，不只在于个人的成就，更在于在集体中发挥的力量和专长，进而确认自己的个性和潜能。而所有这些的发生，需要教师相信：每一个学生都是能够成长的。一些问题都是发展中必然出现的，会随着学生的成长成为过去。而恰恰是这些问题的发生，给了教师实现教育机智的契机，让教师有机会和学生一起成长。当发现一个个体曾经在某一时期摔倒后没有站起来，而今小心翼翼迈出第一步时，教师的温柔以待，能让学生的心安放下来，面对困境时来突破自我，实现成长。所有的教师评价都应以"有利于学生个性成长"为前提，保护好学生的自尊心和自信心，关注学生的个体差异和纵向成长。

教师需要思考并明确教育的目的，让学生专注于课堂的目的是盯着老师，还是学生能够更好地吸收知识；教师需要了解并接纳学生成长的规律，学生的发展需要一个过程，中间偶尔犯错误是难免的，而教师的机智则是在接受错误的基础上将"错误资源化"，更有针对性地帮助学生反思和重构意识；教师需要了解和识别学生真实的内在困惑，教师的机智不在于豪言壮语，而是润物细无声地给予学生此时最需要的情感支持。

教育情感需要在师生间传承，真实发生的每一个故事都凝结着教师的用心和爱，故事中的每一种关系都是真实的心灵交融，潜移默化地影响着学生的情感和意义世界。当学生准备好了迎接成长，教师审时度势，因势利导，教育机智的发生契机也自然而然就来了。走进学生的内心世界，让爱在师生间自然流淌，在学生心中生根发芽，长成参天大树，世界也将多一份爱和温暖。

我就是"黑色"

每当教师节来临的时候，读着一条条学生发来的祝福短信，回忆起我曾经教过的学生们，我的内心就有着说不出的喜悦和自豪。在这些学生中有一个是让我印象最深刻的，因为他曾经自豪地说："我就是'黑色'！"

那是一次升旗仪式，大队辅导员站在主席台上，面带微笑地宣布："本周常规评比金星班级二年级（1）班、二年级（6）班……"我们班的同学你看看我，我望望你，一个个都低下了小脑袋。

突然，一个男生转过头去，怒气冲冲地埋怨道："要不是你没有戴红领巾，值周生也不会给咱们班扣分。"

"你上操说话也扣分了，"另一个男生反驳，"凭什么只怪我！"

作为班主任的我看到后，赶忙走了过去，他们立刻闭上了嘴。怎么办呢？班里出现了问题，学生们不想办法解决，反而互相埋怨，这对我的班级建设很是不利。

下午第一节课，我利用班、校会时间召开了二年级（2）班主题班会"我为集体添光彩"。

铃声一响，我就走进安静的教室，对同学们说："从你们的书包里拿出水彩笔。"学生们大吃一惊，开班会为什么要用水彩笔呢？大家一边想着，一边赶快从书包里掏出水彩笔放在桌子上，一双双好奇的眼睛看向老师，猜测着接下来发生的事情。教室的大屏幕上出现了两个醒目的大字——色彩。我看了看大家，语重心长地说："集体就是一幅画，由各种色彩组成。每个人的特点不同，不同的特点就是不同的色彩。如果大家都能发挥自己的长处，我们班这幅画就会很美丽，集体需要大家的共同努力才会绚丽多彩。

"我们集体的'光彩'有很多很多，也许你曾经为集体取得过一枚奖牌，增添了一抹亮丽的金色；也许你曾经为班里带来一盆绿植，增添了一抹淡雅的绿色；也许你曾经为生病的同学接来一杯热水，增添了一抹温暖的红色……

"我们的集体就需要你的'色彩'。每一种色彩都不能少，五彩缤纷才会使我们的集体更加美丽！同学们，想一想，你是哪种色彩呢？"

教室里立刻沸腾起来，大家你一言，我一语地说着自己心中的颜色。最爱发言的班长琪琪站起来，第一个抢着发言："我是白色，最爱干净。早上，我来到教室准备好用具后，就去扫地，让宽敞的教室一尘不染。课间休息时，我常常把教室地面上的纸捡到垃圾桶里……"

活泼好动、聪明爱说的小诚大声地说："我是绿色，每天早晨班里的花都由我来浇水。"

几名同学转过头，看向小淇，异口同声地说："小淇是红色，她心里总想着别人，谁要是忘带东西了，她准会把自己的用具主动借给别人。"

"欣欣是金黄色，她只要参加比赛就得奖，为集体增了不少的光彩。"

……

坐在教室最后面的小林站起来还没开口，大家便嚷起来："黑的！黑的！"学生们愤愤地说："小林是黑色！他总给集体抹黑，什么坏事都少不了他！"小林听了气呼呼地"哼"了一声，眼睛瞟了大家一眼，不服气地坐了下来，一脸的满不在乎。

的确，他很调皮，经常惹祸。我们每次上操的时候，大家排在队伍中整齐地站好，偶尔有做小动作的同学，体育委员走过去提醒一下，他就能立刻改正。小林却从不服从管理，自己想干什么就干什么。有一次上操，后面的同学不小心踩到了他的鞋。他转过身子，抬起脚就狠狠地踩了回去。因为小林是学校足球队队员，腿脚的力量很大，疼得后面的男同学蹲在地上哭起来。体育委员上前去管，小林根本不听，还动起了手。

还有一次，小林和班里的小朱同学发生了口角。他趁着学校组织大家打流感疫苗，教室里没有人时，自己悄悄地跑回到班里，把小朱桌子上的笔袋扔进老师的电脑柜。小朱发现后，哭着去找老师告状，他却跟没事人似的坐在教室里看书。要不是有个同学看见了，他才不会痛痛快快地承认呢。

因为他厉害，又不会和大家相处，所以同学们都很排斥他，他也没有什么朋友。

虽然学校和小林家长沟通过多次，但小林没有任何改变。家长恳求老师："想想解决的办法，让孩子在班里有归属感、存在感。也许树立了自信，身边的朋友多了，一些不良的习惯就会有所改变。"

可是想什么办法呢？现在，班上的学生根本就不能接受他！甚至抵触他的存在！

想到这儿，我笑着问大家："你们都觉得黑色不好看，对吗？"

"对！"大家肯定地说。

"那谁的彩笔盒中没有黑色？"

同学们你看看我，我看看你，谁也没说话，教室里突然变得鸦雀无声。

我又追问："你会用黑色干什么？"

"美术老师教我们画画前，用黑色笔打稿，我经常是想好要画的内容后，就先拿黑笔在纸上打稿，然后再用其他彩笔来涂色。"

"一幅画画完后，我会用黑色笔勾边，"小强说，"这样我的画就变得特别漂亮！"

"我用黑色画过小姑娘长长的头发。"

"我用黑色画眉毛、画眼睛。"……

我反问道："那如果你们不用黑色，行不行？"

"不行，不行！如果没有黑色，我画画前就没法打稿了！"

"如果没有黑色，我的画画得再好，也没法勾边，显得不够漂亮！"……

"对呀！黑色和其他的颜色一样，都很重要。我们在画画时，哪种颜色也离不了。我们这个集体就像这盒五颜六色的水彩笔。因为有了每个人的存在，才让它变得十分艳丽。大家身上每一个小小的优点都能为集体增添绚丽色彩。而我们班的小林有个特长，你们知道吗？"立刻有人回应道："足球高手！"

"对！"我大声地回答道，"这个学期学校的足球联赛，我们班因为有小林这个前锋，每场都能进球，最后取得年级第二名的好成绩！我还记得进球时，大家激动地抱在一起的场面呢。"

"这么说，小林真是我们班不能缺少的色彩啊！"

全班同学一起转头，看向坐在后面角落里的他，大声地说："我们离不开黑色，班里不能没有小林！"

"我就是黑色！"小林高兴地叫起来。

从那次班会后，小林像是变了一个人，原本学习就不错的他更努力了。每次考试都能进前五名，大家总是向他投去羡慕的目光。

一天中午，同学们都到操场上活动。只有小强在教室里改着卷子上的错题。看着卷子上那一个个醒目的红圈，他急得眼泪都落了下来。这时，小林刚刚走进教室，看到后走了过来，坐在他的身边耐心地给小强讲解着每道题。很快，卷子改完了，小强的脸上也露出了微笑。他感激地对小林说："谢谢你的帮助，以后咱俩就是朋友。"他们一边说着话，一边向操场跑去。

放学后，同学们背着书包回家了。参加体育训练的小林却主动留下来和班上的几名同学一起打扫教室的卫生。十几分钟后，教室里焕然一新，地面打扫得干干净净，桌子、椅子摆放得整整齐齐，垃圾桶套上了新袋子，水桶里换上了清水……

因为小林的变化，班里打闹的学生越来越少，帮助别人的事情越来越多；因为小林的变化，班里有矛盾的学生少了，一起聊天、看书、接水的学生多了；因为小林的变化，班里不爱学习的学生少了，一到下课的时候大家就围着他一起看书。

不仅学生们悄无声息地改变了，我们二年级（2）班在学校各项评比、比赛中的成绩也是名列前茅。小林就像一位领袖一样，带领、影响着大家一同前行。

经过一个学期，三年级的中队干部改选，小林全票通过当上了班长。他总会摸摸自己胳膊上的两道杠，脸上充满了自信、自豪，集体的荣誉已经牢牢地扎根于他的心中。

小林的父母看到自己儿子发生了巨大改变，也想尽一切办法参与学校班级的活动，足球比赛来当家长教练，合唱比赛给孩子们定制合适的服装，综合实践活动争当家长志愿者……这一切，也在影响着小林，他在班中的存在感更强了。

　　是啊！正如色彩中的其他颜色一样，"黑色"也是我们生活中离不开的色彩。它有时可能会给人带来郁闷和压抑的感受，但如果适时地发挥它的作用，它就会给人们带来幽雅、桀骜不驯的感受。其实它真是一种经典色彩！作为老师，如何用好我们手中的"调色板"，对于"画"的效果真是至关重要！

基于教育故事的理论分析

　　这个故事也是班主任曹老师抓住教育时机及时通过创设情境引导同学们重新认识自己的同学，并慢慢引发学生行为变化的过程。曹老师通过班会课引导班集体共同创作的方式，启发大家思考在一幅完整的画中，不管是亮丽的金色还是淡雅的绿色，不管是干净的白色还是热烈的红色，包括不讨同学们喜欢的"黑色"，任何一种颜色都有它的价值。曹老师正是通过用这样的类比与隐喻来引导大家，让大家意识到即使是色彩中不那么耀眼的"黑色"，都有它存在的意义，关键在于如何运用它。曹老师通过这个班会，让大家认识到即使是不完美的"小林"同学，同样是班级的重要组成部分。这样潜移默化地引导同学用欣赏的眼光来看待他人，这也使小林树立起了改变自己的信心。我想这个教育故事给班主任的启示是要摒弃教育中的刻板印象，用差异的、发展的眼光看待每一名学生。

　　首先，作为班主任尽量少用贴标签的刻板印象来看待学生。新闻工作者李普曼于1922年在其著作《公众舆论》中首次提出了"刻板印象"的概念。这个概念后来成为心理学特别是社会心理学中的一个核心概念，它指的是人们对某个事物形成的一种概括固定的看法，并把这种观点看法推而广之，认为这个事物或者个人、群体都具有该特征，而忽视个体差异与发展的可能性。刻板印象对人的认知既有积极的一面，也有消极的一面。作为教育工作者，摒弃刻板印象的消极影响需要我们树立差异与发展的教育观。具体到教育工作者的教育工作，需要做到在与学生的具体交往中慢慢建立起对学生的认识，寻找学生发展的潜能、优势与不足，从而为寻找教育策略提供依据。

其次，每名学生个体都是有差异的。正像这个教育故事的标题"我就是'黑色'"，其实黑色与其他颜色一样，是众多色彩中的一种，黑色同样有它的价值。作为发展中的个体，其特点可能存在差异，这是非常正常的。美国哈佛大学心理学家霍华德·加德纳在1983年提出了多元智能理论。这一理论认为人类的智能包括以下几方面：（1）语言；（2）数理逻辑；（3）空间；（4）身体—运动；（5）音乐；（6）人际；（7）内省。[①]后来又补充了两种人类智能，即自然探索和存在。作为班主任，如何在教育情境中发现学生的差异和潜能，并创造教育的时机，这体现了班主任的工作智慧。

最后，教育工作者要认识到每一名学生都有发展的潜力与可能。作为个体人的发展主要指的是一个人在外界环境的刺激下，身心等各方面结构与功能的不断优化和增强。这种变化的实质是个体人所具有的潜能在一定的条件下不断地转变为真正的能力，提高自己适应和改造环境的能力，是个体从出生到成熟，身体素质和心理素质所发生的有规律的变化和逐渐社会化的过程。因此，学生的发展不仅是有差异的，而且是可能的。教育工作者不仅要关注到差异性，而且更要在差异性的基础上认识到可能性。认识到学生发展的可能性，这是教师的基本教育理念。只有认识到学生发展的可能性，才可能在教育实践中善于寻找这个发展的机会并抓住发展的时机，为学生的发展而发挥教育机智。

（点评人：康晓伟副教授）

---

① 霍华德·加德纳：《智能的结构》，中国人民大学出版社，2008。

爱的接力

北京市石景山外语实验小学分校　黄　贞

在从象牙塔中走出来的第一年，我就成为了20名五年级学生的班主任。对于当班主任而言，我毫无经验可谈。班里发生的任何事情我都是第一次遇到，第一次处理。就这样，我和学生们的故事每天都在上演着……

然而刚刚接手一个新班，我就遇到了突发情况。他们以前的班主任告诉我，有一名学生的妈妈刚刚过世。听到这个消息，我心底一沉，我很难想象这么小的孩子失去了母亲之后会是什么样子。没见到孩子的样子，仅仅看着这个孩子的名字，我就鼻头一酸。我想象着孩子眼泪汪汪的样子，心底暗下决心，将来我一定要多关心她，让她缺失的母爱从老师这里找回来。

开学第一天，我就有意识地寻找这个学生的身影。她浓眉大眼，是个漂亮的小姑娘。最引人注目的就是她的一条长长的麻花辫，辫子编起来之后的长度竟然能到屁股。出乎我意料的是，她并没有像我想象的那样可怜，只是相对安静。第一节课跟同学们见面，我让同学们先进行一下自我介绍，以便我们快速地相互了解。轮到这个女孩了，我认真地倾听着，她的声音不大，天生有些沙哑，但我能清楚地听到她说她的爱好是画画。我在心里默默地记住了。

第二天，我看她还是编着那条长长的麻花辫，我走近她，摸着她的长辫子，问道："这是你自己编的辫子吗？真好看。"她说："不是，这是我爸爸给我编的。"其实听到这里，我心里很不是滋味，一般女孩子的辫子都是由心灵手巧的妈妈来编的，而她的辫子却是爸爸编的。可转念一想，看来爸爸还是很细心的，没有了妈妈，爸爸就得承担起双重的爱，于是我对她说："你爸爸真不一般，他得多么爱你啊！"她微微地笑了一下，我也跟着会心一笑。

又过了几天，我发现她的辫子一直就没有变过，一直是这样的麻花辫，而且周边的碎发明显一天比一天多起来。这时，我才明白，原来她爸爸并不是每天都给她编头发，而是编一次头发要撑好几天，等到下回洗头发时才会再编一次。发现了这一点，我并没有戳破，只是默默地拿出我的梳子，说："我还是第一次见这么长的头发，好想给你梳梳头发啊！"于是，一群学生围坐在我们身边，看我给她梳理头发。阳光洒在我们的脸上，也洒在心头，无比的温暖。从此以后，我几乎每天都会抽出时间来给她梳辫子。我们之间的交流也因为梳头发变得越来越多了。我了解到她的老家在内蒙古，爸爸在医院工作，平时也很忙，姥姥在她家住，只是照顾她的生活，没有更深的心灵上的交流，她也不爱跟姥姥说话。

后来，我跟她爸爸长聊了一回。她爸爸说以后要多抽时间陪她，寒暑假带她出去旅游散散心。一个寒假回来之后，她跟我说她去了内蒙古爸爸的老家，在辽阔的大草原上驰骋，真有一种飞一般的感觉。望着辽阔的大草原，呼吸着新鲜的空气，还有成群的马儿羊儿奔跑着，看着这些，心情会变得格外舒畅。她还说，以后还希望到处去旅游，去海边，去大山里……我说："你们是七八点钟的太阳，将来的世界由你们来创造，或许你将来还有能力环游世界呢。"我为她描述着未来美好的光景，但愿能带给她更多的美好和希望。

她慢慢地与我越来越亲近。但是一直以来，我都不会也不敢在她面前提到她的母亲。

直到有一天，她写了一篇作文，作文题目是《最让我感动的一件事》。在语文课上，她一边写一边哭，我看到她第一次向老师吐露了她的心声。在作文中，她写道："最让我感动的一件事就是妈妈在她病得很重的时候，依然为我做了我喜欢的冰激凌，那是我吃过的最好吃的冰激凌。"看着看着，我的眼泪也慢慢流了下来。我意识到这是一个很好的与她交心的机会。于是我借着这篇作文，与她聊起了她的妈妈。她哭着，我在一边轻轻地上下抚摩着她的后背。后来我听到周边孩子悄悄地啜泣的声音。慢慢地，话题转到了她妈妈的离世。她接下来的话很令我意外，她说，妈妈的离世对于她自己可能是一种痛苦，但是对于妈妈可能就是一种解脱。因为从她上一年级时，妈妈就患了癌症，接下来的几年里，妈妈的大部分时间也都是在医院度过的，她看到了妈妈生病的痛苦，而自己又不能替妈妈分担，现在唯愿妈妈在天堂里不再受病痛的折磨。看着这个善良懂事的孩子，我内心很受触动。谁又能想象她在母亲生病期间为母亲担忧的日日夜夜呢？她的痛苦不是从母亲去世开始的，而是从她上一年级就开始的呀！我抚摸着她的头，对她说："你的妈妈能有你这样善良的孩子，她一定很欣慰。你愿妈妈没有痛苦，你觉得妈妈在天堂最大的心愿是什么？"她想了想，说："妈妈希望我和爸爸过得好，过得开心！"我会心地点了点头，告诉她："当老师思念亲人时，都会看看天空，天空上飘过的云彩、天空上的星星都能把你的思念带给你的亲人，或许你也可以试试。"于是，每天中午吃过午饭，我和孩子们都会在操场一起玩耍一会儿，这时，我们总会望望天空，让云彩带去我们对亲人的思念。

"假如生活欺骗了你，不要悲伤，不要心急！忧郁的日子里须要镇静：相信吧，快乐的日子将会来临。心儿永远向往着未来，现在却常是忧郁：一切都是瞬息，一切都将会过去；而那过去了的，就会成为亲切的怀恋。"

朗读着语文课本上这首普希金的诗，我看了她一眼，我知道她会比其他同学更懂其中的内涵，唯愿这首诗也能成为她心目中的一盏明灯，照亮她未来的路途。

那一次交心后，她开始对我和同学们都敞开了心扉。我发现，同学们也越来越主动地与她交流，与她玩耍。每次学校的社会大课堂活动，我都让她跟在我的身边，我们一起去游乐园玩，一起去参观首钢工业园区，一起画画，一起照相……她脸上的笑容也越来越多了。通过这件事，我也看到了其他同学的真诚、乐观、有责任感。原来我平凡的爱也能唤起学生们的爱心，也能使一个学生重新找到被爱的感觉。

后来，我们班级的扎板设计，篮球比赛的海报设计，感恩节、万圣节等节日的海报设计工作，我都交给她来做。一方面，她需要与同学们合作完成这些工作，另一方面，她的绘画才能也能得到充分展现。慢慢地，同学们发现了她的绘画才能，在学校的万圣节服装走秀比赛中，我让她代表班级在全校师生面前走秀，她设计的服装得到了同学们一阵阵的热烈掌声。那一刻，我和同学们对她更多了一份由衷的赞赏。后来，她的生日会上，同学们也被邀请去她家做客，发现她设计了各种各样好看的衣服。同学们由衷的赞赏也让她越来越自信了。

六年级下学期，同学们开始找适合自己的初中。我得到消息，有一所本区很好的中学在招美术特长生。我把这个消息告诉了她的爸爸，她爸爸带着她积极备考，最终她成为了我们学校唯一进入这所中学的应届毕业生。毕业后的教师节，她约了几名同学来看我，看到她绘声绘色地向我描述着初中生活的样子，我开心地不住点头。她跟我还是那么的亲近，我知道她有了很多新的同学和朋友，他们之间可以互相倾诉成长的烦恼，分享成长的喜悦。有了这些同学和朋友，她的青春岁月就不会孤单了。

我给这名女孩的是我作为老师的最平凡的爱，同学们给她的是作为同学的最平凡的爱，然而正是这最平凡的爱才能真正打动人心。她母亲的离世使她失去了来自母亲的亲情之爱，但是父亲的爱仍在延续，老师的关爱和呵护在加倍，同学的陪伴与赞赏也纷至沓来。就是这场爱的接力，使她心中感受到的爱的力量有增无减。这些爱交织在一起，迸发出巨大的能量，激励着她向前、向上发展。希望我可以继续和学生们用爱来创造传奇。我和学生们的故事仍在继续着……

基于教育故事的理论分析

爱的主题是教育工作者的重要主题，也是教育教学工作能取得效果的"秘籍"之一。黄老师讲述的故事里，蕴含着两种精神——教育的智慧和教育的合力。

首先，上述故事展现了教育者的教育智慧。马克斯·范梅南教授在《教学机智——教育智慧的意蕴》中详细阐述了教育智慧的问题。他认为，机智表现为对学生的体验的理解，教育者要对学生保持开放性的理解。在这个故事里，黄老师了解到班上这名学生的特殊成长经历，她时刻保护着学生弱小的心灵，以细心却又不刻意的方式关心学生，保护学生的敏感心理。她通过学生的麻花辫细心观察到她的日常，通过给学生梳麻花辫的行为，给予学生妈妈般的爱。在学生看来此举是不经意的，但却是老师用心的行动。老师给予了学生充分的理解、保护和关爱。正如范梅南所认为的，教育机智是润物细无声的。案例中，黄老师细心对待学生，给学生的温暖如春风一般环绕在这个缺失母爱的学生身边。

教育机智带来什么？ 1.机智保留了学生的空间，成人给学生创造了空间，学生以自己的方式来做出决定；2.机智能保护那些脆弱的东西；3.机智使好的品质得到巩固和加强，教育者需要信任学生，在学生感受到教育者的信任是真实的、积极的时候，教育者对学生的信任会给学生力量；4.机智加强学生的独特之处，能够识别学生的独特性和差异性，并加强它；5.机智促进学生的学习和个性成长，将影响学生的性格和反思，以及批判性地理解世界的能力。从案例中可以看出，黄老师对学生的细心和教育的智慧，保留了学生的敏感脆弱，但又给予学生成长的力量，让她发现自己的独特之处，例如在绘画方面的特长。创造情境让学生发挥特长，而学生也通过认识到自己的独特之处，在学习上表现出较好的结果。从这个学生的成长上，我们看到了教师的教育机智带来的成长力量。

其次，这个故事还展示了另一种精神——教育的合力。学生的成长，不是仅仅靠教师一个人的力量就能够实现的，需要家庭、同伴及个人的主观能动性的共同参与。在这个案例中，黄老师不仅仅是用心付出、呵护敏感脆弱的心灵，关爱学生，还采用恰当的方式，做到了各方教育力量配合起来共同促进学生的成长。例如，黄老师与学生父亲沟通对学生的教育和影响方式，在日常教育和在学业选择的关键时候，给予家庭实质性的建议和指导，而学生父亲也是重视和关注学生教育的，在黄老师的提醒下，与学校一起为学生成长付出努力。家庭教育的有效结合，使得该学生有了良好的成长环境。又例如，黄老师在班级活动中，营造良好的班级氛围，使全班同学关心该同学，并时时创造机会使该同学能充分发挥自己的特长，既为班级获得荣誉又证明了该同学的能力。在良好的班级氛围中，在同伴的友爱环境下，学生获得了好的滋养，而最关键的是，学生向老师敞开心扉，在自己感兴趣的领域不断努力，发挥自己的主观能动性，最终能够在学业上有较好的表现。所有这一切，其实都是外部环境和个人主观努力共同作用的结果，展现了学校、家庭、同伴共同的教育合力。

教育之爱，是教育中永恒且重要的议题。教育活动中，教育者所应具有的，不仅仅是发自本能的爱，更应该是有智慧的爱、理性的爱。教育之爱，不仅仅体现着教育者的教育情怀和教育者的个性品质，更反映着教育者的教育理想、教育理念。

（点评人：杨启华副教授）

站在别人的角度上看问题

北京市石景山区金顶街第二小学　刘　宇

那是一个普通的下午，其他学生都出去活动了，只留下值日生们在教室打扫卫生。我在讲台桌前判着作业，耳边是学生们扫地的"沙沙"声。小组有6名学生，3名学生负责扫地，3名学生负责擦地，其中，小文的任务是擦1、2、3组的地面。刚开始的时候，学生们各司其职，都在安静地做着值日。突然，只听小文一声大喊，然后就是"哗啦"一声。我连忙抬起头，只见小文拿着自己的水瓶把一瓶水倒在了他后面同学的桌子上。一看这架势，我明白了，小文又与同学发生矛盾了。

小文从小和爸爸妈妈、爷爷奶奶一起生活，爸爸妈妈工作较忙，他主要由爷爷奶奶照顾。两位老人十分溺爱他，每当爸爸妈妈要管教小文时，老人都会护着他。家里的一切都以他为中心，导致他衣来伸手、饭来张口，养成了以自我为中心，从不为他人着想，也绝对不能吃一点亏的霸道性格。在班里，他时常和同学发生一些大大小小的矛盾。

我停下手里的笔，把他和坐在他后面的辰辰叫到跟前，我刚打算开口问问发生了什么事，小文就迫不及待地抢先大声说："他用墩布碰了我的桌子!"那架势好像他受了天大的委屈。我看看他又看了看辰辰，问："辰辰，你来说说是怎么回事。"辰辰心平气和地说："老师，我刚刚要用墩布擦地，不小心碰了一下小文的桌子，他就把水倒在了我的桌子上。"我转过头看着小文，问道："事情是像辰辰说的这样吗?"他看了辰辰一眼，说："他用墩布碰我桌子了!"他的声音虽然小了一点，但气势不减分毫。

了解情况后，我并没有贸然地立刻去批评教育小文，而是决定抓住这个契机，看看能否让他在与同学相处的方式上有所转变。于是，我让辰辰先回去继续做值日，然后把小文叫到身前，我耐心地问："辰辰碰到你桌子的什么地方了？"

小文想了想说："桌子腿下边。"

"哦。"我继续问，"那他碰坏你东西了吗？"

"没有。"小文很快回答。

"那他把你的东西碰到地上了吗？"我看着他的眼睛问道。

"也没有。"他看着我，声音又小了些。

"那你为什么这么生气呢？"

"他凭什么用墩布碰我的桌子？"小文还是很生气，他的脸红红的。

"你觉得他是故意的吗？"我耐心地问。

他想了想没有回答。

我又接着问："你和他已经做了4年同学，凭你这4年对他的了解，你觉得辰辰是不是一个会故意用墩布碰你桌子的人？"

小文想了一会儿，小声说："不会。"

"看来你冷静下来了。"我微笑着说，"辰辰不小心碰了你的桌子，你又是怎么做的呢？"

"我……我把水倒到他桌子上了。"

"那你是不小心还是故意的呢？"

"我……我是故意的。"他低着头，红着脸说道。

看着他低下的头，我知道他已经认识到自己的错误了。我微笑着说："你们刚刚的事让我想起一篇咱们学过的课文，你能猜到是哪篇吗？"

他想了想，说："是去年学过的《争吵》。"

"你还记得课文的内容吗？"

他扬起头，皱着眉头想了想说："我记得好像是一个男孩不小心碰了另一个男孩的本子，另一个男孩就故意把他的本子弄坏了。接着他们就吵架了，谁也不理谁，但俩人心里都很难受。最后他们互相道歉后就和好了。"

"是啊，你看辰辰不小心碰了你的桌子，你故意倒他一桌子水，多不好啊。那现在你知道该怎么做了吗?"

他看着我的眼睛,说:"我该去向辰辰道歉。"

"你真是个明事理的孩子,而且知错能改,但是你处理问题的方式太冲动了,不问青红皂白就发火动手。你现在能想出更好的处理办法吗?"

他想了想,说:"我应该先问问辰辰为什么碰我桌子,如果他是不小心的,我就原谅他;如果他是故意的,我就让他必须向我道歉,不然我就告诉老师。"

我点点头说:"这个处理方法比上一个好多了。"我继续说,"你还记得今天上午我们在看足球比赛的时候,你和月月之间发生的事情吗?"

他歪着头回忆了一会儿,说:"今天上午我们在看足球比赛的时候,我不小心踩到她的手了。"

"那你还记得月月被踩了手之后是怎么做的吗?"

"她……她就小声和我说'你踩到我的手了'。"

我看着他的眼睛说:"是呀,你那时正和其他同学聊得手舞足蹈,都没听见,还是我提醒你的呢。小文,假设调换一下,你坐在地上,你的手被月月不小心踩到了,你会怎么做?"

他一愣,想了想,不好意思地说:"我会把她推开,对她说,你干吗踩我手呀……"

看得出后面的话,他有点说不出口。我没有继续问下去,点点头,和颜悦色地说:"月月的手被你踩到了,你觉得她疼吗?"

他小声说:"应该挺疼的。"看着他渐渐低下的头,我知道他的内心已经被触动了。

"我也觉得挺疼的。"我附和道,"你看,她的手被你不小心踩到了,特别疼,她既没有生气地对你大声指责,也没有冲动地对你动手进行任何报复,而只是轻轻地提醒你。看看她处理问题的方法,再看看你处理问题的方法,你有什么启发吗?"

他想了好久才慢慢地说:"我觉得她的做法比我的好,我不小心踩到她的手,她也没生气,也没说我。"

我微笑着说："你看，她这样大度的做法，得到了你的认可。那你能不能以后也像她这样，遇到事情不激动，心平气和地解决问题呢？心胸宽广，大方地宽容别人的错误，做一个豁达大度，通情达理的男子汉。"

"老师，我以后一定不冲动了。"

"好的，老师相信你能做到的，现在去和辰辰和好吧。"

小文转身就去向辰辰道歉了。

看着他的背影，我在想：今天的对话，会让他记在心里，还是像窗外的风一样，一瞬即逝，不留下任何痕迹？以后的一段时间里，我留心观察了一下他和同学们相处的情况。有一次，同学路过他的位子，不小心碰掉了他的本子，他刚想张口说些什么，却深吸了一口气，默默地自己捡起了掉落的本子。同学发现后向他道歉，他还微笑着说："没事，你又不是故意的。"

这学期班干部改选开始了，小文主动竞选宣传委员。他在自荐时说道："我愿意为大家服务，帮助老师布置好板报。我知道我有许多小毛病，但我有决心把它们都改掉，和同学们友好相处，我们互相帮助。请大家相信我，把宝贵的一票投给我。我一定不会辜负大家的期望，请大家看我的行动吧。"

在进行投票统计的过程中，我偷偷看了一下统计结果，小文以超过半数的选票成功当选。这说明他这段时间的改变，得到了绝大多数同学的认可，我真为他感到高兴。

第二天，当我在公布他当选宣传委员时，我看到他脸上的笑容是那样甜蜜，他的眼中充满了对我的感谢。我对他笑了笑，向他竖起了大拇指。

当学生之间发生矛盾时，我首先明确我的态度，让学生平静下来，和他一起回忆事情的经过。在回忆的过程中，引导他感受到同学的"无意"和他的"故意"之间的差别。接着，我联系了我们学过的课文，让他自己去思考在这件事中他哪里做错了。在他有了一定的认识之后，联系早晨在他和同学之间发生的一件差不多的小事来对比，通过对比，让小文明白对待事情采取不同的态度、不同的处理方法，会得到不同的结果，要用宽容的态度去包容别人的错误。

基于教育故事的理论分析

这则教育故事涉及教育中同理心培育的问题。同理心是个心理学概念，它是发生在人际互动过程中的一种心理现象，指的是对他人情绪和精神状态的理解及对其行为的推测，也就是我们常说的感同身受。同理心是社会认知的重要组成部分，在社会交往和道德发展中扮演着重要角色。例如，在日常生活中经常提到的设身处地、将心比心的做法。心理学家发现，无论在人际交往中发生什么问题，只要你坚持设身处地、将心比心，尽量了解并重视他人的想法，就比较容易找到解决问题的方法，尤其在发生冲突和误解时，当事人如果能够站在对方的处境想一想，也许就可以了解到对方的立场和初衷，进而求同存异、消除误会。一般研究认为，同理心会增加积极行为（如帮助行为），并防止或减少反社会行为，包括攻击和青少年犯罪等。

实际上，同理心的问题在我国古代儒家哲学中也是一个重要的道德问题。《论语》中孔子说"己所不欲，勿施于人"，意思是说自己不喜欢的，也不要强加给对方。①这句话说的就是要推己及人，换位思考。在今天，培养青少年同理心的发展也是学校教育的重要目的，教育工作者，特别是班主任在处理学校冲突过程中要注意培养学生的同理心，潜移默化地引导他们学会站在别人的角度上考虑问题，培养学生的社会情感能力，从而使学生更好地社会化，成为一个亲社会性的公民。那么如何培养学生的同理心呢？

首先，给学生树立良好行为的榜样，通过榜样的作用来潜移默化影响学生的同理心发展。班杜拉在其著名的代表作《社会学习理论》中提出人与环境是相互依赖的关系，人、行为与环境在连续不断的交互作用中实现了人类心理机能的发展。②在学校教育过程中，同学之间、师生之间、人与环境之间相互影响，学生作为成长中的青少年受到外来环境的影响很大，教育工作者在学生与环境的交互作用中善于通过榜样的作用培养学生的同理心。对儿童

---

① 李泽厚：《论语今读》，生活·读书·新知三联书店，2008。
② 阿尔伯特·班杜拉：《社会学习理论》，中国人民大学出版社，2015。

的亲社会性倾向产生最普遍而深刻影响的是他人的行为，也就是儿童所接触的榜样。儿童通过对榜样行为的观察，可以学到同理心能力及利他行为。在这个教育故事中，班主任刘老师的行为就是在与小文的对话中让小文认识到自己行为的不恰当，从而引发小文思想认识的变化，这个过程不仅仅是在处理一起学生之间的冲突，同时也是一个培养学生同理心的契机。

其次，促进儿童对别人感情的道德敏感性。在学校教育中可以通过以下几方面来促进学生的道德敏感性。对儿童的敏感善良行为进行表扬。当家长或教师注意到学生有敏感善良的道德行为时，要及时给予表扬，让他知道家长或教师对他的行为感到高兴；对学生的道德行为进行及时反馈。儿童从小形成敏感善良的行为习惯，将会对他的一生产生重大的影响。因此，应告诉学生他们的道德行为所引起的实际效果；引起儿童对非言语感情线索的注意。非言语感情线索主要指人的面部表情、身体姿势和行为。在可能的情况下，向儿童指出你所关心的问题，可以使儿童敏感地注意到别人的感情；让儿童设身处地地思考别人的感受。充分利用书本、电视、报纸和现实生活中的情境，让儿童站在别人的立场上来体会一下别人的感受。

最后，班主任可以通过班会课实施角色扮演活动，在角色扮演中培养学生的同理心。角色扮演是一种人与人之间的社交活动，这种活动广泛适用于游戏、治疗、培训等场景之中。在活动中，参与者在故事世界中通过扮演角色进行互动。参与者通过对角色的扮演，可以获得快乐、体验及宝贵的经历。通过角色扮演，先让人产生身临其境的感觉，产生类似体验，然后才可能使其体验到他人的难处，从而产生同理心，才能使个体在遇到具有道德韵味的情景时做出适宜的道德判断乃至于道德行为。角色扮演是心理咨询与辅导中经常采用的方法，它能使被试者亲身参与到活动中去，积极体验，从而使被试者的感受内化。角色扮演的核心是激发个体内在的积极情感。

（点评人：康晓伟副教授）

走进他的世界，拒绝"贴标签"

北京市延庆区第四小学　马建涛

如果没有走进我们的班级，如果没有走进他的家庭，如果……你绝对会认为他是我们班"最乖巧的仔"——大大的眼睛、长长的睫毛和白白的小脸。但是事实是，他上课随意离开座位，想说什么就说什么，手里不停地做小动作。因为他，我们班的很多课都上得很费劲；下课的时候你越不让他跑，他越要跑，想打谁就打谁。他是让所有老师都头疼的一名学生。在大家眼里，他脾气最臭、超级自私、目中无人、恣意妄为……当然，他更是全校"最出名"的学生。

但是他讲哥们儿义气，只要是其他班同学骂我们班同学了，他绝对会仗义出手，拦也拦不住；他集体荣誉感强，在学校组织的各项比赛中如果我们班输了，他会像疯了一样闹脾气。总之，他认为自己都是对的，别人都是错的。

一节语文课上，他在未经老师同意的前提下私自离开座位，向小聂借一支笔，小聂不借，他不管三七二十一拿了就走，小聂伸手拦了一下，他就非说小聂打他了，老师来了，及时制止了他们的争吵。当我找同学调查、询问的时候，他竖起耳朵听，只要有一句话是说他的不对，他就要打人。除此之外，无论是对老师还是对同学，他都脏话不离口，但是他从不承认自己说脏话了。

从教20多年，我真的从没见过这样的学生，毛病一大堆，软硬都不吃。面对这样一名学生，我真的有点不知所措。于是我和他的前任班主任进行了长达两个小时的沟通，我了解到他三年级时的情况和现在四年级基本差不多，甚至比现在还要严重，那时的他连班主任都不放在眼里，和班主任对着干，有的时候连班主任都骂。在我和他的谈话中，我感觉到他有时候从心里能认识到自己的问题，但他给你的感受就是他总觉得是老师的问题，老师总是在偏袒好学生，对他不公平。他经常会说："老师，是不是你们都喜欢好学生？""还不是因为我是赖学生，所以你觉得所有的错都在我。"有时我在想：他还这么小，怎么会给自己贴上"赖"的标签呢？长此以往，这就会导致他内心比较自卑，最终他就"破罐子破摔"了。

有了这样的认识后，在处理同学之间的矛盾时，我都会先问他到底是怎么回事，如果换位思考，他会怎样解决这个问题。在跑操过程中，小崔跑得比较慢，他就连推带骂，让人家快一点，结果两人就打了起来。我赶紧把他们拉到旁边，以免影响班级整体的跑操进度。我先问他："你为什么打小崔？到底怎么回事？"他说："老师，你看他，跑那么慢，咱们班都比旁边的班级慢那么多了，让他快跑，他还不听。"我说："他不听，你也不能打人家呀！再说……""哼！就知道说我，还不是因为他妈是老师，你们是同行，你就向着他。"我的话还没说完，他就不乐意了。我忍着自己的脾气，继续说："你看，你是因为他跑步慢，影响了咱们班的速度，所以你们才发生矛盾的。如果你换一种方法来解决，结果会是怎么样呢？"他想了想说："我应该告诉老师，也可以让他到最后面去跑，这样就不会影响咱们班了。""对呀，你看，你都能当老师了，如果像你说的那样，那后面的事情就不会发生了。"我接着又对小崔说，"你看，他是因为这个原因才和你打起来的，以后你可要加强体育锻炼了，可不能给咱们班拖后腿了，你说呢？"在我的调解过后，他做着鬼脸，满脸灿烂地笑。后来我问他："你为什么这么高兴？"他说："这一次老师终于也向着我了。"孩子就是这么容易满足！

他的英语不错，还很喜欢踢球，所以每次的教育活动我都极力地突出他的优势。英语课上，他诚恳地和我说："老师，我特别想踢球，如果我这次英语考了好成绩您就让我去踢球，行不行？"我爽快地答应了。他见我这么爽快，心里又犯起了嘀咕，立即改口说："老师，咱俩比赛做英语卷子，我分高就去踢球，您分高我就听您的话。"我一听立马来了精神，想当初我可是英语课代表，虽然我现在教的是数学，但我的英语成绩也是不错的。"行，听你的。"时间一分一秒地过去了，我感觉不太妙。可千万别小看现在四年级的英语，比我初中学的都难。怎么办？我故意软软地说："哎呀，这卷子也太难了，你得让我5分，我都好多年不学了，你天天都学，这样不公平。"他连忙看看我的卷子，说："行，让你，但是只能让3分。"我想3分也行呀！最后的结果是我在他让我3分的基础上喜得91分，他在让了我3分后得了90分。在英语老师给我们判完卷子之后，他乖乖地回到自己的座位上去了，一个星期都没再提踢球的事。我向全班同学讲述了这件事，表扬他守信用、英语学得好……可是也有同学为他打抱不平，觉得他亏了。他却说："让老师3分是在比赛前我和老师说好的，不能说话不算话，下次我可不让老师了，原来咱们马老师不但数学教得好，英语也挺好的。我觉得比赛是公平的。"这一番话，让我对他刮目相看，他好像变得讲理了，也懂规矩了。

此后，我和他妈妈取得了联系，当我把这件事讲给他妈妈听时，他妈妈惊讶得不知该说什么，过了好一会儿，他妈妈才说："原来我儿子这么懂事，我总是觉得他不听话，总是给我惹事。每天早晨、中午走的时候，我都嘱咐他好好听话、别发脾气、有事找老师、别打人。"现在我终于知道"赖"的标签不光是他自己给自己贴的，同时也是他的家长给他"贴"上的。于是，我给他妈妈讲了一个网络上很流行的教育故事，故事讲的是幼儿园里的老师跟一位妈妈说她的孩子一会儿也坐不住，可能是多动症，建议到医院去看看，妈妈在非常伤心的情况下告诉自己的孩子："今天老师表扬你了，说你能自觉地坐在小椅子上3分钟了，如果能坐够5分钟就更好了。"在妈妈的鼓励下他真的能坐够5分钟了。到了小学，老师和妈妈说她的孩子是全班最差的学生，是不是有什么问题，妈妈却对孩子说："你是妈妈最棒的宝贝，今天老师说通过你的努力，你在慢慢进步，如果你足够努力，你一定能超过你的同桌。"结果这个孩子不但超过了他的同桌，而且还冲到了班级前十名。到了高中，老师说，以他现在的水平考二本费点劲，妈妈却对他说："老师说了，以你的水平考个一本问题不大，再加把劲考清华、北大也是小意思。"结果他真的考上了清华。

听了这个故事，他妈妈恍然大悟，原来她每天不停地叮嘱，每天的担心实际上是在强调她的儿子就是这样的：不听话、爱发脾气、经常打人。潜移默化中儿子就变成这样的人了。

在我和他妈妈交流之后，他妈妈改变了说话的方式。慢慢地，他变了，虽然有时候还是控制不住自己，会犯错误，但是打人的时候少了，主动帮助别人的时候多了；上课离开座位的次数少了，回答问题的次数多了；和我说话时"你"少了，"您"多了……

当然，作为一个学生，问题反复出现是很正常的，要想改变他，路还很漫长。尤其是他长期散漫惯了，也变得什么都不在乎了。庆幸的是，我不但没有放弃他，而且尝试走进他的内心世界，了解他的爱好、特长，关注他的需求，不让任何人给他贴不好的标签，引导他正向发展。现在的他，虽然还是时不时地制造点麻烦，还会和同学发生矛盾，但是我也欣喜地看到他在一点点地改变。我相信，他一定是那朵花期比较长的花，只要我们悉心浇水、施肥，他就一定会开出最漂亮的花，让我们静心等待！

基于教育故事的理论分析

马老师讲述了如何从拒绝给学生贴标签开始，通过倾听学生的内心，走进学生的内心，重新认识学生并很好地引导学生发展的教育故事。在这个教育故事里，马老师的教育行为最值得关注的特点在于拒绝给学生贴标签，这一行为给人以教育启发。

在教育活动中应拒绝给学生贴标签。马老师从初入班级看到这个全校有名的"赖"学生，并通过他以前的任教教师也了解到了学生的顽劣。但是马老师并没有给学生贴上不好的标签，也没有带着标签对学生进行教育。拒绝给学生贴标签，是教育活动中很重要的原则。

标签理论最初是"犯罪与越轨行为研究中最具重要意义的视角之一"。犯罪学传统理论采用一种绝对论的定义，把越轨和犯罪解释为某种行为中与生俱来且真实存在的东西。标签理论则采用一种相对主义的定义，认为关于某特定行为的任何属性都无法自动地使这个行为被定义。越轨不是某行为的属性，而是其他人如何看待此行为的结果。霍华德·S.贝克尔提出的越轨定义正反映了这种相对主义的观点：社会群体通过制造规则，将规则运用到某些特定的人群身上，并通过给他们贴上局外人标签的方式来制造越轨。从这个角度来看，越轨不是某人所从事的行动的特性，而是其他人将规则或制裁运用于"冒犯者"身上的结果。"越轨者是被成功贴上越轨标签的人；越轨行为也即是被人们贴上了标签的行为。"[①]标签理论，解释了部分人为什么会走上越来越严重的犯罪道路。

将标签理论用于教育领域，人们认为，学生在其学习生涯中，也会出现一些偏差行为，如果教师给学生贴上一些代表其偏差或缺点的标签，会带来诸多不良影响。首先，教师用固化的眼光看待和评价学生，忽视学生的变化和发展的可能性，也会难以发现学生真正的特点，从而造成对学生发展的忽视，固化陈旧观念，不利于学生发展。其次，学生自我或其他学生，都会受到这种标签的影响。就如同这个案例中，马老师提到的：他还这么小，怎么会给自己贴上"赖"的标签呢？长此以往，这就会导致他内心比较自卑，最终他就"破罐子破摔"了。一方面，他的同龄人会用标签看待被贴标签的学生，标签成为同伴眼中的一种烙印，尤其是当教师给学生贴上的是负面的标签，同龄人也会用负面眼光看待被贴标签的学生。另一方面，被贴标签的学生也会在压力的影响下发生自我认同的转变，使自己的行为更符合标签。或者，认为这就是自己抹不去的印记，认可了这种标签的存在。

教师的言行、评价是影响学生发展的重要因素，在教育中要拒绝贴标签。因为教师贴标签，而使学生形成错误的自我认知，影响学生发展的情况在教育活动中并不鲜见。针对学生发展中的问题，应以发展的眼光看待，理性地引导，尊重并给予学生发展的更多期许，才更有利于学生发展。而贴标签、用固有眼光看待学生，会导致学生在偏差行为上愈演愈烈。

心理学研究中的期望理论表明，教师对学生抱有的期望，是学生发展的

---

① 熊海燕：《社会犯罪学的原因理论》，知识产权出版社，2015，第108页。

动力。"你想别人会怎么发展，最终他真的就发生了这样的变化……这一切听上去似乎蛮不讲理，但是对期望效应的心理学研究已经证明，在某些领域，在某种程度上这是真的。期望效应的意思是，如果我们预期某一事物将以某种方式发生，我们的期望就会倾向于让它变为现实。"[1]教师的积极的期望，潜意识中肯定、鼓励学生，对学生而言是重要的不言力量。而贴标签，却从某种意义上给了学生负面的评价，缺失了对学生积极的期待，最终将严重影响学生的发展。

在马老师的教育故事中，马老师具有教育的敏感性，没有因为学生的表现及以往老师的评价，形成对该学生的负面看法。他拒绝贴标签，并且从多个方面欣赏学生的优点，找到学生的问题产生的原因。马老师的教育敏感，不贴标签的行为，肯定了学生发展的潜能，并有助于教师敞开视野，以平等、尊重的态度，良好地沟通互动，找到转化学生的方法，使学生向好发展。

（点评人：杨启华副教授）

① 黄希庭、郑涌：《心理学导论》，人民教育出版社，2015，第535页。

写给学生们的"情书"

北京市延庆区十一学校　祁　燕

　　第一次用文字和学生们沟通，是我休完产假回来那一年。我带着一个刚组建的班集体去参加军事夏令营，没想到，到那里的第二天就开始下雨。我到女生宿舍转了一圈，看到姑娘们正聚在一起吃零食，床上地上狼藉一片。我强扯微笑说："姑娘们把被子都叠起来，地上的垃圾收拾一下。"同样的话我重复了三遍，她们始终是无动于衷。就在我气冲丹田的时候，教官通知全体队员开会。学生们一哄而散，把我一个人尴尬地留下。我忽然觉得自己像个头顶冒火的"围裙妈妈"，于是我本能地把铺散的"大花卷"都叠成了"豆腐块"，拿起扫把把宿舍的地扫干净，把女同学的鞋子和洗漱用品整齐地摆好。看着被自己收拾得焕然一新的宿舍，我心里一下子温暖和平静了。我想我不应该就这样走掉，于是我给她们留了一张便条，我写道："其实刚刚我很生气，但我转念一想，你们刚刚六年级毕业升入初中，还有很多不适应；这又是第一次离开家过集体生活，所以我可以暂时允许你们的小懒惰和小任性。不是以后我说的每句话你们都要听，但我说得对的，希望你们可以考虑照着去做。"我不知道学生们回来看到纸条是什么心情，但让我没想到的是，这张小纸条的力量远远胜过我的絮絮叨叨和大发雷霆。因为此后的五天里，这个女生宿舍的卫生都是做得最快和最好的。后来有名女生悄悄告诉我，她们好几个人的被子两天都没舍得打开过，因为是老师亲手叠的，还叠得那么好看……

　　这一次偶然的"便条"事件无意中开启了我和学生们的"情书"之旅，这一写便是十年，十年中我用最质朴的文字，送走一届又一届学生。

2018年，我遇见了我的八年级（9）班，这个班级让我再一次感受到文字的伟大力量。这是我中途接手的一群初二的学生，在遇见我之前他们已经更换了两位班主任。第一天报到我就无意中听到两个女同学的谈话："也不知道新班主任什么样，她要是对咱们不好，咱们就想法把她气走。"听到这我倒吸一口凉气，接下来的日子不好过啊！当天晚上我还接到了一名小女生的微信，她说："老师，我不知道你是什么样的人，以后你对我好，我就对你好。"看着她的话我竟一时语塞。接下来的几天我观察到她上课一直把脚搭在桌子堂上，整个人歪坐着，脸上满是挑衅的表情。我一次次地忍住了即将爆发的"小宇宙"。后来判作业的时候，看到她飞扬跋扈的字迹，我想是时候和她说点什么了，于是我写下了这几句话："丫头，上课时咱们别把小脚丫放在桌子堂上好吗？咱们班的女同学里你应该是第一个被我记住的，我想对你说：无论你对我好不好，你是我的学生，我会一直对你好。"第二天翻开她的本子看到这样的回复："好的，老师。您这么一说我有些小尴尬，以后尽量改。发微信这事应该是自己还在换老师的情绪中呢，这事，您就当过去了吧。"看到她的话，我一直揪着的心一下子放下了。我忽然意识到只要选对了方法，学生们一点都不难沟通。

后来我才知道，这个班中27个学生，有2/3都是单亲家庭或者留守儿童，他们不懂规矩，自由散漫。但短短接触后，我也感受到了他们的单纯与热情，内心对爱与尊重的渴求。于是作业本便成了我和他们敞开心扉、畅谈心事的秘密花园。在这里有安慰，有劝诫，有鼓励，有叮咛，更可喜的是学生们也会慢慢给我回应……

班里还有个大个子姑娘，接班之前我就久闻其名。接班之后，果然名不虚传：课上出怪声，课下会和男生扭打在一起。有一次我把她叫到身边，想给她讲讲道理，结果一个口误把"师说"说成了"妈说"。我笑了，她也笑了。我说："那好吧，从今天起我又多了一个大闺女。"从那天开始我喜欢亲切地称她为贺大宝，办公室的老师们也都应景地唤她"大外甥女"。慢慢地我了解到跟随妈妈生活的她，虽然外表狂放不羁，内心却敏感脆弱，渴望爱与关怀。大家都知道她喜欢画画，只有画画的时候她才是最安静的。于是班里的板报、墙报、手抄报都出自她的手笔。运动会的班牌上两个白色的翅膀是她用餐巾纸一片一片剪开贴好的。参评时我们的班牌没有获奖，她一个人坐在操场上哭鼻子，我把我自己闺女给我的小玩偶送给了她，她一直视若珍宝。过了一段时间我忽然发现我们班原本简陋的花盆上全都有了彩绘，美极了，像极了贺大宝的笑。后来我专门给贺大宝写了一篇文章《将错就错，假戏真做；将计就计，发挥特长——大闺女养成记》。

我和学生们的"情话"不光在作业本和专属小文章上传递着，就连黑板也成了心情涂鸦板。我们的小别离、小欢喜都会在这里一览无余。去年9月，我和我的八年级（9）班迎来第一次运动会的时候，我却因为一个重要培训不得不缺席半天。于是放学后我悄悄在黑板上写下几句话："亲爱的同学们，非常抱歉在这么重要的日子里，我缺席半天。所以我给每人准备了一条蓝丝带，让它代表我来陪伴大家，相信这条蓝丝带会给你们带来好运气！爱你们！"这些蓝丝带是上一届学生在毕业之际满含深情送给我的，我珍藏了整整三年。第二天清晨，我早早就来到了操场等待学生们，并给每个学生手腕上都系上了蓝色的蝴蝶结。学生们说："老祁，你有心了，有了蓝丝带我们一定给你拿个第一回来。"果不其然，一上午的时间，他们就拿下了1500米和400米两个第一名。最后带着这种神奇的魔力，我们以团体第一名的成绩完美收官！

慢慢地，我发现同学们喜欢课间围在我身边叽叽喳喳，喜欢把头伸过来让我的手掌轻轻摩挲，喜欢在喜悦和悲伤时向我讨一个拥抱，喜欢远远地跑过来唤我一声老祁……时间在这些温暖的文字中流转飞逝，转眼就到了我和他们说再见的时候了。按照班级惯例，我还是给他们留了一封长信《有一种不舍叫我们》，信中写道："我不是在最美的时光里遇见你们，而是遇见你们的时候，才是我最美丽的时光。"那天晚上泪水几次打湿了手稿，提笔写不尽我对他们的不舍与担心。"我亲爱的孩子们，不要因为老祁不在身边而难过，每一个即将和你们在初三这一年并肩作战的老师，都值得你们去爱和尊重。这些老师会有不同的风格、不同的脾气、不同的授课方法，你可能会喜欢，也可能会不适应，但你记着，他们都是因为同一个目标站在这间教室，站在你们面前的。记着孩子，所有为爱出发的脚步都会在同一个终点相遇，所以不要去挑剔，不要去抱怨，你要做的就是收起你的小个性，在初三这一年里，和这些与你们同在一个战壕里的老师并肩作战，迎战中考！孩子们，我还有好多好多叮嘱的话没说完，因为太多了，我不知道从哪句说起，更不知道到哪句结束，最后我只能说，老祁一直都在，从未曾离开……"

说到这儿，我又想到了那一年最感动我的毕业季留言，一位高三的男班主任在黑板上写下了这样一句话：明天就高考了，你们再看看书，我再看看你们！

其实，活在当下的学生真的不易，他们的世界被丰富的物质和变换的信息充斥着，被一些变形的人生观和价值观诱惑着，被充满着各种争议的教育观念左右着，使得他们看起来躁动，实际上孤独；看起来强大，实际上无助；看起来什么都不缺乏，实际上却迷失了自我。所以我总希望学生们能够被这世界温柔以待，总想别出心裁地给他们经营一段快乐的时光。春天里带他们看桃红柳绿，冬天里带他们看大雪纷飞。我们会在讲桌上插上新开的野花，在校园一隅偷偷喂养流浪的猫儿，在雪后的操场堆一个属于我们的雪宝……

就像江美琪《那年的情书》里唱的："你的世界但愿都好，当我想起你的微笑。无意重读那年的情书，时光悠悠青春渐老。回不去的那段相知相许美好，都在发黄的信纸上闪耀，那是青春，诗句记号，莫怪读了心还会跳……"

基于教育故事的理论分析

班主任工作是一个非常具有挑战性的工作，特别是当面对的学生来自缺少家庭教育与爱的成长环境，班主任教师需要付出更多的精力去培养学生的习惯，弥补学生因家庭教育缺乏而带来的学校教育难题。这也正是许多教师不愿意承担班主任工作的第一个重要原因。但是，来自不利家庭环境（比如单亲家庭、留守儿童、经济困难家庭等）学生的教育问题是现实社会中客观存在的教育问题，这些不利家庭环境生活下的儿童更应该得到学校教育的重视，因为这可能是他们接受良好教育的唯一渠道了。所以，从这个角度来说，班主任老师的工作就具有更加重要的意义。我记得有这样一个寓言故事：

退潮后的海边，一个小男孩正沿着海边抓起一条条小鱼扔回海里。这些小鱼因未能跟上退去的潮水，滞留在了海滩上的小水洼里，眼看就要干涸而死。一名游客嘲笑地对小男孩说："别扔了，这么多小鱼，凭你的力量是拾不过来的，再说又有谁在乎呢？"小男孩没有停下，拾起一条小鱼说："这条小鱼在乎。"他又拾起一条小鱼说，"这条小鱼也在乎。"

学生就像是河里的一条条小鱼，我们的教育工作者就像是这个寓言故事中的小男孩一样，对小男孩来说，小鱼就是一条小鱼，在小男孩生活中微不足道，但是对小鱼来说，这个小男孩就是这些小鱼的救星。这个小男孩每捡起滞留于海滩上的小鱼并扔回海里，那么可能就挽救了这条小鱼的生命。所以，小男孩的行为对每一条被捡起来的小鱼来说都是非常的重要。作为班主任，我们所教的学生在我们的生命当中可能就是一个匆匆过客，但是对这些学生来说，每一个教育工作者特别是班主任教师对他们来说都是至关重要的，都可能是影响他成长历程的关键他人。这个教育故事的主人公祁老师就是这样影响这些学生的重要他人。虽然这些学生的家庭环境都很一般，在家缺乏爱与好的家庭教育，良好的习惯没有养成，但是祁老师对这些学生确实像对待搁浅海滩的小鱼一样，通过自己的教育行为改变这些学生。

改变学生们的教育方式有很多，而且对班主任工作老师也没有固定的方法，祁老师通过与学生进行书信沟通，取得了意想不到的沟通效果。书信作为一种经典的沟通方式，由于具有较为私人交流的性质，而且往往体现了较为亲密的交往关系，比如发生在家人、师生、友人等之间，因此在教育中扮演着非常重要的角色。我们知道古人有家书、家训等家庭教育的沟通方式，流传至今的经典家书或者书信有《曾国藩家书》《颜氏家训》《傅雷家书》《行知书信集》等，当代涉及师生关系的书信包括《孙犁书札：致韩映山》《Cathy与你：我们的"师生情书"》。这些教育书信资料不仅成为重要的交流资源与材料，而且有些已经成为教育领域的经典，成为中华民族教育智慧的结晶，发挥着重要的教育意义。因此，如何将书信作为一种重要的师生交流载体并发挥其教育意义，我认为是值得班主任教师及所有教育工作者认真思考的问题。

本文的主人公祁老师在教育实践中很好地运用书信这种载体架起师生沟通的桥梁，并且持之以恒，通过微信留言、作品点评、毕业留言、黑板涂鸦等各种形式的"书信"载体连接起了与学生沟通的情感，为她的教育工作提供了一种新颖的形式。我认为这体现了祁老师的教育智慧，而且难能可贵的是，祁老师能够持之以恒，多年坚持采用这种教育形式，我认为这对成为卓越班主任、卓越教师、卓越教育工作者是非常有价值的教育尝试、教育探索与教育经历。所以，我鼓励班主任教师及所有的教育工作者要善于运用"书信"这一独特的教育交流形式，将书信交流作为沟通师生、沟通家校交往的重要载体，最终成为促进学生成长路上的一道亮丽的风景线。当然，如果持之以恒，我认为也有可能将自己的书信交流成为凝练教育智慧、进行教育知识生产的途径，成为其他教育工作者学习的精神财富。

（点评人：康晓伟副教授）

密切关注，与学生们同行

北京大学附属小学石景山学校　康佳丽

班主任是和学生接触最多、最亲密的老师，小学班主任更是如此，可谓是全天候地看护着班里的学生们。在6年的班主任工作中，我深深感受到：每名学生都是本独特的书，需要我们细细品读、密切关注。

关注闪光点

2018年9月，开学第一天，我正在班里组织学生上交暑假作业，突然有人敲门，我打开门看见了两张熟悉的面孔，这不是小显的爸爸妈妈吗？还没等我说话，家长就热情地跟我打招呼："康老师好！这是小显的弟弟，小博。他去年得了急性肾炎，休学在家养病，半个学期没上学，学习也就跟不上了，我们给他办了留级，真幸运能分到您的班里。"

我看着胖乎乎的小博，他的目光中有几分胆怯，我伸出手去牵他的小手，微笑着对他的家长说："为了孩子的发展，咱们共同努力！"把小博领进班后，我心想，两年前，我教过小显，如今他的弟弟也成了我的学生，还真是有缘。

开学不久，小博就展现出了他的与众不同。上课时，他的注意力总是不能集中，坐没坐相，有时目光呆滞，有时东张西望，小脑袋里不知在想什么事情。跟他说上课坐好认真听讲，眼睛看老师，但由于他自控能力差，非常好动，总是说到做不到。上课从不举手，叫他起来回答问题也是一问三不知，只是一脸茫然地看着老师。课堂表现如此，作业自然也会出问题，只要是在学校写的作业，他大都不会做，就等着放学回家写。

由于小博的身体还未完全康复，医院给他开了免体证明，体育课、舞蹈课、乒乓球课他都不能参加，我没课的时候就带着他在班里学习，有时候会跟他谈心。小博不善于表达，也不爱说话，你问什么他答什么，回答时说的最多的就是"不知道"。跟他讲道理，讲要求，他总是答应得很好，但做起来就很困难，学习上总是提不起精神。提起小博，各科老师都很发愁。

我跟小博妈妈聊过几次他的情况，每次小博妈妈当着我的面都只会对小博说："宝宝，要听康老师的话。"除此之外也不会说什么特别的。看得出，妈妈很爱这个小儿子。和小博妈妈的交谈中，我了解到小博的爸爸是名军人，部队在远郊，只有周末才回家一趟，两个儿子一个上四年级，一个上二年级，学习上全靠她一人辅导，家庭琐事也都靠她一人料理，这位质朴的妈妈让我心生同情。每晚她都在用心地辅导孩子学习，但收效甚微。

有一次语文课上，同学们都在专心听讲，突然小东呕吐了起来，没来得及跑出去就吐了出来，弄得班级过道上都是呕吐物。这时，有的同学用手捂着嘴巴，有的把头扭向了一边，还嘟囔着"真恶心"。只见小博拿出自己的抽纸帮小东清理起来，当时我就表扬了小博不怕脏臭、乐于助人的好品质。在他的带动下有更多的同学一起帮忙清理。通过这件事，我对小博刮目相看。

还有一次午饭过后，值日生留在班里做卫生，其他同学都到操场上玩去了。有的值日生拿着大扫把满教室跑，有的边玩边擦桌子。我进到班里看见小博蹲在门后的角落里用他的小扫把、小簸箕一点点地扫着地，一边扫一边自言自语："这里也太脏了吧。"我被眼前的这一幕深深打动，眼前的小博让人心疼。在当天的辅导班时间，我郑重地讲述了小博认真做值日的情景，还夸他是值日生中最认真、最细致的，同学们纷纷朝他竖起了大拇指，很少听到表扬的他，笑得可灿烂了，眼睛里也有了亮光。从那以后，小博更爱劳动了，在课堂上也自信了不少，不良习惯逐步得到了改善，偶尔还能主动举手发言呢。也正由于有了老师对他的信任、尊重、理解、激励、宽容和提醒，他找回了自信。

从小博的身上，我深刻感受到老师在班级管理过程中要多采用赏识教育的方法，及时发现学生的优点和长处，加以表扬肯定，不要吝惜赞美之词，这样会帮助学生树立自信心，克服某些不良习惯。关注学生的闪光点，充满爱的关怀、鼓励很可能改变一名学生的行为，会让一双胆怯的眼睛熠熠生辉。

反之，哪怕是一次不当的批评，也可能严重挫伤学生的自尊心。

关注变化点

小学生的内心远比我们想象的敏感，他们的喜怒哀乐都会写到脸上，老师要善于观察学生情绪上的变化。

小涵一直是个乖巧懂事的女生，上课专心、作业认真，一直是老师得力的小助手。但升入三年级后一向坐姿挺拔的小涵总是喜欢趴在桌子上，这一变化引起了我的注意，我便用小纸条开始了与小涵的谈心交流。"最近怎么了，有什么不开心的事吗？"我趁其他同学游戏的时候悄悄把纸条塞到了她的手里。没想到很快我就收到了她的回复，她写道："老师，我家有了一个小弟弟，自从小弟弟出生后我感觉爸爸妈妈视我为空气，他们只关心小弟弟，都不关心我了。"原来由于家里新添了小弟弟，爸爸妈妈对她的关注度骤减让她难以接受。得知原因后，我继续写纸条安慰、鼓励她，一来二去她把我当作了最知心的人，什么秘密都愿意跟我分享。在我的引导下，她对小弟弟的态度有了很大的改变，往日的自信又回到了她的脸上。

感恩节那天，我又收到了小涵的小纸条，上面写道："亲爱的康老师：谢谢您一直帮助我们。每当我们学习上有问题，您总是第一时间帮助我们。每当我看见您的眼神，您的眼睛里有一种真诚的目光点燃了我对学习的热爱。在课堂上您是我们的老师，课下您是我学习的目标，更是我前行的方向！谢谢您，我的老师！我会永远记住您的！"读完小涵的纸条我热泪盈眶，我没想到我在学生心目中那么重要，也让我体会到了教师的职业幸福感。

与学生沟通的方式有很多种，有时候文字比语言更能深入学生的内心。用小纸条的方式和小涵沟通还是从学生们那里学到的。去年，我发现班里的学生喜欢传小纸条，特别是淘气活跃的贝贝，上课时总喜欢扔个小纸条给旁边的同学，我也现学现卖，就用他们喜欢的方式跟他们交流吧。

贝贝同学天资聪明、活泼可爱，但上课很随便，经常说话，课下在教室里追跑打闹，同学都告他状。我对他软硬兼施，但都无济于事。发现他爱传小纸条后，我也试着给他写了张纸条："贝贝，你很聪明，如果你上课不再随便说话，能认真听讲、积极回答问题，你会是最棒的。"他收到小纸条后，特别高兴，给我回了一个："好的。"送小纸条的时候还主动来找我交流，行为习惯明显改变了许多，后来我又写了第二张、第三张纸条来肯定他的进步，鼓励他继续努力。渐渐地，我发现似乎有一股神奇的力量在鼓舞着他。现在他不仅改掉了很多的不足，而且成了我的小助手，课下帮忙整理班级的图书。他还当上了班里的班干部，他的眼睛里闪烁着自信的光芒。

关注进步点

班里的木木同学很聪明，只要不提作业样样都行。但一到写作业的时候他就成了一个"老大难"，尤其是写家庭作业时特别磨蹭，总是边写边玩，同学十分钟能完成的作业，他一小时也完不成，而且字也写得很潦草。学习上存在着很大的惰性，懒到不想写作业。

由于父母离异，平时他都是由母亲照顾，一个月才和父亲见一面。父亲没时间管他，母亲对他束手无策，他们把孩子的教育问题都推给老师。我和木木谈心，和家长谈话，多次沟通都没有什么效果，家庭作业问题没有任何改观。像这样写作业严重磨蹭、缺乏时间观念的学生班里还有两个。一次，我邀请了数学和英语老师一起，利用放学时间给这三名学生和家长开了一个小型家长会，一起直面问题，解决问题。最后决定给这几名学生单独建一个微信群，让他们组成一个"每天进步一点点"小组，互相比一比，看谁进步快，家长记录各科作业的完成时长并把作业发到群里打卡，三科老师在群里督促鼓励。

有了老师的监督和鼓励，他们写家庭作业的状态不再像原来那样松散，有了一些紧迫感。我们对他们的要求就是一天比一天有进步，只要有进步老师就会在群里及时肯定，渐渐地，他们的学习积极性提高了很多。

小学班主任的工作平凡而琐碎，没有什么轰轰烈烈的大事，每一天都是由一件件小事组成。教育的路上，我们应相信"学生是可以改变的"。对此我满怀期待，倾注耐心，尊重他的人格，用爱去感化他们，密切关注班中每一名学生，与学生们同行！

基于教育故事的理论分析

读完这几个简短而质朴的故事，一位亲切又可爱的教师形象跃然纸上，我们能从字里行间感受到一位平凡的教师对待学生们的用心。而这些简单平凡的小事却充满着对于人性的理解，体现着教育的真谛。下面我从几个方面做简要分析：

第一，看到与肯定，建立人的意义。每个人都希望被看到、被肯定、被认可，这是一个人存在的基础。一个人总是在与他者的互动关系中存在着，只有当被看到、被认可时，才会感受到自己存在的意义，儿童尤其如此，他们自我意识、自我认知尚在发展过程中，更需要他人，尤其是父母和老师来认识自己、觉察自己、感知自己。文中的康老师对学生的观察细致入微，愿意从点滴的小事入手去发现学生、肯定学生，发现学生爱劳动、爱干净、不怕脏、不怕累，发现学生情绪状态上的异样，发现学生上课、作业中的进步等，让学生感觉到自己是被看到、被关注的，是有意义、有价值的，从而激发了学生的自尊心、自信心，激发起学生积极进取的动力，让他愿意为了做得更好而努力。

第二，互动与交流，建构心灵世界。每个人都渴望与他人进行交流，在互动与交流中，感受着自我的存在，感受着来自他人的情感，表达着自我的想法，从而建构自我的心灵世界。孩子虽小，但仍对这种互动与交流充满着好奇、渴望与期待，这种互动让他们感觉自己是一个独立的个体，有着独立的思想，可以与他人交流、交换，如果对象是一个自己喜爱与敬佩的成人，那么自己与之进行的这种互动与交流就更加妙不可言了，这是一种尊重，一种理解，更是一种心灵的互动。文中的康老师与因弟弟的到来而一筹莫展的小涵、淘气好动的贝贝互写小纸条进行交流，这种交流形成了一种良性互动，是彼此心灵的秘密，是一种慰藉、寄托，还有一种劝诫和引导作用，这些小小的纸条让学生们有了不一样的感觉，开始对成长进行思考。而我们从中也看到了一位可爱可亲、真实友善的教师，更是有着一颗孩子般纯真善良的心灵，放下作为教师的威严，重拾自己的童心，让自己像朋友、像伙伴一样与学生亲密互动与交流，而这些看似微小的事情却在无形之中滋养了孩子们小小的心灵，让他们获得交流的快乐，让他们的心灵有了依靠和陪伴，少了很多孤独与苦闷，而情绪的疏解也带来了学习与成长的动力，这种心灵滋养与陪伴促进了学生去积极进取，让自己更加阳光快乐地成长。

第三，督促与反馈，克服人性弱点。每个人天然地都会有惰性，而不良习惯更是强化了这种惰性，对于学生们来说，自控力尚不足，学习、作业方面存在惰性更是再常见不过。而我们的教育正是一个不断克服人性弱点、训练和塑造良好行为与习惯的过程。合理适当学习、作业是作为一名学生应承担的责任，它在某种意义上来说是一种劳动，而劳动是一个人生存、生活所必需的，在这个过程中，学生们学会克制自己，学会坚持、忍耐，学会耐心、细致，学会遵守纪律，逐渐适应社会生活，完成社会化过程。因而，当学生出现不完成作业的状况时，督促、反馈与鼓励是必不可少的。文中的康老师与其他教师一起，建立了一个监督、督促和反馈机制，促使学生完成必需的作业任务，让他们慢慢克服自己的问题与困难，逐渐适应正常的学习生活、建立规则意识，学会克制与严格要求自己，并慢慢从中找到乐趣和成就感，形成一种良性循环状态。

小学教师的工作琐碎而繁杂，学生们千差万别，也错乱频出，而文中的康老师带着微笑，平和温暖地与学生们亲近，走进学生们幼小的心灵，与他们一起欢笑、烦恼、成长、生活，让人感动。

（点评人：李爱霞博士生）

一把钥匙

北京交通大学附属中学　　杨冰心

"老师，您一定要来看我们的新年音乐会哦！"李华笑嘻嘻地对我说。

"好的。"

晚上6点多，前来欣赏这场精心准备的音乐会的人络绎不绝。

演出开始了，我开始不断寻找我熟悉的脸庞。看到那么多熟悉的学生，我感到无比欣慰。目光定位到倒数第二排的中间位置，我看到了他，那个满腔热情用心歌唱的他。虽然早就有所耳闻他是音乐特招生，钢琴9级，但是此刻看到他如此认真的模样——这也是我从未见过的一面，不禁心潮澎湃，久久不能平静。脑海中不断闪现出了这半学期的种种画面。

在我从教生涯的开端，我遇见了他。

高一刚开学不久，作为数学老师，我就注意到他在课堂上经常处于游离状态，对数学学习提不起兴趣。于是，我找班主任了解情况，发现他是特招生，中考数学成绩不佳，在班主任的课上也时常走神，作业也不交。他还就调座位一事与班里其他同学发生了冲突。于是，开学的第一次班会，班主任就这些问题让全班同学进行了讨论。作为该班副班主任的我，有幸参加了这次班会，对他多了一分了解。班主任讲述着军训期间的一个小故事，让学生分析小故事背后人物的优点。而我却被这个故事吸引住了。

军训期间，每班要在食堂轮流值日。当轮到我们班的时候，下水道却堵了，班里同学都嫌太脏，远远地站着。突然，一个瘦弱的男生走了过来，主动把剩菜剩饭从下水道里捞了出来，这才确保值日的正常进行。班会课上，班主任问他为什么这么做，他回答道："如果不这样做的话，全班都将会受到惩罚。"多么简洁又有力量的一句话，那一刻，我热泪盈眶，感觉自己的灵魂受到了触动。虽然同学们相识时间不长，但他已经有了那么强烈的集体荣誉感和责任感。

他是一个活泼开朗、非常有礼貌的学生，在楼道里，总能见到他笑呵呵的样子，看到老师们及时问好的样子，看到谁需要帮忙第一时间冲在前面的样子。课间他活泼可爱，课上却一言不发，时常开小差，但偶尔也记记笔记。恍惚间，半学期快要结束了。

他走到钢琴前开始演奏，我有幸欣赏这天籁之音。突然，我看到他冲我微笑，内心百感交集，热泪盈眶，这么有活力的学生为什么对学习没有兴趣呢？我是多么希望有一天能够看到他学习时也有如此认真的模样啊！

莺飞草长，春暖花开，第二学期很快就开学了。日出日落，一如往昔。每天中午他常来我办公室"凑热闹"，听其他同学问问题，当然也只是边听边左顾右盼。

有一天放学后，他来办公室找我，我以为他要问问题，竟有些小激动。

"老师，您有咱们班的钥匙吗？"他推开门，探着头。他是班里的生活委员，每天除了负责监督值日，还要负责锁门。交给他的任务，只要不是学习任务，老师们都是很放心的。

"有啊。"我有点小失落，他不是来问问题的。

"那您能借给我吗？我今天没带钥匙，班里还没锁门呢。"他笑呵呵地问道。

恰巧这段时间我正为他的合格考而发愁。而他似乎并不在意合格考，甚至还有些排斥。我灵机一动，心想这或许是个机会。"当然可以借给你了，但前提是我们来看一下去年数学合格考的题型，就只看看，一道题也不用做。"

听到合格考，而且是数学，他竟然说了句："老师，再见！"随后，便关上门离开了。

我本以为这件事情已经无望了，但是后来出现了转机。

第二天放学后，他又来了，还是来借钥匙。

"钥匙可以借，前提还是你来看看合格考考题，去年合格考选择题就有81

分呢!"我知道这对于他来讲是个极大的诱惑。

"什么? 81分? 真的假的?"他一脸惊讶。

"不信你自己来看看。"

他走过来了,我拿出开学前早就为他准备好的这套题目。

"27道选择题,81分,这么好,但是有很多题我都不会呀。"他既高兴又失落。

"没关系,我们还有时间呢。你看第一道大题直接给出解答过程,问这里面用了哪些知识,也跟选择题差不多,还5分呢。"见到他已经"上钩",我便继续消除他的畏惧心理。

他翻看了下后面的题目,然后自言自语:"选择题要是能拿60分不就过了嘛,第一题我会做,3分了!"

我拿出钥匙,顺便也把试卷从他手中拿回来:"今天你见到了题型,题就不做了。来,钥匙给你,快去锁门吧!"

他哼着小曲出门了。

让我甚是欣慰的是,第三天放学后他又来了。

"又来借钥匙啦?"

"今天我带钥匙了。"他走进办公室。

"那你咋不回家呢?"

"还早着呢,回家也没啥事干。"

"好吧,那现在我们来做一下去年的选择题? 看看能得多少分?"我小心翼翼地试探着。

出乎我意料的是,他竟然答应了。

不到半小时,他便结束了战斗,得了45分。他激动地说:"那岂不是我再得15分就及格了! 再会五道题,就及格了!"

"是呀!"我审视着他的试卷,很是诧异,有些题目虽然简单,但对他而言却像是从未接触过。"你这道题怎么做的?"

"这不是吓唬人的吗? 小学生都会的题目。"他开始给我讲述他的思考过程。

"那这道呢?"我不断询问着……在他给我讲解的时候,我发现有些题目他真的是靠运气蒙对的,我一边感叹他的"蒙题大法",一边给他讲解我是怎么做的。

"哈哈哈,我没用您的方法也做对了!老师您教的没用。"他扬扬得意地说。

"你真的是太聪明了,但这道题要是变成这样,你还会吗?"

他皱了皱眉头,但是还是比较认真地听完我讲的内容,我知道他在默默记忆一些他不知道的知识和公式。

第四天放学后,他如约而至。但是这天做的题目只拿到了36分,他开始有点气馁,觉得及格对他来说太难了。

"你有进步啊,你看这道题目跟昨天的类似,昨天还不会,但是今天却做对了,这里面还有些咱们还没学过的知识呢!"我害怕他刚建立起来的一点信心又崩塌了,"你什么时候开始不想学数学,或者开始害怕数学的?"我开始询问着他的经历。

"小学四年级。"

我很诧异,虽然我知道他肯定是在某一时期摔倒后没有站起来,但是没想到竟然那么早。

我一边询问原因,一边开始给他讲我上学的经历,还有我对他的印象。

"其实在咱们班,我对你印象非常深刻。"

"为什么呀?"他忽闪着两个大眼睛。

"在我拿到名册的那天,我就注意到了你的名字。后来,第一周班会,班主任问你为什么要用手捞起下水道里的剩菜剩饭时,你的回答真的触动了我。"

"我说的什么我都忘了。"他拿起了一把椅子,坐在我桌前,问道,"然后呢?"

我从那次班会开始讲起,直到新年音乐会,再到借钥匙。他安静地听着。

随后的每天,他都准时来办公室报到。一个月后,第一次合格考模拟考试,他考了76分,成了班里进步最大的学生。同学们对此非常震惊。

"你这次进步很大呀,你看都及格了。明天试卷讲评,你能不能来讲讲这题?"其实,这一天我已经盼了很久了。

"不要!我从来没有在讲台上讲过题!"

"那你以前是不是也没想过自己的数学能及格啊?你看你大题都没怎么得分,这都已经及格了呀。你这次的进步,也影响着班里的其他同学,你看班里的这些同学今天都说要抓紧时间复习了。明天让你讲题,其实是想让你印象更加深刻点,你别害怕,你可以先在我这儿备下课,给我讲讲,明天没问题的。"

他虽然满脸写着"拒绝"两个字,但是还是答应了。那节试卷讲评课,他讲得非常好,他自己也很开心。

后来,每次小测验他都主动帮我改卷,为了让他敢于做大题,每次我都把立体几何大题留给他,并给他分析考点,渐渐地,他觉得这些题也不过是吓唬小学生的难度。我知道他要过数学合格考已经是易如反掌了。

有一天,他满脸焦虑地来找我:"老师,我们下周要考计算机,我啥也不会,肯定过不了。"

"别着急,我有计算机基础啊,给我一份你们的材料,明天我给你讲。"

考前只给他讲了三天,考完试他非常兴奋地跑到我办公室,说:"三道大题居然都做出来了,虽然不知道对错,但是班里×××同学平时三道题都能做出来,今天就做出来了两道。"他满脸小骄傲。

暑假,他查完成绩,第一时间告诉了我,全科合格考都通过了。我真的替他感到开心,替他开心的不只是结果,更是他将近三个月的付出,从小心翼翼地迈出第一步,到满怀信心地步入考场。

高二分班后,他在13班,而我恰巧也教13班。生活还在继续,这把钥匙的故事未完待续……

基于教育故事的理论分析

一把钥匙打开了学生的心门,架起了师生之间的桥梁,也建立了他对学习的信心与兴趣,这把钥匙究竟是什么呢?

这把钥匙是真诚、尊重和欣赏。以人为中心的学习理论强调，老师要将学生当作平等的个体看待，杨老师自始至终用平等、尊重的态度与李华沟通，这是她与李华建立良好师生关系的基础。而杨老师坦诚地告诉李华自己对他的认识、自己的学习经历，进行了自我暴露，让李华看到了作为一个真实的人的杨老师。这是老师展示真诚的有效方式。罗杰斯认为，促进学生学习最基本的态度是真诚，教师应该展示真实的自我，无须伪装[1]。教师的自我袒露会让学生打开心门。并且杨老师看到了李华身上的闪光点，他多才多艺、乐于助人、富有责任感，这正是罗杰斯所强调的积极关注，即以积极态度看待学生，对学生的言语和行为的积极面、光明面给予有选择的关注，利用其自身的积极因素促使个体发生积极变化。这把钥匙让杨老师和李华建立了信任、平等的师生关系，才让李华能够愿意听取杨老师的建议。

这把钥匙也是不断提高的自我效能感。自我效能感指的是人们对自己实现特定领域行为目标所需能力的信心或信念[2]，这种信念会决定个体付出多大努力，以及感到困难时能够坚持多久。即使个体拥有完成任务的能力，如果对自己的能力不自信，也会失败。李华在数学上表现出了明显的自我效能感不足。他在四年级时开始对自己的数学能力产生怀疑，从而失去了学习数学的信心和兴趣。班杜拉研究后发现，自我效能感的形成主要来自四种不同的途径[3]：一是通过以往的成败经验；二是通过他人的示范效应（看到跟自己相似的人通过努力获得成功，就会相信自己也有能力成功）；三是通过社会劝说，告诉他们具备获得成功的能力（通过夸奖等方式，让人相信自己具有能力完成任务）；四是通过情绪状况和生理唤起（紧张、焦虑、身体不适容易降低人们的自我效能感）。其中，以往成败的经验对于个体自我效能感影响最大。杨老师通过劝说，让李华看到自己的优点，开始相信自己的能力，并且通过创造成功经验，逐渐提高了李华的自我效能感，使他不再惧怕数学，并最终提高了成绩。

---

① 卡尔·罗杰斯、杰罗姆·弗莱伯格：《自由学习》，人民邮电出版社，2015。

② 张鼎昆、方俐洛、凌文辁：《自我效能感的理论及研究现状》，《心理学动态》1999年第7卷第1期。

③ 周文霞、郭桂萍：《自我效能感：概念、理论和应用》，《中国人民大学学报》2006年。

这把钥匙还是合理的学习程序。杨老师在为李华创造成功经验时，采用了逐步增强难度的方法。美国著名的心理学家斯金纳曾经提出过程序教学[①]，告诉教师应该如何安排学习步调，在帮助学生建立自我效能感的过程中具有借鉴意义。它包括五条原则：第一，积极反应原则。学习者必须主动地做出积极的学习反应，才可能获得强化（强化即能够提高某种行为频率的刺激或事件，杨老师的鼓励、提高的成绩、同学的认可都可以成为一种强化）。所以我们看到杨老师没有逼迫李华学习，而是鼓励他自发学习尝试。第二，小步子原则。把要学习的新内容进行分解，并从简单到复杂、循序渐进、一步步地呈现，由此达到最终的学习目标。杨老师第一次只让李华看了难度较低的考试题型，初步树立了他的信心，就及时停止，之后逐步升高难度，到让他在全班面前讲题，坚定他的信心，这是循序渐进的过程。第三，及时强化原则。当学生做出每一个正确的学习反应后，都给予反馈或强化。如杨老师在面对李华一开始的能力不足时，并没有一味地指出问题，而是注意保护他的信心，对每一点进步都及时进行鼓励。第四，自定步调原则。允许每名学生按照自己最适合的学习速度进行学习，不强求所有学生都按照一个步调进行学习。整个过程中，杨老师基本上尊重了李华自身的步调，同时在恰当的时候能够提出合适的目标，比如李华对自己的信心不足，不敢讲题，但是杨老师发现他的水平已经足够，从而鼓励他提高难度，帮助他认识到自己的能力。第五，低错误率原则。基于上述四条原则，学习者很少经历失败，学习者的能力就不会受到破坏，并且，学习效率提高能产生更强的学习动机。

杨老师面对一个学习动力不足、成绩不好的学生，没有心存偏见，没有"逼"他学习，而是一步一步用"钥匙"帮助他打开自主学习的大门。在帮助低效能感的学生时，我们不妨放下急切，帮助他逐步建立信心，最终让他能够独自打开成功的大门。

（点评人：朱小爽博士）

---

① 姚梅林：《学习心理学——学习与行为的基本规律》，北京师范大学出版社，2008。

小评价，大变化

——评价让英语课堂活起来

北京市石景山区广宁村小学　　相彩鹏

　　周一早上，我刚打开办公室的门，五年级（1）班的皮特就抱着作业本跟着我跑了进来，"相老师，杰克今天又没交作业！这都是他第N次没交了！我都无语啦！"

　　皮特无奈地向我汇报着。"我知道了，把作业本先放桌子上，第二节上英语课时再说。"我示意他把作业本放到办公桌上。

　　开学初期，班上便出现了七八名学生不按时交作业的现象，影响了全班的学习状况和我的教学进度。我也对这些学生进行了批评教育，但治标不治本，还是有像杰克这样的学生屡教不改。今天我决定进行全面彻底的"大调查"。

　　上课时我没有了往日的微笑，而是严肃地说道："请同学们检查最近五次作业，你是否都交齐了。如果没有，相老师给你一次为自己辩解的机会，请说说原因。"

　　话音未落，教室里顿时炸开了锅：有的学生为自己按时提交作业而兴高采烈，有的则焦急查找，还有的悄悄低下了头。

　　我抓住时机接着问："谁有勇气第一个站起来给自己辩解？"学生们你看看我，我看看你，没人站起来，教室里异常安静。

　　我有些着急了，点起杰克问道："老师发现你最近几次都没交作业，是什么原因？可以告诉我吗？"

　　杰克怯生生地站起来，红着脸小声地说："抄写单词我会，可是造句和小短文我就不知道怎么写啦!"

我安慰他说:"不会写小短文不要紧,课上认真听老师的例句,和同伴一起多操练句型就可以写出来,但不交作业就不对了!"

"可我每次测验成绩都是待合格,同学们都取笑我,作业交不交也没多大关系,我就不想交作业了!"杰克一脸委屈地说道。

杰克的回答让我大吃一惊,我不由暗想:对啊,教师在评价学生学习的同时,应该怎样保护好学生的自尊和自信,促进他们个性、心理健康的发展,这可是我从未重视过的问题!小学高年级的学生情绪不稳定,自尊心强,很容易从一个极端走向另一个极端,有时当他们处在热情洋溢的时候,如果受到教师不当评价的挫折,就很容易灰心丧气。

下课后,我的耳边一直回响着杰克的话,眼前浮现着他难过的表情。我很着急:像杰克这种情况的学生在其他班里也有,已经不是个别现象了。我的心情顿时沉重了起来。

意识到问题的严重性,我开始深入反思自己的不足:长期以来,虽然每节课对于学习评价我很重视也花费了不少精力和时间,但通过反馈效果来看,我忽略了学生在学科学习上的个别差异,没有注重获得有关学生个人发展的纵向资料,没有关注每名学生是否"与自己比"有了进步。长此下去,那些英语基础差、课堂上不积极发言的学生就会对英语学习丧失信心。

为了提高学生学习英语的兴趣,我尝试以课堂教学评价为切入点,激发学生的学习热情,调动学生学习英语的兴趣。我采用个人评价和小组评价相结合的课堂评价方式,把全班分成六个小组,通过"夺星星"的竞赛活动进行小组评价。

课堂小组评价是当学生回答问题正确时可以为本小组得到一颗星;在听力练习,对话练习,小组活动(句型拓展、表演会话)中,表现积极优秀、纪律好的小组可以获得一颗星。最后获得冠军的小组每人在自己的"英语课堂评价记录表"中标注两颗星,亚军组标注一颗星,集满十颗星便可以兑换一份奖品(奖品以学生用品为主)。

当我在五年级(1)班第一次使用课堂评价表时,这节英语课就发生了很大的变化。学生们读课文的声音洪亮了，低头不读书的学生少了；积极举手回答问题的学生多了，不举手的少了；就连杰克也拿起书读了起来，时不时还问问同组的玛丽某个单词应该怎么发音。

半个月后，让人惊喜的一幕发生了。

杰克拿着自己的"英语课堂评价记录表"来到了我的办公室。

其实早在两天前杰克所在的小组就已经获得了十颗星，同学们也来找我换取了奖品，唯独杰克没来。

他拿着自己的评价表不好意思地说："相老师，我……我的评价表也攒够十颗星啦！"

"就是啊，你们组的同学都来换奖品啦，就差你啦！快来挑挑，你想要什么？"我笑着回答说，打开抽屉让他挑选。

他高兴地选了一支钢笔："相老师，今天的作业我就用这支钢笔来写！"说完，他又蹦又跳地走了。

今天又是对话课，课堂上学生都跃跃欲试，有的朗读对话，有的背诵对话，杰克他们组是怎么准备的？我很期待。

只见玛丽和杰克放下手里的书走到台前，他们根据情景自编了一段小对话，虽然杰克说得不是很流利，但却得到了大家的掌声。看着他满脸笑容，我真为他感到自豪和高兴。

我暗想：这么一张简单的课堂评价表竟然会给一名学生带来完全不一样的变化和收获！

小学英语课堂评价是对学生学习过程的评价，目的在于掌握学生的学习情况，激发学生的学习热情，促进学生的全面发展，而不仅仅是对学生的一种测评。通过这张小小的课堂评价表，我发现："星星"的收集过程，实际上是学生在看到自己的进步和连续自我评价的过程。让学生了解自己现有的基础，激发学生关注自己的优点，看到自己的进步，从而激励了学生的学习兴趣和自信心。

在日常的英语教学中，应该平等地对待每一名学生，真正地尊重和信赖学生。针对不同的学生，给予的评价判断应该是不一样的，而这些"不一样"

我觉得应该是以"有利于学生个性成长"为前提的。这也是体现教育评价的人文关怀，给每名学生公平展示自己的机会，让他们充分表现自己，感受成功的喜悦！

基于教育故事的理论分析

评价是教学不可或缺的环节，我们常用"去哪儿、怎么去、到了没有"来形容教学工作，而追问"到了没有"就是评价。关于评价，先前我们的评价主要是指向目标奖惩式的，达到预期目标就奖励、表扬，未达到预期目标就惩罚。后来，我们认识到评价不仅要将结果与预期目标相比较，看预期目标实现了没有，而且要发掘、发挥评价的发展功能，即通过评价来促进教学的改进完善、学生的发展成长。近年来，随着发展性评价理念的普及，以及发展性评价从理念到行动的推进，我们迎来了发展性评价时代。

发展性评价理念很科学、愿景很美好，问题是我们该如何实现发展性评价。相老师为我们"支了个招"，要学会欣赏学生，丰富评价方式，在基于统一标准的横向评价外，我们还可以基于个体开展一些纵向评价，这对学生，尤其是那些成绩不好的学生尤为必要。这些学生可能一时还不能达到全班的平均水平，在基于统一标准的横向评价中会受打击，继而气馁、习得无助，甚至会被逐渐"边缘化"。此时的评价就像沙场的筛子，在"淘汰"所谓的"学困生"。这与我们的发展性评价初衷是悖逆的，我们希望通过评价找出问题所在、发现改进抓手，我们希望通过评价可以让差的变好点、好的更好点。那么该怎么办呢？这就需要我们学会变通，发挥教育智慧，相老师的"跟自己比"，每天有进步，不仅呵护了学生自尊心、提振了学生的自信心，而且帮助学生在学习中找到了存在感，体验到了成就感，无形中增强了学生的学习动力，这是很智慧的做法，值得我们学习、效仿。

看完相老师的教育叙事，掩卷沉思，我在想为什么相老师会想到这个"金点子"，做出这样的育人之举，这背后应该离不开爱心和慧心。我国著名教育家顾明远先生曾说，没有爱就没有教育。世界著名教育现象学家范梅南教授指出爱心是教育的基础条件。委实如此，试想倘若相老师没有对学生的关爱，她应该不会注意到杰克那失落的表情，更不会花时间和心思去想如何帮助杰克走出统一式横向评价的泥淖。此外，相老师这种爱还表现为对工作的喜爱、热爱，在教书育人工作中遇到问题才会用心思考、琢磨。当然，对于教育教学工作，光有爱心还不够，尽管爱心是必要的，还要有慧心才行。有慧心才能想出好点子、解决好问题，否则徒有爱心，难免"有心无力"，甚至有时候会"好心办坏事"。作为一名以教书育人为天职的教师，我们要用心工作，正所谓"世上无难事，只怕有心人"，在爱心和慧心面前，很多教育问题将不成问题。

（点评人：汪明博士）

手机二三事

北京交通大学附属中学　陈　蕾

"老师，您不是说剩下的时间自由活动吗？"

"自主答疑懂吗，你在干吗呢？把手机交出来！你快点给我交出来！"

这是入职不久，发生在我课堂上的对话。

2019年6月我从一所学校进入另一所学校，不变的是我依然在学校，在这个我熟悉并且喜爱的环境，变化的是我从学生转变为一名教师，开始了对一个新身份的适应与学习。我当时所理解的教师，很像泰戈尔的诗句：我的歌将如同你梦想的翅翼，把你的心送往未知的边缘。老师们唱着梦的歌，无回报地奉献，你不必记得我，更不必感谢我，但我可以偶尔，做你的星光，你的灯塔。我执着地认为，我只要唱好自己的歌就好了，我更相信知识的力量。因此开始工作的两个月，每天学习怎么备课，学习如何关注班里的每个学生学习的状态，学习每个知识从一个初学者的角度应该如何理解。一直努力在做的就是如何站好数学课的讲台，让学生能够有所收获。

很快我就发现，在我的课堂上大家的表现参差不齐。有些孩子学习习惯良好，喜爱自由的课堂氛围，他们在课堂上展露自己，与老师频频互动，表现令人满意；有些孩子内向、认真，他们总是默默学习，我几乎没有关注到他们；还有些孩子呢，自觉性较差，在我的数学课堂中，他们缺乏紧张感，当然会有人"乘虚而入"，有睡觉的，有走神的，更有甚者，在课堂上玩起了手机。我今天的故事就跟手机有关。

故事的主人公就叫他小宇吧，他是个很干净、阳光的男生，很聪明，但是上课总是低着头，交上来的作业完成得还不错，但我对他的最初印象，不算好也不算坏。

后来我终于知道他为什么总低着头了——他在玩手机。第一次知道有同学上数学课玩手机，是办公室的老师说她路过我们班的时候在后门看到的，我听了很沮丧，觉得学生并不喜欢上我的数学课，我开始怀疑自己的教学水平，甚至怀疑自己根本不适合当老师，不适合当这个班的副班主任。初入职场的不自信，让我过度反思，也更加困惑。我当天课间就去班里询问，这种直接的方式当然效果甚微，问了几个坐在最后一排的同学是不是上课玩手机了，当时没有问到小宇同学，问到的同学都说没有，我便不再追究了。

因为不知道玩手机的同学是谁，此事便不了了之了，回去之后，我反复思考我的数学课应该怎么上，怎样才能吸引同学们专心听讲，并且向教学主任请教如何把控课堂，如何让学生全心投入，我同时反问自己，怎样才算专心听讲，我让学生专心的目的又是什么。渐渐地，我得到了答案，我期待的是学生能学到知识，而不是木讷地盯着我看，于是我尝试放缓课堂节奏，努力了解每个学生的知识能力基础，让孩子们在课堂上得到正反馈，建立信心，这样他们才能专注于课堂。

有一次，小宇在课堂上拿出手机抢红包，被我抓个正着，我当时是又生气又想笑，我说要把他交给年级组长处理，但我更希望他主动交出手机，并且认错改正。当时他有些慌，态度极好，马上交出了手机。我也向他承诺，只要接下来的两周他上课表现好、作业认真完成，并且以后不再上课玩手机，就给他一次机会。在接下来一周多的时间里，小宇的表现让我很满意，我以为自己的处理方式是完美的。但后来手机不是我自己交还给他的，而是他趁我外出进修不在办公室的时候，私自拿走的，还给我留了张字条，说明了一下拿走手机的原因。他擅自动了我的柜子我很生气，但我没有计较，他私自拿走手机这件事就像没有发生，我和他谁都没有主动说起，我们继续上课、下课。

这时候我并没有意识到自己的问题，第一次惩戒留有余地，处理过程又太随意，作为老师，我并没有真正把这件事放在心上，后来我才知道，原则意识是要在最开始就建立起来的，否则学生们是会一次又一次试探老师的底线的。在教育学生上，我还没有调整好角色，好像自己还是孩子呢，我几乎不知道应该以怎样的角色来教育他，应该说什么，怎么说，我有点找不到老师的感觉，并且没有那么多耐心应对学生，我理想的状态是我们各自安好便是晴天，学生自觉学习，老师认真上课。这种认识欠缺师生交互，老师的作用只有教书了，育人去哪儿了呢？

好景不长，临近期末，有一次课堂上，我讲完复习内容后还剩十分钟的时间，便安排学生自主答疑，有问题的同学单独询问，就在我走下讲台的时候，我看到有几个男生围坐一起，像是在看什么，我走近便发现，小宇同学已经开始在手机上打游戏了，并引来几个同学围观，当时的我，只有生气，近乎失去理智地冲他吼起来："我留时间是让你干什么的？"

他扬起脖子说："您不是说剩下的时间自由活动吗？"

听到这话，我更是气不打一处来，冲他更大声地吼道："自主答疑懂吗，你在干吗呢？把手机交出来！"

他无声地抵抗着，没有动作，我又大声加了一句："你快点给我交出来！"

此时的我已经歇斯底里了，我生气地摔门而出，回办公室开始吐槽，这时候办公室有经验的老教师跟我说："都快要放假了，你就不要没收学生们的手机了，他们最近得用。"听到这话，我也慢慢平复了心情，思考着刚刚课堂上诸多不妥的地方，班上这么多人看着，我近乎发泄愤怒般地对待小宇同学，他的面子又该置于何地呢？教师的礼仪又置于何处呢？紧接着，我便将手机的事反映到班主任那里。第二天一早，我便按照班主任教我的方法，把小宇叫到办公室，没有多说什么，表明把手机归还的态度，让他在我的本上签字即可。从进办公室到拿手机离开，小宇满脸疑惑，他不知所措地问我："老师，您这是什么意思？"我淡淡地说："没什么，就是觉得快放假了，手机你可能会用到，你就拿走吧。"我们的对话中，我并没有对他提出任何要求，也没有报以期待，像是放弃一般。

那时的我，真的几乎是放弃了，并且还在自我安慰试图合理化自己的行为：高中生了，该懂事了，这些不好的习惯也很难改正。我也几乎忘了：他只是个贪玩的小孩，亟待引导，而我作为教师，需要在这样关键的时刻对他进行引导、教育。我更加忽视了学生的感受：犯错后的他，想听到老师的一句批评来证明老师在意他。

假期回家的时候，我跟妈妈聊工作，说起这件事，我便吐槽起来："现在的孩子被手机支配，没心思学习。"而妈妈却说我遇事态度消极，只想逃避、吐槽，而不是积极应对。听到妈妈这么说，我有点不开心，妈妈便让我回想自己上学时候，初中进步大，变得自信，班主任老师对我的影响很大，我们便开始争论了，我嘴硬说道："我上学的时候多么自觉，什么时候有过上课玩手机的情况，这种孩子简直不可救药。"

妈妈缓缓地说："还记得你高中的时候，我跟爸爸喊你出去，你以要学习为由拒绝，但我跟爸爸回家的时候你正看电视剧呢。你看吧，你在爸妈眼中是自觉、听话的小孩，可连你这样的孩子，都不会严格管理自己的时间，也会贪玩啊，并且你可不是偷看了一次哦。孩子就是这样的，你得允许他犯错，你也得接受他再一次犯错，成长是需要时间的，你不能这么快就放弃一个孩子啊。"

我思考着这些话，回想当时的事，我知道，我应该做些什么去纠正学生们不好的习惯，让学生看到我作为老师的态度，看到我的关爱。我开始后悔当时以冷暴力的方式处理这件事，担心小宇会因为我而失去对数学学习的热情，害怕我的态度会影响他学习的信心。就在这一刻我突然下定决心，以后对待每个学生都要多一份耐心与宽容。

这时候妈妈又说："你是老师啊，要庄重一点，为人师表知道吗？不能对学生像对家人一样发脾气，你是去教育他的，用自己的经验，引导他走向更正确的路，你要记住自己的角色，以及你跟学生的关系啊！"

妈妈的话使我陷入了沉思：我似乎很少关注学生的生活，关注他们的身心健康，我对待这份职业缺少对教师角色沉浸式的体会，对待学生也缺少易位而处的思考，这也往往让我陷于困境。而我，始终没有在教师角色中有充分的认同感，做事不够成熟、果敢，没有做好学生的榜样，更没有肩负起教师的责任，我开始要求自己，下次无论发生什么，首先让自己静下来，仔细思考，当下如何处理，事后如何教育，如何对学生的发展产生有利的影响。

我一直相信无论是家庭教育还是学校教育，身教大于言传，北京师范大学的校训"学为人师，行为世范"，不正是对从事教育行业的我们提出的价值要求吗？知识与行动汇成共同的力量才是教师该有的影响力。我希望用我对待学生的态度和对待知识的态度影响我的每一位学生，因为我相信态度决定成败，态度的转变与培养也不是一朝一夕的事，我将在以后的工作中，不断摸索：如何用态度改变态度，用生命影响生命。

现在的我，依然认同一年前自己对教师的理解，但同时，我发现对教师而言，仅怀着对知识的满腔热情是不够的，还要怀着对学生无差别、不放弃的爱，才无愧教书育人，才称得上是好老师。学生就是孩子，他们渴望被关爱，需要正确地引导、教育，需要好老师。

这不是一个成功教育案例的分享，但是它是我教育路上的第一道坎，我在这里摔跤了。这个假期很长，让我得到了充分的休整，希望在疫情过去之后，我会更好地面对我的学生，我也对自己的角色慢慢产生认同感。我开始期待见到我的学生们，我要走近他们、了解他们，以一位老师的身份爱护他们。

基于教育故事的理论分析

随着人们对教育质量要求的日益高标化，以及教育改革的常态化，几年的职前教育相对几十年的教育工作来说日益捉襟见肘，教育专业发展呼声日益高涨。近年来，随着人们对教师专业发展重要性、必要性的意识与重视，专业发展已成为共识、追求，问题是如何寻觅一条操作性强、实效性高的专业发展之路，这是当前摆在广大教师面前的专业发展难题。

陈蕾老师的分享为我们寻觅专业发展之路提供了有益启示，专业发展其实也不难，只要我们在日常教育生活中做到"实践＋反思"。提起反思，相信大家都不陌生，先哲也曾提出"吾日三省吾身"，强调反省对个人成长、完善的价值。反思具有二重性，它面向过去，对过往进行回望，但面向过去是为了更好地面向未来、回望是为了展望。反思对教师发展价值斐然，从杜威经验主义哲学来看，反思在意义生产中的作用就是把经验不断进行改造、优化并获得新的意义。在杜威看来，教育就是经验的改造与重组，为经验赋予新意，从而提高引起后续经验的能力。对此，有研究者指出："教学反思对教师专业发展的意义，最根本的就在于通过对教学实践的关注，经过教师探究式的思考与行动，在教师主动的建构中获致成长。"①关于反思的价值，我们也可抛开学术研究层面来看，比如近年来企业里比较火的"复盘"。"复盘"与"反思"虽然称谓不同，但究其本质二者还是有不少相通，甚至相同之处，复盘在操作主体、流程上比反思更为复杂、规范，但价值取向和作用是相同的，皆是将过去走过的石子路转化为今后的"垫脚石"，哪怕是曾经的"绊脚石"也是可以转化为"垫脚石"的，在此"复盘""反思"肩负着化"经历"为"经验"甚至"能力"的责任。

上述，我们联系生活简要阐述了反思对于教师专业发展，尤其是对于教师自主发展的价值。其实，价值大家都懂，都明白反思对专业成长是有助益的，问题之关键在于如何进行反思，尤其是操作性、实效性高的反思。对此，我们也可从上述陈蕾老师的教育叙事中觅得一二。首先，需要教师对学生的关爱和对教育工作的热爱。没有对学生的关爱和工作的热爱，实难进行主动、自觉、持续的反思。纵使在外力推动下偶尔进行一下反思，也是难以深入、系统、持续的，仿若风中树叶，风吹一下才动一下，风不吹就不动了，这是不行的。上述教育叙事中的陈老师，从时间上来说，"手机事件"已经过去了，但这件事在陈老师心中并没有过去，事后陈老师还在思考、追问，甚至回家与母亲谈及，这一切行为的背后主要还在陈老师对学生的关爱和对教育工作的热爱，否则过去也就过去了。其次，反思最好结伴而行。现实中也有不少老师在进行着教育教学反思，但他们的反思大多是原子式反思，即一个人的反思，没有同行者更没有启蒙者，大多是一个人拿着笔看着纸陷入沉思。个体式反思固然有其价值，但价值有限，严格来说是有局限的，因为个体式反思通常难以摆脱个体局限性，恰如那句古诗所言，"不识庐山真面目，只缘身

---

① 赵明仁:《教学反思与教师专业发展》，北京师范大学出版社，2009。

在此山中"。我们是人不是神，是人就有个体局限性，就算再努力也难完全挣脱个体牢笼，从个体中抽离、鸟瞰全局。此外，心理学也告诉我们，我们看到的都是我们想看到的，我们听到的都是我们想听到的。因此，个体式反思虽有作用，但难免囿于个体局限，量上的同化较多，质上的顺应较少。陈老师的教育叙事无意间给我们很大的启示，反思要想有效，最好结伴而行，因为异质性的介入可以突破先前的惯性思维、视角定式。上述叙事中，陈蕾妈妈的"只言片语"看似很随意，甚至有些漫不经心，却点醒了陈蕾老师，这就是反思中他者的价值所在。因此，我们的老师在进行教育教学反思时，最好能结伴而行，这样一方面可以打开视野、突破个体局限，另一方面也可以相互提醒、督促，毕竟一线工作烦琐，稍不注意或松懈，就容易得过且过、遗忘反思。

（点评人：汪明博士）

无言的教育

北京市延庆区教科研中心　辛计伏

今天读到一篇文章——《给我一个很疼的拥抱》，女主人公对男主人公说："给我一个拥抱，好吗？让我感觉很疼的那种拥抱，要把我的骨头箍得咯咯响的那种拥抱。"突然有一种莫名的感动袭来，想起当年的一件事，想起了我的一名学生和我给他的那个"很疼"的拥抱，更让我感慨的是：有时候一个拥抱远远胜过千万句的语重心长的教育效果，无言的教育更好、更美、更有效。

期中考试刚过，成绩马上就出来了，出乎我的意料，我们班班长的成绩这次非常靠后，我把班长的所有学科试卷都找到了一起，认真地研究起来，试卷所反映出来的问题好像跟原来的班长根本就不搭界，不该错的题错了一大片，还有的竟然是低级错误，这跟原来成绩名列前茅的班长好像判若两人，这是什么原因呢？我不禁陷入了沉思……

第七节课是班会，带着期中考试的成绩我走进了班，站在讲台前，我的目光扫过全班每一名学生，大家的目光也都齐刷刷地望向我，当我的目光与班长的目光接触到的那一瞬间，他突然低下了头。整节班会，他的头就没有抬起来过。

班会结束，我翻看班长的学籍资料和我为他们建立的个人档案，心里琢磨着如何开启我俩的对话……脑子里一下想起了那次家访的经历……

我的这个班长从小就是个学习优秀的孩子，那次我走进他的家，一下子被他家的情况惊呆了，家里没有什么像样的家具，可以说家徒四壁。一进门，他妈妈就拉住我的手，热情地讲述他家的情况：原来，他父母是老实本分的农民，他上面还有两个姐姐，都是学习成绩很优秀的孩子，但父母身体很不好，一直多病，为了养活三个孩子，供他们姐仨上学，能省的都省了，一直教育孩子要好好学习，出人头地，只有这样才能改变家庭的命运，所以三个孩子都很努力，成绩也一直都名列前茅，在学习方面一直没有让父母操过任何心，那么这次到底是怎么了呢？

我必须找他谈谈……

自习课时我把他叫出了教室，他的目光还是闪躲着我，始终都低着头，但我仍然从他的眼神中读出了绝望和无助，我们单独面对面地站在了操场上，我还没有开口，这个男孩子就幽幽地说："老师，我知道您要说什么，在家的时候我爸妈都跟我说过了……"后面的话被哽咽淹没了。我没有继续追问，只是淡淡地说："你一直都很上进，也一直很努力，只不过是这一次没考好，也不至于就这么沮丧到极点吧？"他没有接我的话，而是慢慢地讲起了他家的事："我家一直很困难，我妈妈曾经因为肾病摘了一个肾，爸爸也因为身体原因干不了重体力活，我还有两个姐姐也很优秀，妈妈为了我们三个孩子能顺利读书，除了下地干活，每天中午还在校门口卖小吃和午饭，有些同学笑话我们，但我从来没有因为爸爸妈妈在学校门前做小买卖而感到自卑过，而是每到中午放学的时候就第一个冲出教室，帮爸爸妈妈卖东西，学校曾想给我们申请贫困补助，但我拒绝了，我觉得我们家还过得去。这样的机会应该留给更需要的家庭，我只想凭借我们全家的齐心协力改变现状，一定能够渡过难关，我们也一定能够改变命运……所以我一直很努力！可是……"说到这儿他突然哽住了，眼泪像是断了线的珠子一样扑簌簌地落下来。看到他这样的表情和心境，我准备好的一肚子话竟然不知道如何说出口，一时语塞了。

这么近距离地面对面站着，我认真地端详着面前这个高高大大的男孩子，从他脸上一点看不出贫困和畏缩，但就是这样一个孩子，当初那么阳光、自信，现在却被一次考试的失利折磨得沮丧至极，我的心痛到了极点。我知道，这个孩子虽然家境贫寒，但在学习上一直身处顺境，没有过失利，家长对于他的期望值特别高，一直给他心里种下了读书方能改变命运的种子，所以这个孩子的心里太想赢了，特别希望每一次考试都完美呈现自己的学习过程，希望自己次次成功，所以没有做任何失败的心理准备，我知道这次的失利对他来说是一次很大的挫折，他一点心理准备都没有。

但是此时此刻我真的不知道该说什么好，那些大道理在这个孩子身上真的显得那么的苍白和无力，看着这个被痛苦扭曲了脸的男孩，我知道这个孩子心里对成功的渴望是多么的强烈，我的心被刺痛了，下意识地一把把这个高出我半头的男孩抱在了怀里，使劲地抱住了，起初他挣扎了一下，但在我有力的双臂中，他很快放弃了挣扎，突然一声痛哭从我的肩头传来："老师……老师……，我知道该怎么做……"过了一会儿，待他平静了一些，我拍了拍他的后背，揉了揉他的头发说了句至今我想起来都很无厘头的话："臭小子，哭得真难看……"他不好意思地笑了，对着我鞠了个躬："谢谢您，老师！"这下子轮到我惊讶了，我说什么了啊？他怎么就明白了呢？刚才还愁云惨淡无从开口的我，一下子豁然开朗了，我一把拉住他，使劲地再次拥抱了他："孩子，要知道生活中到处都有挫折，没有哪个人一生都是顺风顺水，你看你的父母，遇到那么大的变故，都从没想过放弃，你偶尔一次的失利真的算不了什么，你永远是我的好孩子，我的怀抱永远向你敞开。"他使劲地点点头，坚定地跟我说："老师，这次我是真懂了！谢谢您给我的很疼的拥抱，我会继续努力的！"然后转过头飞也似的跑了，边跑边擦着眼泪，我知道他的心结打开了。

后来这个孩子以优异的成绩考上了重点高中，再后来考上了自己理想的大学……这件事就像是众多琐事中的一件很快就过去了，我也忘记了。

去年，他们这届毕业的学生约我去聚会，那个男生已经是个英俊的大小伙子了，他和我说起了当年的这个事情，勾起了我的回忆。他说："老师，这么多年我一直回想起您当年的那个拥抱，您说您那么瘦，怎么那么有劲呢？您给了我一个很疼的拥抱，但却给了我莫大的宽慰和温暖。"这段话勾起了我的好奇，跟在座的同学们分享了这件事之后，我采访了他："其实我当时是不知道说什么才好，才突然给了你一个很疼的拥抱，为什么这个拥抱竟然让你铭记至今呢？"他特别真诚地说："老师，您不知道，我们当学生的，最怕老师讲大道理，特别是在那些大道理我们都懂，却对我们一点用都没有的时候，老师还在那里喋喋不休……老师，您别生气，这是我们大家都曾有的感受……而您当时恰恰啥也没说，而是给了我一个很疼很疼的拥抱，让我心里充满了安全感，觉得您是这个世界上最懂我的人、最愿意接纳我的人、最愿意帮助我的人，所以这个很疼的拥抱让我铭记于心，至今不忘……"他的一席话说完，同学们纷纷鼓掌，纷纷表示赞同，他们说："老师，那个很疼的拥抱胜过一万句语重心长的道理！我们喜欢……"我突然明白了，我们班主任在平时的工作中，最擅长的就是说一些"正确的废话"，道理千真万确，作用却百无一用，学生们苦不堪言，老师却津津乐道……如果我能早些知道这样的道理，既省却了挖空心思讲道理，又收获了学生们的"芳心"，何乐而不为呢？

这只是我做班主任时候的一件小事，如果学生不提起，恐怕我再也不会想起来。我没有想到的是当年的这个很疼的拥抱给了这个学生无尽的帮助和支撑。所以我想，班主任工作不在于豪言壮语，不在于惊人行动，而在于细节的捕捉，更在于在学生成长中，给他们最需要的爱！可能事情很小，细节虽小，却能透射出教育的大理念、大智慧。老子说：天下难事必作于易，天下大事，必作于细。只要班主任坚持去做，收获就会意想不到。

当然，一个拥抱不能解决教育中的很多实际问题，但有些问题真的需要我们用无言的、很疼的拥抱来解决！这正是此时无声胜有声，无言的教育所带来的力量，胜过"正确的废话"千句万句。我们要学会因势利导、审时度势地利用教育方式，这种"无言的教育"既是一种教育方式，也是一种教育智慧。

也许在我们的生活中，每个人在某个时刻都需要一个拥抱，这个拥抱无声，这种教育无言，却很疼很疼……

基于教育故事的理论分析

辛老师讲述了学生遭遇考试失利，他如何用拥抱表达理解与关心，学生为之感动并铭刻在心的教育故事。这个故事也让阅读者深为感动并对教育实践有所启发。正如辛老师所说的：无言的教育既是一种教育方式，也是一种教育机智。教育需要技巧，更需要敏感性和"机智"。

范梅南认为，机智的内涵包括："1.一个机智的人应该是敏感的，他能从别人的间接线索中读懂别人的内心世界；2.机智还在于理解别人内心生活的心理和社会意义；3.一个机智的人能够表现出良好的分寸感和尺度感，因而能够本能地知道应该进入情境有多深和在具体的情境中保持多大的距离；4.机智还有道德直觉的特点，能够感受到什么才是最恰当的行动。"①从辛老师的故事中，我们看到了教师的敏感性和机智。

首先，教师应具有教育敏感性，觉察学生的内心体验。辛老师对学生十分了解，了解学生的学习情况、成长背景、学生的心理特点等，对学生产生的变化也能及时察觉。作为教育者，需要对学生全面了解，在了解的基础上分析问题产生的原因，并对学生细微的变化能敏锐察觉。因此，敏感性来源于教师对学生的充分了解。在了解的基础上，教师应时刻觉察学生的内心体验。辛老师在这里充分展示了她的教育机智。她体察到了学生的内心体验，并表现出良好的分寸感，给学生一个温暖的拥抱，一切的理解、关怀都在无言的拥抱之中。

其次，教师应具有共情的能力。在教育活动中，除了理性、逻辑、说理，共情能力非常重要。共情一词最早由爱德华提出，他认为人不但能够察觉难度情感，而且还能用心体验他人的精神世界，如同体验自身精神世界一样的能力。②共情不是同情和怜悯，因为同情和怜悯指的是对他人感受的回应，而不是镜像反映出同样的情感。心理学研究认为，情绪共情与认知共情是两个相互独立的成分。情绪共情主要是感受他人的情绪。心理学家布卢姆将共情分为了情绪共情与认知共情，他反对过度的情绪共情，而赞同认知共情。③比如说，当我们听闻他人的苦难或疼痛，我们不一定要求自己一定要获得他人情绪或感受的镜像，而可以通过一种更为理性或抽象的认知——获得认知共

---

① 马克斯·范梅南：《教学机智——教育智慧的意蕴》，李树英译，教育科学出版社，2001，第166页。

② Titchener E, "Elementary Psychology of the Thought Process," *New York: Macmillan*, 1990.

③ 中国心理学会：《心理学学科发展报告2014—2015版》，中国科学技术出版社，2016，第35页。

情。而这种认知共情，能够帮助我们更好地看清别人的处境，也更容易推动由个体到世界的行动。因为认知的背后，包含了深思熟虑之后的选择——而这种对善行的选择，才能支撑人们实现更为长久的善行。

在教育活动中，教师在认知共情的基础上的情绪共情，是教师的"无言的教育"，具有温暖学生的力量。在本案例中，辛老师首先了解学生的生活状态，对学生的情况有清楚的认知。当学生产生一些情绪情感变化及学习状态的变化时，教师能敏锐捕捉到，并在认知共情的基础上，产生了情绪情感的共情。而在这一活动中，教师没有说教、同情，不是站在局外人的角度，而是在彼时彼刻感同身受，给学生一个紧紧的拥抱，传递情感。正是因为这种共情，让学生深为感动，成为鼓舞学生发展的重要力量。

还有学者指出，真正的共情、感同身受很难实现，因为共情者和共情对象毕竟是两个不同的主体。在教育中，并不苛求是不是真正的共情。只要教师尝试走进学生内心，从学生的视角理解问题，就会带来积极的改变。共情是一种有价值的力量。

总之，从这个案例中，我们看到了教师应具有教育敏感性，拥有共情的力量。教育学者提出了教师应具有敏感和机智，这种敏感和机智，并不是特殊情境下教师的应急反应。真正的敏感和机智，来源于教师的教育理念积淀，来源于教师对教育问题的深刻思考。辛老师在那一刻表现出的看似无意识的行为，实则是将对教育的理解、对学生的理解，转化为一种对学生情感的支持。

（点评人：杨启华副教授）

参考文献

1. 谢夫.发展心理学：儿童与青少年（第九版）［M］.邹泓，等译.北京：中国轻工业出版社，2016.

2. 亚里士多德.政治学［M］.吴寿彭，译.北京：商务印书馆，1965.

3. 弗洛姆.爱的艺术［M］.刘福堂，译.上海：上海译文出版社，2018.

4. BANDURA A. Self-efficacy: Toward a unifying theory of behavioral change ［J］. Psychological Review, 1977, 84（3）.

5. 张鼎昆，方俐洛，凌文辁.自我效能感的理论及研究现状［J］.心理学动态，1999，7（1）.

6. 大卫·凯恩，高剑婷，郭本禹.以人为中心心理治疗［M］.合肥：安徽人民出版社，2012.

7. SOMNATH SINHA, DEBORAH L. HANUSCIN Development of teacher leadership identity: A multiple case study ［J］. Teaching and Teacher Education, 2017（63）.

8. 李镇西.花开的声音［M］.成都：四川少年儿童出版社，2000.

9. 周海燕.高中班主任领导力的探究［D］.江苏：江苏师范大学，2016.

10. 刘清华.教师知识的模型建构研究［D］.重庆：西南师范大学，2004.

11. 栾晓晖.中小学体质健康教育开展的现状研究［D］.大连：辽宁师范大学，2015.

12. 亚伯拉罕·马斯洛.动机与人格［M］.许金声，等译.北京：中国人民大学出版社，2013.

13. 涂尔干.社会学与哲学［M］.梁栋，译.上海：上海人民出版社，2002.

14. 涂尔干. 社会学方法的准则［M］. 狄玉明，译. 北京：商务印书馆，1995.

15. 汪丁丁. 制度分析基础讲义［M］. 上海：上海人民出版社，2005.

16. 罗洛·梅. 存在之发现［M］. 方红，等译. 北京：中国人民大学出版社，2008.

17. 鲁迅. 坟·文化偏至论［M］// 鲁迅. 鲁迅全集：第一卷. 北京：人民文学出版社，1981.

18. 保罗·蒂里希. 蒂里希选集：上［M］. 上海：上海三联书店，1999.

19. 托克维尔. 论美国的民主［M］. 董果良，译. 北京：商务印书馆，1988.

20. 李强. 同伴效应对农村义务教育儿童辍学的影响［J］. 教育与经济，2019，（4）.

21. 朱新卓，刘焕然. 农村初中生隐性辍学的文化分析［J］. 教育科学，2015，（4）.

22. 安妮特·拉鲁. 不平等的童年［M］. 张旭，译. 北京：北京大学出版社，2010.

23. 顾明远. 教育需要爱与艺术：一名老教师的教育体验［J］. 中国教师，2003（1）.

24. O. F. 博尔诺夫. 教育人类学［M］. 李其龙，等译. 上海：华东师范大学出版社，1999.

25. 王永红，王本陆. 用心做教师［J］. 教育科学研究，2016（3）.

26. 刘香东. 美国积极青少年发展理论刍议［J］. 教育探索，2009（01）：140-141.

27. 蒋奖，李强，杨眉. 心理咨询师与治疗师的枯竭［J］. 中国心理卫生杂志，2004，18（2）：138-141.

28. 考利. 心理咨询与治疗的理论及实践：第七版［M］. 北京：中国轻工业出版社，2004.

29. 张日昇. 咨询心理学［M］. 北京：人民教育出版社，1998.

30．周世杰．班主任与班级管理［M］．上海：上海师范大学，2011．

31．张作岭，宋立华．班级管理［M］．北京：清华大学出版社，2014．

32．黄志成，程晋宽．教育管理论［M］．上海：上海教育出版社，2001．

33．王本余．从两个定义反观班级管理理念［J］．班主任，2007，（4）．

34．马兰霞．提升班主任领导力［M］．南京：江苏凤凰科学技术出版社，2014．

35．刘澜．领导力——解决挑战性难题［M］．北京：北京大学出版社，2018．

36．CHARLES TAYLOR. Atomism, From Communitarianism and Individualism［M］. New York：Oxford University Press, 1999.

37．罗纳德·英格尔哈特．发达工业社会的文化转型［M］．张秀琴，译．北京：社会科学文献出版社，2013．

38．王道俊．主体教育论的若干构想［J］．教育学报，2005（5）．

39．王本陆．现代教学理论：探索与争鸣［M］．合肥：安徽教育出版社，2007．

40．罗森塔尔，雅各布森．课堂中的皮格马利翁——教师期望与学生智力发展［M］．北京：人民教育出版社，1998．

41．霍华德·加德纳．智力的重构：21世纪的多元智力［M］．北京：中国轻工业出版社，2004．

42．朱小蔓．关注心灵成长的教育：道德与情感教育的哲思［M］．北京：北京师范大学出版社，2012．

43．郭慧云，丛杭青，朱葆伟．信任论纲［J］．哲学研究，2012（06）．

44．杨宜音．“自己人”信任建构过程的个案研究［J］．社会学研究，1999（2）．

45．李镇西．我这样做班主任［M］．桂林：漓江出版社，2012．

46．江光荣．人性的迷失与复归［M］．武汉：湖北教育出版社，1999．

47．阿德勒．理解人性［M］．欧阳瑾，译．天津：天津人民出版社，2019．

48．蒙培元．中国哲学中的情感理性［J］．哲学动态，2008（3）．

49. 蒙培元. 人是情感的存在——儒家哲学再阐释［J］. 社会科学战线，2003，（2）.

50. DURLAK JOSEPH A.（Ed），DOMITROVICH CELENE E.（Ed），WEISSBERG ROGER P.（Ed）. Handbook of Social and Emotional Learning［J］. Research and Practice, 2015.

51. 邹斌，陈向明. 教师知识概念的溯源［J］. 课程·教材·教法，2005，（6），25.

52. PALMER DAVID. A Motivational View of Constructivist - informed Teaching［J］. International Journal of ence Education, 2005, 27（15）：1853–1881.

53. 龙小泉. 共情理论在班级管理中的应用探索［J］. 教学与管理，2017，698（13）.

54. 李泽厚. 论语今读［M］. 北京：生活·读书·新知三联书店，2008.

55. 焦循. 孟子正义［M］. 北京：中华书局，2017.

56. 马克斯·范梅南. 教学机智——教育智慧的意蕴［M］. 李树英，译. 北京：教育科学出版社，2001：6.

57. 杜媛，毛亚庆. 基于关系视角的学生社会情感能力构建及发展研究［J］. 教育研究，2018，（8）.

58. 霍华德·加德纳. 智能的结构［M］. 北京：中国人民大学出版社，2008.

59. 阿尔伯特·班杜拉. 社会学习理论［M］. 北京：中国人民大学出版社，2015.

60. 熊海燕. 社会犯罪学的原因理论［M］. 北京：知识产权出版社，2015.

61. 黄希庭，郑涌. 心理学导论［M］. 北京：人民教育出版社，2015.

62. 卡尔·罗杰斯，杰罗姆·弗莱伯格. 自由学习［M］. 北京：人民邮电出版社，2015.

63. 周文霞，郭桂萍. 自我效能感：概念、理论和应用［J］. 中国人民大学学报，2006.

64. 姚梅林. 学习心理学——学习与行为的基本规律［M］. 北京：北京师

范大学出版社，2008.

65.赵明仁.教学反思与教师专业发展［M］.北京：北京师范大学出版社，2009.

66. TITCHENER E. Elementary Psychology of the Thought Process［M］. New York：Macmillan, 1990.

67. 中国心理学会.心理学学科发展报告：2014—2015版［M］.北京：中国科学技术出版社，2016.